案例
CASE

3.2.2 打开和置入图像　　　　P32
视频文件：视频\第3章\3-1置入嵌入的对象.mp4

Before　After

3.2.3 存储图像　　　　P33
视频文件：视频\第3章\3-2存储为透明底图像.mp4

3.2.4 修改图片尺寸　　　　P35
视频文件：视频\第3章\3-3修改图像文件大小.mp4

Before　After

3.2.5 修改画布大小　　　　P35
视频文件：视频\第3章\3-4修改画布大小.mp4

Before　After

3.2.6 复制和粘贴操作　　　　P36
视频文件：视频\第3章\3-5放大突出商品.mp4

14.9
每盒仅需

3.3.3 图层混合模式　　　　P40
视频文件：视频\第3章\3-6混合模式制作背景.mp4

Before　After

3.3.4 图层样式　　　　P41
视频文件：视频\第3章\3-7为图片添加水印.mp4

2/20
10:00
准时开抢

7款美衣新品
春款抢先淘

3.3.5 图层蒙版　　　　P42
视频文件：视频\第3章\3-8图层蒙版合成主图.mp4

3.4.1 裁剪工具 　　　　　　　　P43
视频文件：视频\第3章\3-9自由裁剪图像.mp4

3.4.2 固定大小裁剪 　　　　　P44
视频文件：视频\第3章\3-10设置主图尺寸.mp4

3.4.3 校正倾斜角度 　　　　　P45
视频文件：视频\第3章\3-11校正倾斜图片.mp4

3.4.4 透视校正裁剪 　　　　　P46
视频文件：视频\第3章\3-12校正透视图像.mp4

4.1.1 污点修复画笔工具 　　　P49
视频文件：视频\第4章\4-1修复商品瑕疵.mp4

4.1.2 修补工具 　　　　　　　P50
视频文件：视频\第4章\4-2复制商品图像.mp4

4.1.3 仿制图章工具 　　　　　P51
视频文件：视频\第4章\4-3去除图片水印.mp4

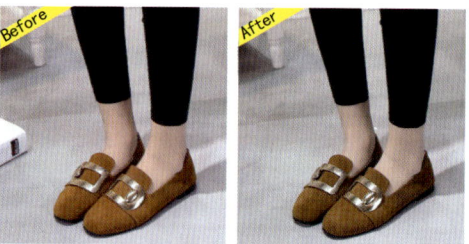

4.1.4 【内容识别】命令修饰图像 　P52
视频文件：视频\第4章\4-4【内容识别】修饰商品图像.mp4

4.1.5 羽化 P53
视频文件：视频\第4章\4-5虚化商品轮廓.mp4

4.1.6 修补残缺商品 P54
视频文件：视频\第4章\4-6修补残缺商品.mp4

4.1.7 锐化商品图像 P55
视频文件：视频\第4章\4-7锐化商品图像.mp4

4.1.8 模糊商品图像 P55
视频文件：视频\第4章\4-8模糊商品图像.mp4

4.1.9 减淡工具 P56
视频文件：视频\第4章\4-9减淡黑眼圈.mp4

4.1.10 加深工具 P57
视频文件：视频\第4章\4-10加深五官立体感.mp4

4.1.11 变形命令 P58
视频文件：视频\第4章\4-11去除双下巴.mp4

4.1.12 使用外部滤镜磨皮 P59
视频文件：视频\第4章\4-12柔滑肌肤.mp4

4.1.13 自由变换命令   P60

视频文件：视频\第4章\4-13拉伸腿部比例.mp4

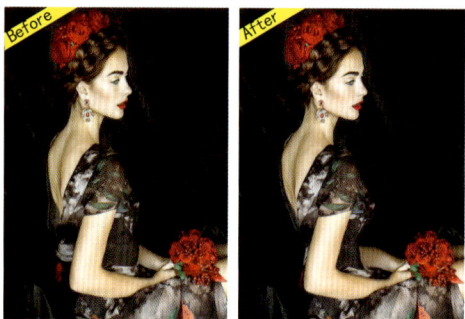

4.1.14 液化工具   P61

视频文件：视频\第4章\4-14液化身型姿态.mp4

4.1.15 批量更改图片格式   P62

视频文件：视频\第4章\4-15批量更改图片格式.mp4

4.1.16 批量添加水印   P63

视频文件：视频\第4章\4-16批量添加水印.mp4

4.2.1 亮度/对比度命令   P64

视频文件：视频\第4章\4-17弱化背景色调.mp4

4.2.2 色阶命令   P65

视频文件：视频\第4章\4-18调整图片暗色.mp4

4.2.3 曲线命令   P65

视频文件：视频\第4章\4-19调整图片对比度.mp4

4.2.4 色相/饱和度　P66
视频文件：视频\第4章\4-20更换商品图片色调.mp4

4.2.5 色彩平衡　P66
视频文件：视频\第4章\4-21调整商品照片的偏色.mp4

4.2.6 可选颜色　P67
视频文件：视频\第4章\4-22美白人物牙齿.mp4

4.2.7 曝光度命令　P67
视频文件：视频\第4章\4-23调整曝光不足照片.mp4

4.2.8 黑白命令　P68
视频文件：视频\第4章\4-24制作黑色复古商品图片.mp4

4.2.9 批量调整商品层次　P68
视频文件：视频\第4章\4-25批量调整商品层次.mp4

4.2.10 批量调整商品色调　P69
视频文件：视频\第4章\4-26批量调整图片色调.mp4

4.3.1 不规则形状抠图　P70
视频文件：视频\第4章\4-27【磁性套索工具】抠图.mp4

4.3.2 简单背景抠图 P71

视频文件：视频\第4章\4-28【快速选择工具】抠图.mp4

4.3.6 光效抠图 P76

视频文件：视频\第4章\4-32【混合颜色带】抠图.mp4

4.3.3 复杂形状抠图 P72

视频文件：视频\第4章\4-29【钢笔工具】抠图.mp4

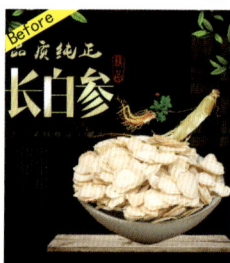

5.2.1 模糊投影 P80

视频文件：视频\第5章\5-1制作球体投影.mp4

4.3.4 毛发抠图 P73

视频文件：视频\第4章\4-30【选择并遮住】抠图.mp4

5.2.2 渐变投影 P82

视频文件：视频\第5章\5-2制作渐变投影.mp4

4.3.5 通道抠图 P74

视频文件：视频\第4章\4-31通道抠图.mp4

5.2.3 扁平化长投影 P84

视频文件：视频\第5章\5-3制作扁平化长投影.mp4

5.2.4 平面类商品倒影 P85

视频文件：视频\第5章\5-4制作包包倒影.mp4

5.3.1 合成钻出屏幕效果 P88

视频文件：视频\第5章\5-7钻出电脑屏幕.mp4

5.2.5 圆柱形商品倒影 P86

视频文件：视频\第5章\5-5制作护肤品倒影.mp4

5.3.2 商品图像的特殊展示方法 P90

视频文件：视频\第5章\5-8制作铅笔风效果.mp4

5.3.3 添加光晕体现商品协调性 P92

视频文件：视频\第5章\5-9给汽车添加光晕.mp4

5.2.6 立方体商品倒影 P87

视频文件：视频\第5章\5-6制作礼盒倒影.mp4

5.3.4 添加光线效果 P92

视频文件：视频\第5章\5-10制作萦绕的光线.mp4

6.3.6 店招的制作流程   P100
视频文件：视频\第6章\6-1制作店招.mp4

6.4.2 店招导航   P104
视频文件：视频\第6章\6-3制作店招导航.mp4

6.4.3 页中分类导航   P107
视频文件：视频\第6章\6-4制作页中分类导航.mp4

6.4.6 导航的上传与管理   P115
视频文件：视频\第6章\6-7上传导航.mp4

6.4.4 左侧分类导航   P109
视频文件：视频\第6章\6-5制作左侧分类导航.mp4

6.4.5 页尾导航   P113
视频文件：视频\第6章\6-6制作页尾导航.mp4

6.5.3 首页海报制作流程　　　　P117

视频文件：视频\第6章\6-8制作首页海报.mp4

6.6.3 收藏区制作流程　　　　P122

视频文件：视频\第6章\6-10制作收藏区.mp4

6.7.3 客服区制作流程　　　　P126

视频文件：视频\第6章\6-12制作客服区.mp4

6.8.2 页尾制作流程　　　　P129

视频文件：视频\第6章\6-13制作页尾.mp4

8.1.3 常见促销广告类型　　　　P156

视频文件：视频\第8章\8-1制作促销广告.mp4

8.2.3 直通车设计流程　　　　P162

视频文件：视频\第8章\8-2制作直通车图.mp4

7.1.4 详情页制作流程 P136

视频文件：视频\第7章\7-1
制作详情页面.mp4

7.2.1 使用详情页模板 P151

视频文件：视频\第7章\7-2制作详情页模板.mp4

7.2.2 自定义模板制作详情页 P151

视频文件：视频\第7章\7-3自定义模板制作详情页.mp4

8.3.3 钻展图设计流程　　P165

视频文件：视频\第8章\8-3制作钻展图.mp4

8.4.3 聚划算图设计流程　　P170

视频文件：视频\第8章\8-4制作聚划算图.mp4

9.2.2 店招　　P178

视频文件：视频\第9章\9-1制作店招.mp4

9.2.3 焦点图　　P179

视频文件：视频\第9章\9-2制作焦点图.mp4

9.2.4 优惠券　　P182

视频文件：视频\第9章\9-3制作优惠券.mp4

9.2.5 活动区　　P184

视频文件：视频\第9章\9-4制作活动区.mp4

9.2.6 分类区　　P188

视频文件：视频\第9章\9-5制作分类区.mp4

爆款推荐区
点击查看更多 ➤

水果印花背心儿童连衣裙
提前加入购物车 >

水果印花背心儿童连衣裙
提前加入购物车 >

水果印花背心儿童连衣裙
提前加入购物车 >

水果印花背心儿童连衣裙
提前加入购物车 >

新品两件8折
点击查看更多 ➤

粉色柔肤外套
提前加入购物车 >

粉色柔肤外套
提前加入购物车 >

粉色柔肤外套
提前加入购物车 >

粉色柔肤外套
提前加入购物车 >

9.2.7 商品展示区　　　　　P191
视频文件：视频\第9章\9-6制作商品展示区.mp4

10.1.2 视频制作流程　　　　P202
视频文件：视频\第10章\10-1制作视频.mp4

新娘鞋
新品上市

产品展示

小圆头设计
拉伸腿部线条
舒适不挤脚

细节展示

10.2.1 详情页视频制作　　　　P205
视频文件：视频\第10章\10-2制作详情页视频.mp4

零基础学

Photoshop淘宝美工设计

全视频教学版

麓山文化 ◎ 编著

人民邮电出版社

北京

图书在版编目（CIP）数据

零基础学Photoshop淘宝美工设计：全视频教学版 /
麓山文化编著. -- 北京：人民邮电出版社，2019.1（2023.8重印）
ISBN 978-7-115-49642-3

Ⅰ. ①零… Ⅱ. ①麓… Ⅲ. ①网店－设计－图象处理
软件 Ⅳ. ①F713.361.2

中国版本图书馆CIP数据核字(2018)第229424号

内 容 提 要

本书是一本全面讲解淘宝网店装修及视觉设计的书，从基础出发，详细讲解了淘宝美工需要掌握的各方面知识与操作技巧。全书共 11 章，分别介绍了淘宝美工必备知识、色彩、文字、版式，Photoshop 的基础操作，使用 Photoshop 美化图片，商品的合成与特效，店铺首页设计，宝贝详情页设计，活动图的设计与制作，手机淘宝视觉设计，淘宝视频制作，以及图片的切片与优化等内容。

随书附赠学习资源，包括所有实例的素材文件、效果文件，以及操作演示视频，同时赠送多种网店装修常用素材模板。视频部分可通过移动端扫描章首页二维码在线观看，方便读者学习。

本书适合淘宝店主、淘宝美工作为自学或提高的教程，也适合想要从事电子商务方面的工作但缺乏美术基础的人员阅读。同时，可以作为相关培训机构、职业院校相关专业学生的参考教程。

◆ 编　　著　麓山文化
　　责任编辑　张丹阳
　　责任印制　陈　犇

◆ 人民邮电出版社出版发行　　北京市丰台区成寿寺路 11 号
　　邮编　100164　电子邮件　315@ptpress.com.cn
　　网址　http://www.ptpress.com.cn
　　固安县铭成印刷有限公司印刷

◆ 开本：700×1000　1/16　　　彩插：6
　　印张：14.75　　　　　　　2019 年 1 月第 1 版
　　字数：325 千字　　　　　　2023 年 8 月河北第 8 次印刷

定价：59.00 元

读者服务热线：(010)81055410　印装质量热线：(010)81055316
反盗版热线：(010)81055315
广告经营许可证：京东市监广登字20170147号

　　随着互联网的飞速发展，网络购物已经逐渐被人们熟悉和接纳，为更多人提供了创业的机会和途径，同时也衍生了"淘宝美工"这一高薪职业。本书根据作者多年美工装修设计经验，从实用角度出发，结合 Photoshop 软件与网店装修设计的实际操作演练，深度剖析网店各个版面装修的技巧与特点，可以让读者了解网店美工的日常工作及操作方法，从而做到举一反三，制作出优秀的店铺效果。

本书内容

　　本书的内容由浅入深，采用知识点与实际应用结合的讲解方式，让读者在学习基础知识的同时，掌握创意设计的技巧。全书共 11 章内容，第 1~2 章主要讲解淘宝入门知识，包括淘宝美工必须掌握的基本知识和店铺设计中色彩的应用；第 3~5 章主要讲解 Photoshop 软件的应用，包括 Photoshop 软件的基础操作、Photoshop 美化图片及合成特效的运用；第 6~11 章主要讲解淘宝店铺的装修，包括店铺首页设计、宝贝详情页设计、活动图设计、手机淘宝视觉设计、淘宝视频制作及图片的切片与优化的设计技法。

本书特色

　　• 全新模式、简单易学

　　本书采用"命令讲解 + 详细文字讲解 + 实例演示"的方式，使读者同时掌握软件应用方法和淘宝设计的技巧。

　　• 独家经验、专业指导

　　作者根据多年的教学经验，将网店装修中常见的问题及其解决方法以提示和技巧的形式展现出来，并采用技术延伸的形式将全书知识进行联系处理，让读者轻松掌握核心技法。

- 案例实操、活学活用

本书对于每个重点知识都安排了一个案例，并附有提示或技巧，案例典型，任务明确，帮助读者在短时间内掌握操作技巧，并应用在实践工作中，从而产生成就感。

- 语音教学、全面贯通

全书为读者安排了练习和拓展训练的操作视频讲解，详细演示了 Photoshop 软件的基本使用方法，并一步步教读者完成书中所有实例的制作，使读者身在家中就能享受专业老师面对面的讲解。

本书版面结构说明

为了让读者能够轻松地自学，以及深入了解软件的功能，本书设计了"功能介绍""重点""练习""技巧""提示""扫码看视频"等内容，简单介绍如下。

提示和技巧：提醒用户在操作过程需要注意的事项。告知用户在操作时的简便方法或者另外一种操作方式。

重点：带有 😊 的为重点内容，是淘宝美工实际应用中使用极为频繁的命令，需重点掌握。

练习：通过实际动手操作学习软件功能，掌握各种工具、面板和命令的使用方法。

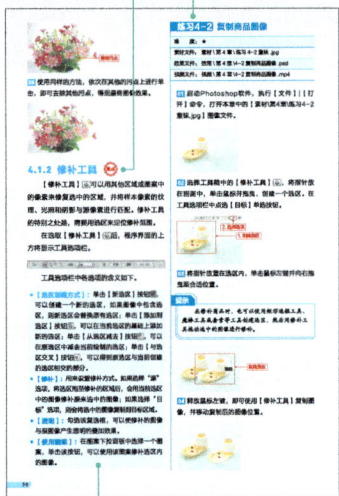

相关链接：第一次介绍陌生命令时，会给出该命令在本书中的对应章节，供读者翻阅。

功能介绍：Photoshop 体系庞大，许多功能之间有着密切联系，增加底色加深印象。

扫码看视频：每个章节首页上均添加二维码，可随时随地扫码观看视频。

本书的配套资源

本书物超所值，除了书本之外，还附赠以下资源。扫描"资源下载"二维码即可获取下载方式。

资源下载

• 素材、效果文件

随书提供了所有实例的素材文件和效果文件，读者在学习的同时，可以随时进行操作练习，提高学习效率。

• 操作演示视频

本书所有实例都提供了操作演示视频，并以扫描二维码通过移动端在线观看和下载本地观看两种形式提供，方便不同需求的读者进行学习。

• 海量资料

本书附赠多种淘宝店铺装修常用素材模板，包括标签模板、海报模板、淘宝主页、文字模板、主图模板 5 个方面。

鸣谢

本书由麓山文化编著，具体参与编写的有陈志民、江凡、张洁、马梅桂、戴京京、骆天、胡丹、陈运炳、申玉秀、李红萍、李红艺、李红术、陈云香、陈文香、陈军云、彭斌全、林小群、刘清平、钟睦、刘里锋、朱海涛、廖博、喻文明、易盛、陈晶、张绍华、陈文轶、杨少波、杨芳、刘有良、刘珊、赵祖欣、毛琼健、江涛、张范、田燕等。

由于编者水平有限，书中有疏漏与不妥之处在所难免。在感谢您选择本书的同时，也希望您能够把对本书的意见和建议告诉我们。

联系信箱：lushanbook@qq.com

读者 QQ 群：327209040

麓山文化

2018 年 9 月

目录
CONTENTS

第3篇
店铺装修篇

第6章 店铺首页设计

第1篇

美工入门篇

第1章

淘宝美工必备知识

淘宝视觉营销是店铺运营中非常重要的环节,所谓视觉营销就是以营销为目的,对店铺进行视觉设计与装修。淘宝美工作为这一过程的执行者,必须掌握相关的知识。本章将详细讲解淘宝美工的相关基础知识,为后面的学习打下基础。

扫二维码观看本章
案例操作演示视频

本章重点

了解什么是淘宝美工 │ 淘宝美工的技能要求
淘宝美工的工作目的 │ 淘宝美工必须注意的问题
淘宝美工的日常工作 │ 店铺装修常用的图片格式

1.1 什么是淘宝美工

　　美工一般是指对平面、色彩、构图和创意等进行处理的职业，一般包含平面美工、网页美工和淘宝美工等。其中，淘宝美工是随着淘宝的发展而产生的职业，主要工作是对淘宝网店的商品、页面和广告进行美化，在给消费者带来更好的视觉体验的同时，达到引导销售和提高销售额的目的。

1.2 淘宝美工的技能要求

　　作为一名合格的淘宝美工，除了能够熟练使用 Photoshop、Flash、Cinema4D、Fireworks、Dreamweaver 等常用的设计与制作软件外，还需要具备扎实的美术功底和良好的创造力，懂得一定的网页设计语言并有一定的文字功底。广告总是要突出所宣传产品的某一个吸引人的特点，这个突出的特点就是产品的诉求点。一个好的诉求点不仅能够打动消费者，还能展示商家产品的优越性，因此一个好的网店美工不仅仅要懂专业知识，更要懂产品、懂营销、懂广告，了解如何将良好的营销思路应用到产品中，了解所制作的图片将传达的信息，懂得如何去打动买家，引起买家的购买欲。

1.3 淘宝美工的工作目的

　　淘宝美工主要装修网店店铺中首页、详情页等页面和美化商品图片，在进行美工工作之前，一定要明确当前工作的目的。淘宝美工的工作目的就是在提高店面及网站整体形象设计的基础上，提升整个店铺的流量，最终提高店铺的交易量。

1.3.1 美化商品的目的

　　商品图片是顾客了解商品的关键要素，好的照片比长篇文字描述更有说服力、更能激发客户的购买欲望。

　　美化商品的主要目的有以下几点。

　　• 增加产品被潜在顾客发现的概率。

- 提高买家购买力度。
- 提高商品在同类商品中的竞争力。

1.3.2 美化店铺的目的

作为网络上的一个店铺，有装修的必要吗？答案是：很有必要。一个好的店铺装修才能吸引更多的顾客浏览，并加大购买力度。

美化店铺的目的有以下几点。

◆ **装修好的网店更赚钱**

对于大多数在网上开店的人来说，进行网店装修不是为了娱乐，而是为了赚钱。正所谓三分长相七分打扮，网店的美化和实体店的装修一样重要。网店的页面其实是体现了店主的想法，只有独具匠心的网店装修才能打动顾客，增加网店的销售力。具体来说，网店装修至少能够带来以下四个方面的收益：增加顾客在网店的停留时间、增加网店的诱惑力、增强网店的形象、打造网店强势品牌。

对淘宝网店进行精心装修能给买家留下一个好印象，能让买家感觉到店主的认真与诚意。

漂亮恰当的网店装修，给顾客带来美感，使顾客浏览网页时不易疲劳，这样顾客才会细心查看你的网页。好的商品在诱人的装饰品的衬托下，会使人更加不愿意拒绝。装修好的精品网店，传递的不仅仅是商品信息，还有店主的经营理念、文化等，这些都会给你的网店形象加分，同时也有利于网店品牌的形成。

◆ **提高电子商务技能**

做网店装修，必然会牵涉一些软件的应用，如网页设计软件、图像设计软件、文字编辑等。这些软件的使用技巧，原本就是电子商务技能的一部分，掌握好这些软件的使用技能，基本上就弄懂了电子商务技术的核心部分。对于一个网店店主来说，只有懂得网络商务的技术，才能够使自己的网络生意发展壮大。

◆ **提高审美情趣**

淘宝网店装修是艺术和技术的完美结合，一个好的淘宝网店装修作品原本就是一件优秀的艺术品。网店装修能够带给你一种美的享受。要想设计出优秀的网店，得先去熟悉一些美术基础知识，如色彩、艺术流派等，这样可以在无形中提升你的审美能力。

1.4 淘宝美工应遵循的装修规则

淘宝店铺装修美工如同实体店的装修一样，让买家从视觉上和心理上感觉到店主对店铺的用心，并且能够最大限度地提升店铺的形象，有利于网店品牌的形成，提高浏览量。

淘宝美工在装修淘宝店铺时，需要遵循以下装修规则。

- 体现店铺的形象，给人一种信任感，3～5秒内留住你的访客的注意力。
- 突出重点，如热销宝贝、最新促销、折扣、新品。5秒内，简单、快速、精准地传达给访客你最想表达的信息。
- 简单、清晰的风格，不让人讨厌或者产生不舒服的感觉，尽量让更少的人在5秒内关闭窗口。
- 品牌形象店招区，淘宝店铺装修美工设计的店招是店铺文化的浓缩。它会在店铺的每个商品上方出现，因为其位置非常关键，所以一定要精心布置。在装修店铺时，美工需要考虑为买家展示的有什么内容，重要内容需要突出

显示。设计的整体理念为大气、精致，可以对店铺进行有效的阐释。

1.5 淘宝美工的日常工作

淘宝美工的工作范畴包括淘宝店铺页面设计与美化、网店促销海报的制作、宝贝详情页设计、图片美化、网页切片、商品上传等。本节将对淘宝美工的日常工作内容进行详细讲解。

1.5.1 优化商品图片

商品图片是店铺展示商品的工具，优质的商品图片是网店的基础。设计出一张具有视觉冲击力和吸引力的商品图片，不仅能在众多商品图片中脱颖而出，而且能够提高店铺的流量和点击率。因此，优化商品图片是每个淘宝美工的必修课。

优化商品图片的方法有以下 4 种。

◆ 多角度拍摄商品图片

在浏览店铺网页时，由于顾客不能直接接触到商品，所以需要店家提供多角度的商品图片来展示商品，才能延长顾客在店铺的停留时间，从而刺激顾客的购买欲望。

多角度拍摄商品

◆ 保证商品图片的清晰度

想要在众多的网店中吸引顾客，提高顾客的购买欲望，就必须要保证商品图片的清晰度。清晰的商品图片，不仅能体现出商品的细节和各种相关信息，还会在很大程度上提高商品的耐看性和视觉冲击力。而质量差的图片不仅无法激发顾客的购买欲望，还会影响顾客对店铺

的印象与评价，从而导致店铺信誉度受损。

图片清晰度

◆ 突出商品图片的重点

在拍摄商品图片时，摄像师要突出商品的重点，才能使商品图片的主次分明，从而更好地衬托商品，避免视觉混乱。

突出商品主次

◆ 提高商品图片的美观度

在网店中，有很多店家为了吸引消费者的目光，突出商品的优势和特点，时常需要在商品图片中添加较多的语言，或者淘宝美工在制作图片时，没有考虑大众的审美，出现了构图问题，以致图片凌乱，缺乏美感，使得顾客没有停留的想法。因此，为了吸引消费者的目光，

需要提高商品图片的美观度。

1.5.2　设计店铺首页

店铺首页是店铺对新产品、新活动、商品呈现等信息进行展示的区域，其目的是让消费者了解店铺和店铺内的商品信息，从而选择在店铺内消费。

店铺首页就像人的脸面一样重要，所以淘宝美工会针对不同时间段的节日或活动对店铺首页进行装修设计，让信息得到更新，使店铺保持新形象。

店铺首页

1.5.3　制作活动海报

活动海报是店铺的一种广告宣传手段，在淘宝店铺中大量存在，其作用是把各种促销活动信息传递给消费者。制作出精美的活动海报是每个淘宝美工的职责，精美的活动海报可以提高店铺的流量，使店铺得到更高的关注度，从而提高店铺的交易量。

活动海报

1.5.4　制作宝贝详情页

宝贝详情页是店铺中很重要的一个装修设计版块，它展示商品的形状、大小及商品细节，对商品做出详细的介绍。淘宝美工对宝贝详情页进行装修设计时，要突出商品的特点，再结合文字的描述，才能够全方位地展示商品，使顾客对商品有清晰的了解。

宝贝详情页

1.6 店铺装修常用的图片格式

在装修电商店铺之前，需要了解店铺中能够用到的图像文件格式。店铺装修必备的 4 种格式分别为 PSD、GIF、JPEG、PNG，下面将分别进行介绍。

◆ PSD图像格式

PSD（Position Sensitive Device）是 Photoshop 图像处理软件的专用文件格式，文件扩展名是"psd"，可以支持图层、通道、蒙版和不同色彩模式的各种图像特征，是一种非压缩的原始文件保存格式。扫描仪不能直接生成该种格式的文件。PSD 文件有时容量会很大，但由于可以保留所有原始信息，在图像处理中对于尚未制作完成的图像，选用 PSD 格式保存是较好的选择。

◆ GIF图像格式

GIF 的原义是图形交换格式，它是一种位图形文件格式，以 8 位色（即 256 种颜色）重现真彩色的图像。优点是在压缩中一定程度上保证图像质量的同时还将图像体积变得很小，并且支持透明效果和动画，但 GIF 的透明效果没有 PNG 的透明效果强大。此格式适合于图片色彩单调，没有渐变的图片。GIF 格式适合做动画或者网站装饰性小图。

◆ JPEG图像格式

JPEG 是常用的一种图像存储格式，是有损压缩格式之一。这种格式能够将图像压缩在很小的存储空间，但图像中重复或不重要的资料会部分丢失，造成数据损伤。

提示

JPEG 是存储数码照片最常用的格式，色彩还原度极高，可以在照片失真不明显的情况下，尽可能地压缩存储体积。因此，对显示要求比较高的商品图片来说，JPEG 格式展示的商品效果较 GIF 格式和 PNG 格式更具有明显优势。注意，JPEG 格式不支持 Alpha 通道透明。

◆ PNG图像格式

PNG 是便捷式网络图片，是一种无损数据压缩位图形文件格式，允许使用类似于 GIF 格式的调色技术，支持真彩色图像，并具备 Alpha 通道透明的优点。PNG 重复保存不会影响图片质量，一般来说，PNG 占用的存储空间较小，如网站的 Logo 等。

本章所讲解的是淘宝美工必备的知识，其实淘宝美工在进行美工之前，还需要进行美工的基础软件准备，在淘宝美工工作中使用频率较高的是 Photoshop 软件，使用 Photoshop 可以对商品图片进行修饰、制作店铺首页、海报等，这些内容将在 Photoshop 基础操作、店铺首页设计和活动图的设计与制作等章节中讲解。

在进行淘宝美工之前，需要进行以下准备操作。

◆ **基础硬件准备**

淘宝美工工作中使用频率较高的是 Adobe Photoshop 软件，使用 Photoshop 对商品图片进行修饰、制作店铺首页、海报等。如果要做出更有特色的效果，还需要使用 Flash、Illustrator、CorelDRAW、Dreamweaver 等软件。

◆ **分析商品图片**

在店铺设计装修中，淘宝美工需要使用非常多的图片，但在实际工作中并不是每一张商品图片都是可以使用的，这就需要淘宝美工进行筛选。图片是要呈现给顾客，为了让顾客浏览网页之后，觉得这个商品看上去还不错、值得购买，就需要选取拍摄清晰、像素高的图片。

◆ **收集常用素材**

在店铺装修设计的过程中，有一些特别效果需要利用素材图像来完成，所以这就需要淘宝美工收集不同的素材。

◆ **拍摄商品图片**

为了向消费者传递商品信息，需要拍摄商品图片。在拍摄商品图片时，要确定商品主体物的干净整洁，这样在后期使用时可以减少工作量。

第 **2** 章

色彩、文字、版式

网店店铺的装修离不开色彩、文字和版式三大要素。买家首先会被店铺中的色彩吸引，然后才会通过文字介绍来了解店铺的产品信息等内容，并被版式吸引注意力。因此，了解色彩、文字和版式的相关基础知识，对店铺装修来说至关重要。本章将详细讲解色彩、文字和版式的各项内容，为后期的店铺装修和美工打基础。

本章重点

色彩的致命诱惑 ｜ 字体赋予竞争力 ｜ 版式

扫二维码观看本章
案例操作演示视频

色彩是人们对客观世界的一种感知，物体的色彩与形状一同作为基本的视觉反映，存在于人类日常生活的各个方面。色彩是光线通过人类的眼睛、大脑和生活经验所产生的一种视觉效应。本节将对色彩的分类、要素和对比等基础内容进行详细讲解。

2.1.1 色彩的分类

在千变万化的色彩世界中，人们视觉感受到的色彩非常丰富，按种类分为原色、间色、复色和补色4种，但就色彩的系别而言，则可以分为无彩色系与有彩色系两大类。

◆ 有彩色

有彩色指的是带有某一种标准色倾向的色，光谱中的全部色都属于有彩色，有彩色以红、橙、黄、绿、蓝、紫为基本色，其中基本色之间不同量的混合，以及基本色与黑、白、灰之间的不同量混合，会产生成千上万的有彩色。

有彩色色条

有彩色的任何颜色都具有三大要素，即色相、明度和纯度，因此在图像的制作过程中，根据有彩色的特性，通过调整其色相、明度及其纯度间的对比关系，或通过各色彩间面积调和，可以搭配出色彩斑斓、变化无穷的网店店铺装修画面效果。

有彩色装修效果

◆ 无彩色

在色彩的概念中，很多人都习惯把黑、白、灰排除在外，认为它们是没有颜色的，其实在色彩的秩序中，黑色、白色和各种深浅不同的灰色系列，称为无彩色系。以这三种色调为主构成的画面也是别具一番风味的。在进行网店装修的配色中，为了追求某种意境或者氛围，有时也会使用无彩色来进行搭配。无彩色没有色相的种类，只能以明度的差异来区分，无彩色没有冷暖的色彩倾向，因此也被称为中性色。

无彩色中的黑色是所有色彩中最黑暗的色彩，通常能够给人以沉重的印象，而白色是无彩色中非常容易受到环境影响的一个颜色，设计的画面中白色的成分越多，画面效果就越单纯。白色和黑色中间的灰色具有平凡、沉默的特征，也是很多时候网店装修中作为调节画面色彩的一种颜色，可以给人留下安全感和亲切感。

黑色海报效果

灰色海报效果

2.1.2 色彩三要素

色彩三要素指的是色彩的色相、明度和纯度，它们有不同的属性。色相指的是色彩的相貌特征和相互区别。

◆色相

色相是色彩的重要特征，所谓色相是指能够比较确切地表示某种颜色色别的名称，也是各种颜色之间的区别，同样也是不同波长的色光被感觉的效果。

色相是由色彩的波长决定的，红、橙、黄、绿、蓝、紫代表不同特性的色相相貌，构成了色彩体系中的最基本色相，色相一般由纯色表示。色相是辨识色彩的基础元素，也是区别不同色彩的名称。将三原色在圆形图中的对等三分位置上分别定位，继而演变为六色色相、十二色色相、二十四色色相等。然而，为了便于了解与说明，色彩学家发展了基本的十二色相环，并定义其为基础色相。十二色相分别为：黄、黄橙、橙、红橙、红、红紫、紫、蓝紫、蓝、蓝绿、绿、黄绿。

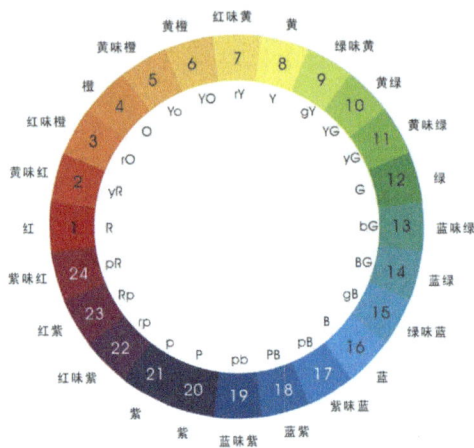

24色相环

选择不同的色相，会对画面整体的情感、氛围和风格产生影响。

粉紫色系的七夕海报

◆明度

明度即色彩的明暗差别，也是深浅差别。色彩的明度差别包含两个方面：一是指某一色相的深浅变化，如粉红、大红、深红都是红，但是一种比一种颜色深；二是指不同色相间存在的明度差别，如六标准色中黄色最浅、紫色最深，橙色和绿色、红色和蓝色处于相近的明度之间。

明度越低，色彩越暗；明度越高，色彩越亮。例如，一些女装、儿童用品的网店，用的是一些鲜亮的颜色，让人感觉绚丽多彩，生机勃勃。

12色相环

同一色彩的明暗变化

◆ 纯度

纯度通常是指色彩的鲜艳度。从科学的角度看，一种颜色的鲜艳度取决于这一色相发射光的单一程度。人眼能辨别的有单色光特征的色彩，都具有一定的鲜艳度。不同的色相不仅明度不同，纯度也不相同。

通常情况下，我们把色彩的纯度划分为9个阶段，7～9阶段的纯度为高纯度，4～6阶段的纯度为中纯度，1～3阶段的纯度为低纯度。

1 2 3 4 5 6 7 8 9

高纯度 ←——————→ 低纯度
纯度的梯度变化

色彩成分的比例与色彩的纯度有直接的关系。色彩成分的比例越大，则色彩的纯度越高；反之，则色彩的纯度越低。

纯度高的页面效果

纯度低的页面效果

2.1.3 色彩的对比

色彩对比主要是指色彩的冷暖对比。从色调上划分，可以分为冷调和暖调两大类。红、橙、黄为暖调，青、蓝、紫为冷调，绿为中间调。色彩对比的规律是：在暖调环境中，冷调的主体醒目；在冷调的环境中，暖调主体突出。色彩对比除了冷暖对比之外还有色相对比、纯度对比和明度对比等。

◆ 冷暖对比

利用冷暖差别形成的色彩对比称为冷暖对比。冷色和暖色是一种色彩感觉，如朱红比玫瑰更暖些，柠檬黄比土黄更冷。画面中的冷色和暖色的分布比例决定了画面的整体色调，就是通常说的暖色调和冷色调。使用了冷暖对比色可使画面更加有层次感。

色彩的冷暖对比的程度分为强对比、极强对比和弱对比。强对比是指暖极对应的颜色与冷色区域的颜色进行对比；极强对比是指暖极与冷极的对比；与色彩的冷暖强对比搭配相反，还有一种色彩的冷暖弱对比搭配，它没有很强的视觉刺激，比较舒缓。

冷暖对比的页面效果

◆ 色相对比

色相对比是指将不同色相的色彩组合在一起，由其产生的对比效果来创造出强烈鲜明对比的一种手法。不用色相所形成的对比效果，是以色相环中位置距离较远的颜色来进行组合的，距离越远，效果越强烈。

在设计配色中，可以将色相环中的任意色相作为某个页面的主色，通过与其他色相组合进行配色，可以构成原色对比、间色对比、补色对比和邻近色对比等，用于表现网店装修页面色彩色相之间的不同程度的对比效果。

● 原色对比

红、黄、蓝三原色是色相环上最基本的三种颜色，它们不能由其他颜色混合而产生，却可以混合出色相环上所有其他的颜色。红、黄、蓝表现了最强烈的色相气质，它们之间的对比是最强的色相对比。

原色对比的页面效果

● 补色对比

在色相环中每一个颜色对面（180度对角）的颜色，称为"对比色（互补色）"。把对比色放在一起，会给人强烈的排斥感。若混合在一起，会调出浑浊的颜色。红与绿、蓝与橙、黄与紫互为对比色。

补色对比的页面效果

● 间色对比

由两种原色调配而成的颜色称为间色或二次色。即红＋黄＝橙，黄＋蓝＝绿，红＋蓝＝紫。

橙、绿、紫三种色就是间色，其色相相对比较柔和，自然界中植物的色彩许多呈现间色，许多果实都是橙色或黄橙色的，紫色的花朵也比较常见。

间色对比的页面效果

● 邻近色对比

在色相环上色相距离在15°以上、60°以内的对比，称为邻近色对比。虽然它们在色相上有很大差别，但在视觉上却比较接近，属于较弱的色相对比。

邻近色对比的页面效果

◆ 纯度对比

色彩中的纯度对比包含有纯度弱对比、纯度中对比和纯度强对比。其中纯度弱对比的画面视觉效果比较弱，形象的清晰度较低，适合长时间及近距离观看；纯度中对比是较为和谐的，画面效果含蓄丰富，主次分明；纯度强对比会出现鲜的更鲜、浊的更浊的现象，画面对比明朗、富有生气，色彩认知度也较高。

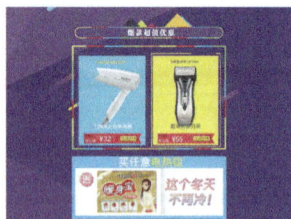

纯度对比的页面效果

◆ **明度对比**

明度不仅取决于物体的照明程度，而且取决于物体表面的反射系数。明度对比是色彩的明暗程度的对比，也称色彩的黑白度对比。明度对比是色彩构成的重要的因素，色彩的层次与空间关系主要依靠色彩的明度对比来表现。

在同一色相、同一纯度的颜色中，混入黑色越多，明度越低；相反，混入白色越多，明度越高。利用明度对比，可以充分表现色彩的层次感、立体感和空间关系。

明度对比的页面效果

◆ **色彩的面积对比**

色彩的面积对比是指页面中各种色彩在面积上大与小的差别，影响到页面的主次关系。在同一视觉范围内，色彩面积的不同，会产生不同的对比效果。

2.1.4 页面常见配色方法

色彩的搭配是一门艺术，灵活运用色彩搭配能够让页面更具亲和力和感染力。在选择页面色彩时，需要选择与店铺类目相符的颜色，才能营造出与店铺相协调的整体感。在为店铺装修搭配颜色时，需要遵循两大色彩的搭配原则。

◆ **根据店铺类目选择整体色调**

首先，根据店铺类目确定在配色中占大面积的主色调。例如，童装类商品可以选择粉色、黄色、橙色等偏暖色的纯色。使用暖色系作为整体色调，可以呈现出可爱、活泼的感觉；反之，如果选择灰色、黑色等冷色系，就会显得过于沉闷和朴素，给买家一种压迫感，导致买家不愿意购买。因此，在选择店铺的整体色调时，要结合店铺类目所表达的内容。

暖色系婴儿用品店铺页面装修效果

◆ **配色时要有重点**

在为店铺装修配色时，可以将某个颜色作为重点色，从而使整体配色平衡。重点色要使用比其他色调更强烈的颜色，适用于小面积，可以与整体色调相对比。

提示

淘宝店铺设计在进行颜色搭配时应注意脏、纯、跳、花、粉这几种情形。

脏：指背景与文字内容对比不强烈，显得背景灰暗、脏乱。

纯：指艳丽的纯色对人的刺激太强，缺乏内涵。

跳：指再好看的颜色也不能脱离整体，要保持整个页面的统一性。

花：指要有一个主色贯穿始终，主色并不是面积最大的颜色，而是最重要的颜色，最能揭示和反映主题的颜色，不在于多而在于起决定作用。

粉：指颜色浅淡，在对比中显得过弱，会给人苍白无力的感觉。

2.1.5 主色、辅助色与点缀色

店铺装修色彩是人们对于店铺的第一感官，对人的视觉冲击力非常强。好的色彩搭配可以掩盖缺陷，而不好的色彩搭配则会让人很不舒服。一般情况下，店铺装修的页面色彩不能超过三种，店铺装修页面的组成不仅包含有主色调，还需要辅助色和点缀色的陪衬，才能让网店的整体装修看起来更协调。

主色、辅助色与点缀色搭配的海报

◆ 主色

主色决定了画面风格去向的色彩或者色彩群，在店铺装修的色彩比重中占70%。主色并不一定只能有一个颜色，它还可以是一种色调，最好选择同色系或邻近色中的1~3种，只要能够保持协调就可以了。

在搭配主色时，要清楚主色使用的4个秘密，才能更好地装修店铺。

- 饱和度高的颜色一般作为主色。
- 深颜色一般为主色。
- 面积大的一般为主色。
- 视觉中心所呈现的颜色一般为主色。

◆ 辅助色

辅助色的功能是辅助主色，能够使画面更完美，在店铺装修的色彩比重中占25%。使用辅助色可以使店铺装修的色彩更丰富，更显优势。辅助色也不一定只能有一个颜色，也可以多色相辅助。

在搭配辅助色时，要清楚辅助色使用的3个秘密，才能更好地装修店铺。

- 选择同类色或邻近色作为辅助色。
- 选择对比色或互补色作为辅助色。
- 背景色是一种特殊的辅助色。

◆ 点缀色

点缀色的主要作用是引导阅读、装饰画面，从而营造出独特的画面风格，在店铺装修的色彩比重中占5%。点缀色也可以有1~3种，但要以一种为主，其他为辅，才能使整体更加协调。

在搭配点缀色时，要清楚点缀色使用的3个秘密，才能更好地装修店铺。

- 点缀色一般用饱和度和明度亮的颜色。
- 点缀色可以营造独特的页面风格。
- 点缀色可以让页面绽放光彩。

2.2 字体赋予竞争力

文字是美工网店店铺的重要组成部分，文字不仅可以传递产品信息，还可以美化店铺中的各个页面，强调店铺主题。

2.2.1 页面常用字体

字体就是文字的风格样式，如汉字书写的楷体、宋体等。字体也是文化的载体，不同字体给人的感觉也不同。

在网店装修画面中，文字的表现与商品展示同等重要，它可以对商品、活动、服务等信息进行及时的说明和指引，并且通过合理地设计和编排，让信息传递更加准确。

宋体、楷体、黑体、方正黑体、华文字体等字体，不同的字体样式将会产生出不同的字体效果。

> **提示**
>
> 文字较多的正文部分不能使用笔触过粗的字体。如果正文部分内容比较多，所以要使用较小的字号，在此情况下，要保证客户能够快速清晰地阅读文字信息，会使用笔触较细的字体。

电商海报文字效果

不同字体组合的家具主图

在淘宝美工装修页面中，常使用的字体有

2.2.2 淘宝常用字体设计

在美化网店店铺时，原有的字体时常无法满足美工师对店铺装修页面的表现，从而无法更好地承载设计思想和理念。因此，字体设计的动力就是承载设计师的理念和思想，并将思想和理念具象化，通过设计的形体表现出来。

字体设计效果

在美化店铺时，需要掌握好字体的设计方法，才能更好地装修好网店店铺。

◆ 移花接木法

移花接木（字体嫁接）首先要了解它的结构和组合形式，也就是笔画的来龙去脉。嫁接一般使用在文字笔画的开始和结尾处，这样字体才会比较符合章法上的逻辑，使其显得更加张弛有力，同时也会使得嫁接更加自然，更容易把握其效果，最后中间区域也可以稍加修饰，使其整体更加统一和谐。

移花接木法字体效果

◆ 移形换影法

使用该方法可以通过字意所表达的情感，以图像的形式巧妙地把图像与字体结合起来。

移形换影法字体效果

◆ 横细竖粗法

使用该方法可以将字体竖线统一加粗，横线统一缩细，使字体的笔画简化，并将字体中的细节统一调整，例如，为字体加斜角，做连体等，使设计的字体更加和谐统一。

横细竖粗法字体效果

◆ 缺省变形法

使用该方法可以将一些整体包合的字，适当地断开一个缺口出来，或者把需要设计的字体向一个方向统一缺省变形。

缺省变形法字体效果

2.2.3 淘宝常用文字效果

字体在设计时承载了设计师的思想和理念，就有了它自己的气质与性格，从而给画面带来不同风格和感觉。在字体设计前应明确字体所要表达的风格和气质，设计字体时据此对字体外形的进行统一设计、调整。

◆ 男性字体

男性字体呈现出来的感觉是规整、粗狂、硬朗、刚毅、稳重挺拔、有力量感，给人简洁爽朗的现代感觉，视觉冲击力强。其字体外形体现出粗大、棱角分明、笔直和突出挺拔等特点。男性字体适用于活动营销、男性产品、男装、电器、机械、电子科技产品等店铺中。

男性字体页面效果

◆ 女性字体

女性字体呈现出来的感觉是秀丽柔美、优雅、奢华高档、柔软、细腻、知性。其字体外形体现出柔软纤细线条、流畅苗条曲线等特点。女性字体的适用于珠宝配饰、女性用品、化妆品、女装、母婴用品、爱情\婚庆服务等店铺中。

女性字体页面效果

◆ 古朴风韵字体

古朴风韵字体呈现出来的感觉是古雅韵律、朴素无华、怀旧情怀，苍劲、简约有力，富有传统文化内涵。其字体外形体现出浑厚有力、苍劲书法、富有意境等特点。古朴风韵字体的适用于传统手服饰、工艺品、家具、民族特色产品等店铺中。

古朴风韵字体页面效果

◆ 年轻活力字体

年轻活力字体呈现出来的感觉是活泼有趣、具有新鲜的节奏感、色彩明快，潮流时尚前卫，生机盎然。其字体外形体现出异性、有趣味、随意等特点。年轻活力字体的适用于新潮产品、潮流服饰、食品、电子产品、时尚前卫产品等店铺中。

年轻活力字体页面效果

2.3 版式

网店中包含有大量的图片、文字等信息，因此，合理地对网店的版面进行设计，才可以搭配出美观、漂亮的电商店铺。

2.3.1 常见的版式布局

好的版面布局设计能够更快、更准确地传达信息，是提高店铺点击率和商品销量的一个重要因素。因此，在装修电商店铺时，需要将商品页面的组成元素进行合理安排，组成各种不同的版面编排形式，以此来体现店铺的品位，从而达到吸引顾客的目的。

目前店铺装修的版面布局为单向型版面布局、S形版面布局、对称型版面布局、T形版面布局、"王"字形版面布局和POP型版面布局6种，下面分别进行介绍。

◆单向型版面布局

单向型版面布局是较为普遍的页面布局方式，一般分为水平排列和垂直排列两种。垂直排列的单向型版面布局可以让画面产生稳定感，使版面条理更为清晰；而水平排列的单向型版面布局具有更强的条理性，也更符合人们的阅读习惯。一般情况下，为了让画面更丰富，往往会将水平排列和垂直排列的布局方式结合使用。

单向型版面布局页面

◆S形版面布局

在装修电商店铺时，为了营造一种曲折迂回的视觉感受，有时还会用到S形版面布局方式，这样的版面布局可以让画面产生一定的旋律感，方便顾客快速灵活地查看店铺的产品，从而增强设计感。

S形版面布局页面

◆对称型版面布局

对称型版面布局在商品详情页中经常会被用到，这种版面布局可以保证版面各构成元素之间的平衡感，使版面具有统一、规整的视觉效果，利用均衡的版面传递消息。

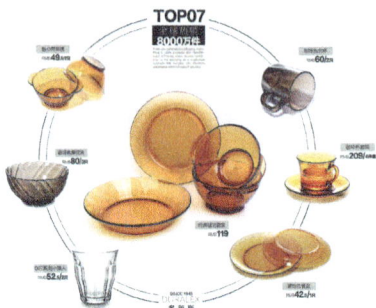

对称型版面布局页面

◆ T形版面布局

在T型版面布局中的页面顶部为店铺横条店招和首页海报，下方显示店铺商品内容，整个店铺布局也类似英文字母T。T形布局是店铺设计中使用非常广泛的布局方式。

T形版面布局页面

◆ "王"字形版面布局

"王"字版面布局与T型版面布局相似，其顶部结构一样为店铺店招和首屏海报，不同的地方是，下方显示店铺商品内容，"王"字形版面布局中会有一个与网页同宽的海报或分类栏。

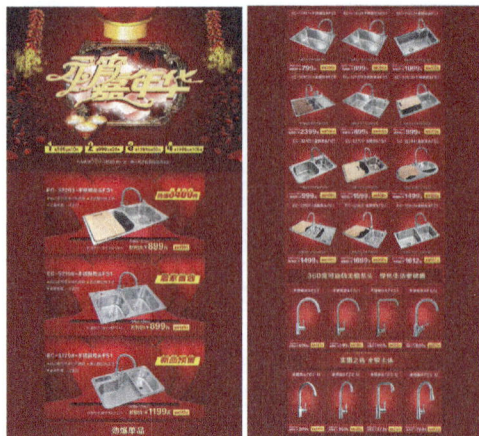

"王"字形版面布局页面

◆ POP型版面布局

POP型版面布局是以一张精美的图片作为店铺首页的中心，常用于时尚化妆品、饰品类店铺网页。POP型版面布局的优点是精美漂亮，容易抓住消费者的眼球，缺点是显示的商品内容较少。

POP型版面布局页面

2.3.2 版式布局设计准则

店铺装修布局设计切忌繁杂，不要把店铺设计成门户类网站。虽然把店铺做成大网站看上去比较有气势，使人感觉店铺很有实力，但却影响了买家的使用，让顾客在这么繁杂的一个店铺里找到自己想要的商品，不合理或者复杂的布局设计会让人眼花缭乱。所以，不是所有可装修的地方都要装修或者必须装修，局部区域不装修反而效果更好。

在布局网店店铺时，应该遵循以下设计准则。

◆ 主题突出鲜明

版式设计的最终目的是使店铺页面版面产生清晰的条理性，才能更好地突出主题，使买家注意店铺页面，从而吸引买家。

◆ 形式内容统一

店铺页面中的版式设计所追求的表现形式必须符合页面所要表达的主题，这是版式设计的前提。没有文字的店铺很难通过完美、新颖的形式来表达主题。

◆ 强化整体布局

在版面设计中文字、图片与颜色是需要处理与编排的三大构成要素，对这三者之间的关系必须进行一致性考虑。

2.4 知识拓展

本章所讲解的内容包含色彩、文字和版式，尤其在布局店铺页面时，为了使页面中的图片和文字排列的有规律，需要巧用网格与辅助线。网格设计是在版面上按照预先确定好的格子为图片和文字确定位置。网格可以使页面布局显得紧凑并且稳定，能够为淘宝美工在设计店铺页面时提供一个逻辑严谨、结构统一、整洁美观的模板。在使用 Photoshop 软件制作店铺首页时，可以使用"标尺"功能制作出网格辅助线，辅助店铺页面设计。

带辅助线的页面效果

第2篇

图像美化篇

第 **3** 章

Photoshop的基础操作

Photoshop 是一款优秀的图像编辑软件，在计算机图形设计领域应用十分广泛。使用 Photoshop 可以处理以像素构成的数字图像，也可以有效地进行图片编辑工作。Photoshop 有很多功能，在图像、图形、文字、视频、出版等各方面都有涉及。本章将详细讲解 Photoshop 的基础知识，包括软件知识、软件基本操作以及图层和图片的二次构图操作，为后期的店招、主图等网店装修打下设计基础。

本章重点

认识 Photoshop 图像处理软件 │ Photoshop 基本操作
Photoshop 图层操作 │ 图片的二次构图

扫二维码观看本章
案例操作演示视频

3.1 认识Photoshop图像处理软件

安装 Photoshop CS6 后，双击桌面上的快捷图标，可以运行软件，并显示 Photoshop CS6 程序界面。Adobe 对 Photoshop CS6 的工作界面进行了改进，使界面划分更加合理，常用面板的访问、工作区的切换也更加方便。本节将详细介绍 Photoshop CS6 的工作界面、工具箱、面板和菜单命令的使用方法。

Photoshop CS6 的工作界面中包含菜单栏、文档窗口、工具箱、工具选项栏及面板等组件。

下面将对工作界面中各选项进行详细介绍。

- 【菜单栏】：菜单中包含可以执行的各种命令，单击菜单名称即可打开相应的菜单。
- 【标题栏】：显示了文档名称、文件格式、窗口缩放比例和颜色模式等信息。如果文档中包含多个图层，则标题栏中还会显示当前工作的图层的名称。
- 【工具箱】：包含用于执行各种操作工具，如创建选区、移动图像、绘画、绘图等。
- 【工具选项栏】：用来设置工具的各种选项，它会随着所选工具的不同而改变内容。
- 【面板】：可以帮助用户编辑图像。有的用来设置编辑内容，有的用来设置颜色属性。
- 【状态栏】：可以显示文档大小、文档尺寸、

当前工具和窗口缩放比例等信息。
- 【文档窗口】：文档窗口是显示和编辑图像的区域。
- 【选项卡】：打开多个图像时，只在窗口中显示一个图像，其他则最小化到选项卡中。单击选项卡中各个文件名便可以显示相应的图像。

技巧

按快捷键 Shift+F1，可以将工作界面的亮度调暗（从深灰到黑色）；按快捷键 Shift+F2，可以将工作界面调亮。

3.2 Photoshop的基本操作

在认识了 Photoshop 软件的工作界面后，接下来需要了解 Photoshop 中新建文档、置入图像、存储图像、修改图片尺寸等软件的基本操作。

3.2.1 新建文档

在 Photoshop 中不仅可以编辑一个现有的图像文件，也可以创建一个全新的空白文件，然后在文件中创作，或者将其他图像拖入其中，再进行编辑。

执行【文件】|【新建】命令，或者按快捷键 Ctrl+N，打开【新建】对话框。

在打开的对话框中输入文件名，设置文件尺寸、分辨率、颜色模式和背景内容等选项，单击【确定】按钮，即可创建一个空白文件。

对话框中各选项的含义如下。

- 【名称】：可以输入文件的名称，也可以使用默认的文件名【未标题-1】。创建文件后，文件名会显示在存储文件的对话框内。
- 【预设\大小】：提高了各种常用文档的预设选项，如照片、Web、A3、A4打印纸，胶片和视频等。例如，要创建一个5英寸×7英寸的照片文档，则可以在【预设】下拉列表框中选择【照片】选项，然后在【大小】列表框中，选择【横向，5×7】选项。
- 【宽度\高度】：可以输入文件的宽度和高度。在右侧的选项中可以选择一种单位，包括【像素】、【英寸】、【厘米】、【毫米】、【点】、【派卡】和【列】。

- 【分辨率】：可以输入文件的分辨率。在右侧选项可以选择分辨率的单位，包括【像素\英寸】和【像素\厘米】选项。
- 【颜色模式】：可以选择文件的颜色模式，包括位图、灰度、RGB颜色、CMYK颜色和Lab颜色。
- 【背景内容】：可以选择文件背景的内容，包括【白色】、【背景色】和【透明】。其中【白色】为默认的颜色；【背景色】是指使用工具箱中的背景色作为文档【背景】图层的颜色；【透明】是指创建透明背景。
- 【高级】：单击该按钮，可以显示对话框中隐藏的选项，即【颜色配置文件】和【像素长宽比】。在【颜色配置文件】下拉列表中可以选择像素的长宽比。计算机显示器上的图像是由方形像素组成的，除非使用用于视频的图像，否则都应该选择【方形像素】。选择其他选项可以使用非方形像素。
- 【存储预设】：单击该按钮，打开【新建文档预设】对话框，输入预设的名称并选择相应的选项，可以将当前设置的文件大小、分辨率、颜色模式等创建为一个预设。以后需要创建同样的文件时，只需在【新建】对话框的【预设】下拉列表中选择该预设即可，这样就省去了重复设置选项的麻烦。
- 【删除预设】：选择自定义的预设文件后，单击该按钮可以将其删除，但系统提供的预设不能删除。
- 【图像大小】：显示了以当前设置的尺寸和分辨率来新建文档时，得到的文件大小。

3.2.2 打开和置入图像

要在 Photoshop 中置入并编辑一个图像文件，如图片素材、照片等，需要先要将其打开。

在 Photoshop 中使用【置入】命令，将照片、图片等位图，以及 EPS、PDF、AI 等矢量文件，作为智能对象置入已打开的文档中。

练习3-1 置入嵌入的对象

难　度：★
素材文件：素材 \ 第 3 章 \ 练习 3-1 海报背景、护肤品 .jpg
效果文件：效果 \ 第 3 章 \3-1 置入嵌入的对象 .psd
视频文件：视频 \ 第 3 章 \3-1 置入嵌入的对象 .mp4

01 启动Photoshop软件中，执行【文件】|【打开】命令。

02 弹出【打开】对话框，在对应文件夹中，选择【海报背景】图片，单击【打开】按钮。

03 打开选择的背景图像，并查看打开的图像效果。

04 在菜单栏中，执行【文件】|【置入】命令。

05 弹出【置入】对话框，在对应的素材文件夹中，选择【护肤品】图像文件，单击【置入】按钮。

06 置入图像后，调整置入后图像的位置，按【Enter】键即可，得到最终的图像效果。

3.2.3 存储图像

在日常工作中，经常需要置入不带背景的图像，例如，添加店铺 Logo、添加店铺产品等。为了更好地融入 PS 效果，可以使用【存储为】命令，将图像文件存储为透明底的图像格式。

练习3-2 存储为透明底图像

难　度：★
素材文件：素材 \ 第 3 章 \ 练习 3-2 鼠标 .jpg 等
效果文件：效果 \ 第 3 章 \3-2 存储为透明底图像 .png
视频文件：视频 \ 第 3 章 \3-2 存储为透明底图像 .mp4

01 执行【文件】|【打开】命令，打开本章中的【素材\第3章\练习3-2鼠标.jpg】图像文件。

提示

　　在 Photoshop 中打开图像文件时，不仅可以执行【文件】|【打开】命令打开，还可以按下快捷键 Ctrl+O，快速打开。

02 在工具箱中选择【魔棒工具】，在绿色背景上单击创建选区。

03 按快捷键Ctrl+Shift+I反选选区，按快捷键Ctrl+J将选区内的图像复制至新的图层，单击【背景】图层前面的眼睛图标，隐藏【背景】图层。

1.复制图层
2.隐藏背景图层

04 在菜单栏中，执行【文件】|【存储为】命令。

1.执行命令
2.执行命令

05 弹出【存储为】对话框，单击【格式】右侧的下拉按钮，展开列表框，选择【PNG（*.PNG;*PNS）】选项。

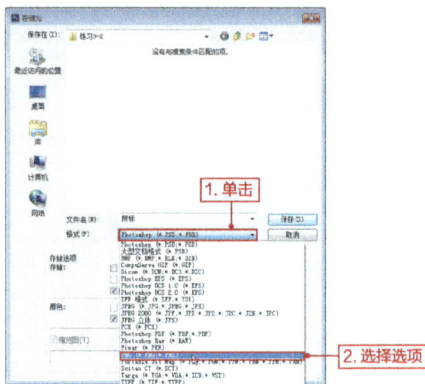

1.单击
2.选择选项

06 依次设置好保存路径、文件名称，单击【保存】按钮。

1.设置保存路径
2.设置文件名
3.单击

07 弹出【PNG选项】对话框，保持默认参数设置，单击【确定】按钮。

PNG 选项

压缩
无/快(O)
最小/慢(S)

交错
无(N)
交错(I)

确定 ← 单击
取消

08 打开素材存储位置，此时图片保存为透明底图像。

透明底图像

3.2.4 修改图片尺寸 (重点)

使用【图像大小】命令可以调整图像的像素大小、打印尺寸和分辨率。修改图像的尺寸和像素大小不仅会影响图像在屏幕上的视觉大小，还会影响图像的质量及其打印特性，同时也决定了其占用的存储空间。

练习3-3 修改图像文件大小

难　　度：★

素材文件：素材\第3章\练习3-3 热艳红唇.jpg

效果文件：效果\第3章\3-3 修改图像文件大小.psd

视频文件：视频\第3章\3-3 修改图像文件大小.mp4

01 执行【文件】|【打开】命令，打开本章中的【素材\第3章\练习3-3 热艳红唇.jpg】图像文件。

02 执行【图像】|【图像大小】命令，弹出【图像大小】对话框，在【像素大小】选项区中，设置【宽度】为【500像素】，单击【确定】按钮。

提示

分辨率高的图像包含更多的细节。不过，如果一个图像的分辨率较低、细节也模糊，即便提高分辨率也不会使其变得清晰，这是因为Photoshop只能在原始数据的基础上进行调整，无法生成新的原始数据。

03 完成图片尺寸的修改，并查看调整后的图像效果。

3.2.5 修改画布大小 (重点)

画布是指整个文档的工作区域。使用【画布大小】命令可以通过修改【宽度】和【高度】参数修改画布的尺寸大小。

练习3-4 修改画布大小

难　　度：★

素材文件：素材\第3章\练习3-4 针织帽.jpg

效果文件：效果\第3章\3-4 修改画布大小.psd

视频文件：视频\第3章\3-4 修改画布大小.mp4

01 执行【文件】|【打开】命令，打开本章中的【素材\第3章\练习3-4 针织帽.jpg】图像文件。

02 执行【图像】|【画布大小】命令，弹出【画布大小】对话框，依次设置【宽度】为【24厘米】、【高度】为【23.25厘米】，单击【确定】按钮。

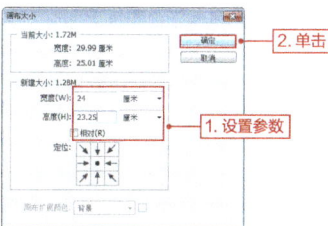

03 弹出提示对话框，提示需要裁切画布，单击【继续】按钮。

04 完成图像画布大小的修改，并查看图像效果。

> **提示**
>
> 　　【图像大小】命令是指调整图像的像素大小、打印尺寸和分辨率，而【画布大小】命令则是指整个文档的工作区域，二者有本质上的区别。

3.2.6 复制和粘贴操作 重点

　　在装修网店时，网店中有些商品需要卖家提供细节官方大图，从而让买家看清楚商品的细微之处。使用 Photoshop 中的复制和粘贴命令等可以直接对商品图片中的某些细节进行复制和粘贴操作，并将复制粘贴后的图像进行放大操作，完成局部细节放大图的制作。

练习3-5 放大突出商品

难　　度：	★

素材文件：素材 \ 第 3 章 \ 练习 3-5 戒指 .jpg

效果文件：效果 \ 第 3 章 \3-5 放大突出商品 .psd

视频文件：视频 \ 第 3 章 \3-5 放大突出商品 .mp4

01 执行【文件】|【打开】命令，打开本章中的【素材\第3章\练习3-5 戒指.jpg】图像文件。

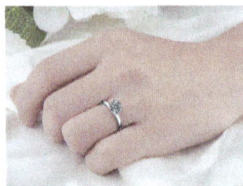

02 在工具箱中选择【椭圆选框工具】，将鼠标指针放在图像的合适位置上，单击鼠标并拖曳，创建圆形选区。

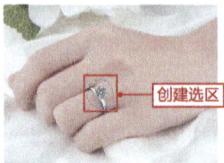

03 在菜单栏中，执行【编辑】|【拷贝】命令，复制选区内的图像。

04 在菜单栏中执行【编辑】|【粘贴】命令，即可粘贴选区内的图像，并在【图层】面板中自动生成【图层1】图层。

05 按住Ctrl键，单击【图层1】图层缩览图，载入选区内的图像，在工具箱中选择【移动工具】，将选区内的图像移动至合适的位置。

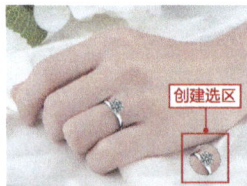

06 执行【编辑】|【描边】命令，弹出【描边】对话框，设置【宽度】为【2像素】、【颜色】的RGB参数分别为234、41、185，单击【确定】按钮。

按快捷键 Ctrl+T 可以显示定界框，按住 Shift 键拖动控制点可以调整照片大小。

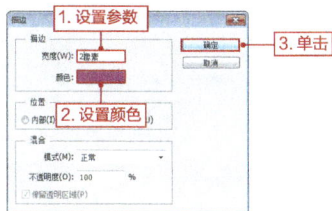

1. 设置参数
3. 单击
2. 设置颜色

07 为选区添加描边效果，按快捷键Ctrl+T，弹出变换控制框，当鼠标指针呈双向箭头形状时，单击鼠标并拖曳，调整选区图像大小，得到最终图像效果。

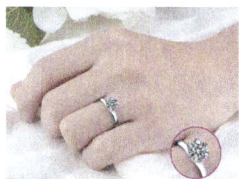

3.2.7 返回、撤销和恢复

在编辑图像的过程中，如果某一步的操作出现了失误，或者对创建的效果不满意，就需要使用【返回】、【撤销】和【恢复】等功能还原或者恢复图像。

1. 还原与重做

在菜单栏中执行【编辑】|【还原】命令，或者按快捷键 Ctrl+Z，可以撤销对图像进行的操作，将图像还原上一步的编辑状态中。如果要取消还原操作，则可以执行【编辑】|【重做】命令即可实现。

2. 前进一步与后退一步

【还原】命令只能还原一步操作，而执行【文件】|【后退一步】命令则可以连续还原。连续执行该命令，或者连续按快捷键 Alt+Ctrl+Z，便可以逐步撤销操作。

执行【后退一步】命令进行还原操作后，可以执行【文件】|【后退一步】命令恢复被撤销的操作。连续执行该命令，或者连续按快捷键 Shift+Ctrl+Z 可逐步恢复被撤销的操作。

3. 恢复文件

执行【文件】|【恢复】命令，可以直接将文件恢复到最后一次保存的状态。

3.3 Photoshop图层操作

图层是 Photoshop 的核心功能之一，它承载了大部分的编辑操作，没有图层，则所有的图像都将处于同一个平面上，没有层次感。在本节中，将学习如何新建图层与组、合并与盖印图层、设置图层混合模式等内容。

3.3.1 新建图层与新建组

使用图层可以将页面上的元素精确定位，并且可以加入文本、图片、表格、插件，也可以在里面再嵌套图层。而当一个照片中的图层数量较多时，可以通过图层组来管理图层。将各个图层按照类别存放在不同的图层组中，类似计算机中的文件夹管理文件。

在软件中，按快捷键 F7 可以快速打开【图层】面板。

在图层中创建选区后，按下快捷键 Ctrl+C 复制选中的图像，粘贴（按下快捷键 Ctrl+V）图像时，可以创建一个新的图层；如果打开了多个文件，则使用【移动工具】将一个图层拖至另外的图像中，可将其复制到目标图像，同时创建一个新的图层。

在【图层】面板中，可以设置图层混合模式、不透明度、填充、显示和隐藏、新建图层等操作。【图层】面板中的各选项含义如下。

- **【名称】**：可以输入文件的名称，也可以使用默认的文件名【图层1】。创建文件后，文件名会显示在存储文件的对话框内。
- **【类型】**：当图层数量较多时，可在选项下拉列表中选择一种图层类型。
- **【正常】**：用于设置当前图层的混合模式，使之与下面的图像产生混合。
- **【不透明度】**：设置当前图层的不透明度，使之呈现透明状态，从而显示出下面图层中的内容。
- **【锁定】**：用于锁定当前图层的属性，使其不可编辑，包括图像像素、透明像素和位置。
- **【填充】**：设置当前图层的填充不透明度，它与图层的不透明度类似，但只影响图层中绘制的像素和形状的不透明度，不会影响图层样式的不透明度。
- **【指示图层可见性】👁**：显示该标志的图层为可见图层，单击它可以隐藏图层。
- **图层操作常用快捷按钮** ⇔ fx ◯ ◉ ◻ ◻ 🗑 ：主要包括链接图层、图层样式、新建图层、删除图层等按钮。

在认识了【图层】面板后，需要新建图层与组对象，下面将介绍其具体的创建方法。

1. 在【图层】面板中创建图层

单击【图层】面板底部的【创建新图层】按钮◻，即可在当前图层的上方新建一个图层，且新建的图层会自动成为当前图层；如果要在当前图层的下方新建图层，则可以在按住 Ctrl 键的同时单击【创建新图层】按钮◻进行创建，但是【背景】图层下方不能新建图层。

2. 用【新建】命令创建图层

如果想要创建图层并设置图层的属性，如名称、颜色和混合模式等，可以执行【图层】|【新建】|【图层】命令，弹出【新建图层】对话框进行设置即可。

3. 用【通过拷贝的图层】命令创建图层

如果在图像中创建了选区，可以执行【图层】|【新建】|【通过拷贝的图层】命令，或者按下快捷键 Ctrl+J 将选中的图像复制到一个新的图层中，原图层内容保持不变；如果没有创建选区，则执行该命令快速复制当前图层。

4. 用【通过剪切的图层】命令创建图层

在图像中创建选区以后，执行【图层】|【新建】|【通过剪切的图层】命令，或者按快捷键 Shift+Ctrl+J，可以将选区内的图像从原图层中剪切到一个新的图层中。

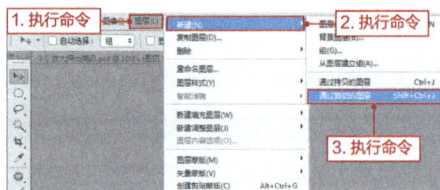

5. 创建背景图层

在新建文档时，使用白色或背景色作为背景内容时，【图层】面板中会自动新建【背景】图层。

在新建文档时，如果使用透明作为背景内

容时，则不会自动新建【背景】图层，需要在选择一个图层后，执行【图层】|【新建】|【背景图层】命令，将选择的图层转换为【背景】图层即可。

6. 在【图层】面板中创建图层组

单击【图层】面板中的【创建新组】按钮 📁，可以创建一个空的图层组。

7. 通过命令创建图层组

如果想要在创建图层组时设置组的名称、颜色、混合模式、不透明度等属性，可以执行【图层】|【新建】|【组】命令，在打开的【新建组】对话框中设置，即可完成图层组的创建。

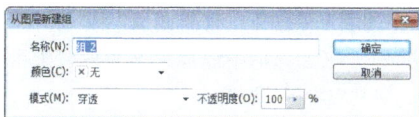

8. 从所选图层创建图层组

如果要将多个图层创建在一个图层组内，可以选择图层，然后执行【图层】|【图层编组】命令，或者按快捷键 Ctrl+G，创建图层组。

3.3.2 合并与盖印图层 重点

图层、图层组与图层样式等都会占用计算机的内存和暂存盘。因此，为了降低存储文件的大小，可以将相同属性的图层合并与盖印。

1. 合并图层

如果要合并两个或多个图层，可以在【图层】面板中将多个图层选择，然后执行【图层】|【合并图层】命令或按快捷键 Ctrl+E，合并后的图层使用上面图层的名称。

2. 向下合并图层

如果想要将一个图层与它下面的图层合并，可以选择该图层，然后执行【图层】|【向下合并】命令，或按下快捷键 Ctrl+E，合并后的图层使用下面图层的名称。

3. 合并可见图层

如果要合并所有可见的图层，可以执行【图层】|【合并可见图层】命令，或按下快捷键 Shift+Ctrl+E，它们会合并到【背景】图层中。

> **提示**
>
> 合并图层可减少图层的数量，而盖印往往会增加图层的数量。

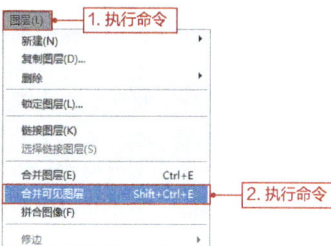

4. 盖印图层

盖印是比较特殊的图层合并方法，它可以将多个图层中的图像内容合并到一个新的图层中，同时保持其他图层完好无损。如果想要得到某些图层的合并效果，而又要保持原图层完整时，盖印是较好的解决方法。

- **向下盖印：**选择一个图层，按快捷键 Ctrl+Alt+E，可以将选择的图层中的图像盖印到下面的图层中，原图层内容保持不变。
- **盖印多个图层：**选择多个图层，按快捷键 Ctrl+Alt+E，可以将选择的图层盖印到一个新的图层中，原有图层的内容保持不变。
- **盖印可见图层：**按快捷键 Shift+Ctrl+Alt+E，可

以将所有可见图层中的图像盖印到一个新的图层中，原有图层内容保持不变。

- **盖印图层组：** 选择图层组，按快捷键Ctrl+Alt+E，可以将组中的所有图层内容盖印到一个新的图层中，原图层组保持不变。

3.3.3 图层混合模式 重点

混合模式是 Photoshop 的核心功能之一，它决定了像素的混合方式，可以用于合成图像，制作选区和特殊效果，但是不会对图像造成任何实质性的破坏。

图层的混合模式分为 6 组，共 27 种，每一组的混合模式都可以产生相似的效果或者有着相近的用途。

- **组合模式组：** 该组中包含有【正常】和【溶解】两个混合模式，选择这两个混合模式需要降低图层的不透明度才能产生作用。

- **加深模式组：** 该组中包含有【变暗】、【正片叠底】、【颜色加深】、【线性加深】和【深色】5个混合模式，可以使图像变暗，在混合过程中，当前图层中的白色将被底层较暗的像素替代。

- **减淡模式组：** 该组中包含有【变亮】、【滤色】、【颜色减淡】、【线性减淡（添加）】和【浅色】5个混合模式，该组混合模式与加深模式组产生的效果截然相反，它们可以使图像变亮。图像中的黑色会被较亮的像素替换，而任何比黑色亮的像素都可能加量底层图像。

- **对比模式组：** 该组中包含有【叠加】、【柔光】、【强光】、【高光】、【线性光】、【点光】和【实色混合】7个混合模式，使用该组的混合模式可以增强图像的反差。在混合时，50%的灰色会完全消失，任何亮度值高于50%灰色的像素都可能加亮底层的图像，亮度值低于50%灰色的像素则可能使底层图像变暗。

- **比较模式组：** 该组中包含有【差值】、【排除】、【减去】和【划分】4个混合模式，使用该组中的混合模式可以比较当前图像与底层图像，然后将相同的区域显示为黑色，不同的区域显示为灰度层次或彩色。如果当前图层中包含白色，白色的区域会使底层图像反相，而黑色不会对底层图像产生影响。

- **色彩模式组：** 该组中包含有【色相】、【饱和度】、【颜色】和【明度】4个混合模式，使用该组中的混合模式可以将Photoshop中的色彩分为色相、饱和度和亮度3种成分，然后再将其中的一种或两种应用在混合后的图像中。

练习3-6 混合模式制作背景

难 度：★
素材文件：素材 \ 第 3 章 \ 练习 3-6 背景 1.jpg、坚果 .png
效果文件：效果 \ 第 3 章 \3-6 混合模式制作背景 .psd
视频文件：视频 \ 第 3 章 \3-6 混合模式制作背景 .mp4

01 执行【文件】|【打开】命令，打开本章中的【素材\第3章\ 练习3-6 背景1.jpg】图像文件。

02 单击【图层】底部【创建新图层】按钮 新建一个图层。在工具箱中选择【多边形套索工具】，在文档中创建选区。

1. 新建图层
2. 创建选区

03 设置前景色为白色，按快捷键Alt+Delete填充白色，按快捷键Ctrl+D取消选区，按快捷键Ctrl+J复制图层。

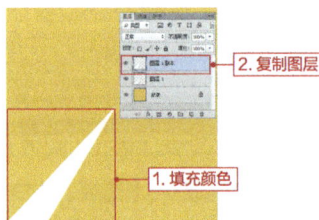

2. 复制图层
1. 填充颜色

04 按快捷键Ctrl+T显示定界框，移动中心点至右上角的控制点上。将指针放置定界框左侧，当指针变为 ↰ 形状时，旋转图像。

1.移动中心点

2.旋转图像

05 按Enter键确认操作，按快捷键Ctrl+Shift+Alt+T再次变换白色不规则图像。选中再次变换所得到的图层，按快捷键Ctrl+E合并图层。

提示

淘宝店铺都是通过电脑、手机或iPad进行展示，所以颜色模式一般选择RGB模式，CMYK模式更多用于印刷、打印等。

合并图层

06 在【图层】面板中，选择【图层1副本15】图层，单击【设置图层的混合模式】下三角按钮，展开列表框，选择【柔光】选项。

选择选项

07 更改图层的混合模式，并查看更改后的图像效果。

08 执行【文件】|【置入】命令，置入本章中的【素

材\第3章\练习3-6 坚果.png】图像文件，完成制作。

3.3.4 图层样式 重点

图层样式也叫图层效果，它可以为图层中的图像内容添加如投影、发光、浮雕、描边等效果，创建具有真实质感的水晶、玻璃、金属和纹理特效。图层样式可以随时修改、隐藏和删除。

练习3-7 为图片添加水印

难 度：★
素材文件：素材 \ 第 3 章 \ 练习 3-7 台灯 .jpg
效果文件：效果 \ 第 3 章 \3-7 为图片添加水印 .psd
视频文件：视频 \ 第 3 章 \3-7 为图片添加水印 .mp4

01 执行【文件】|【新建】命令，弹出【新建】对话框，依次设置各参数，单击【确定】按钮。

2.单击

1.设置参数

02 新建图像文件，在工具箱中选择【横排文字工具】T.，在新创建的图像上创建文字，在工具选项栏中，修改【字体】为【方正祥隶简体】、【字号】为【20点】，并旋转文字。

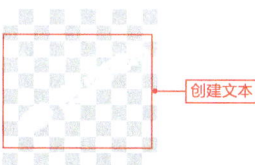

创建文本

03 执行【编辑】|【定义图案】命令，弹出【图案名称】对话框，修改【名称】为【水印1】，单击【确定】按钮，即可保存图案。

04 执行【文件】|【打开】命令，打开本章中的【素材\第3章\练习3-7 台灯.jpg】图像文件。

05 双击【背景】图层，将其转换为【0】图层。

06 双击【0】图层，弹出【图层样式】对话框，勾选【图案叠加】复选框，在【图案】列表框中选择图案，设置【缩放】参数为【239%】，单击【确定】按钮。

07 为图片添加水印，得到最终的图像效果。

3.3.5 图层蒙版 （重点）

图层蒙版是在当前图层上面覆盖一层玻璃片，这种玻璃片有透明的、半透明的、完全不透明的。图层蒙版是 Photoshop 中一项十分重要的功能。下面将详细讲解应用图层蒙版的具体操作步骤。

练习3-8 图层蒙版合成主图

难　　度：★
素材文件：素材 \ 第 3 章 \ 练习 3-8 背景、女装 .jpg
效果文件：效果 \ 第 3 章 \3-8 图层蒙版合成主图 .psd
视频文件：视频 \ 第 3 章 \3-8 图层蒙版合成主图 .mp4

01 执行【文件】|【打开】命令，打开本章中的【素材\第3章\练习3-8 背景.jpg】图像文件。

02 执行【文件】|【打开】命令，打开本章中的【素材\第3章\练习3-8 女装.png】图像文件。

03 选择工具箱中的【移动工具】，将【女装】图像窗口中的图像拖曳至【背景】图像窗口中。

04 选择工具箱中的【多边形套索工具】 ![icon]，将指针放在图像上，依次单击鼠标，绘制多边形套索选区。

05 即可在【图层】面板中为【图层1】自动生成图层蒙版。

生成图层蒙版

06 双击新添加的图层蒙版，弹出【属性】面板，单击【反相】按钮，即可反相图层蒙版，得到最终的图像效果。

提示

执行【图层】|【图层蒙版】|【显示全部】命令，可以创建一个显示图层内容的白色蒙版；执行【图层】|【图层蒙版】|【隐藏全部】命令，可以创建一个隐藏图层内容的黑色蒙版。如果图层中包含透明区域，则执行【图层】|【图层蒙版】|【从透明区域】命令可创建蒙版，并将透明区域隐藏。

3.4 图片的二次构图

在处理商品图片时，经常需要裁剪图像，以便删除多余的商品图片，才能使画面的构图更加完美。使用裁剪工具和各种裁剪命令可以完成图像的裁剪操作。本节将详细讲解对图片进行二次构图的具体方法。

3.4.1 裁剪工具 （重点）

使用【裁剪工具】可以对图像进行裁剪，重新定义画布的大小。选择【裁剪工具】后，将显示工具选项栏，在画面中单击并拖曳出一个矩形定界框，定界框之外的图像将被裁掉。

在工具选项栏中，各选项的含义如下。

- 【预设】列表框：单击相应的按钮，可以在打开的下拉列表框中选择【不受约束】、【原始比例】等预设的裁剪选项。

- 【拉直】 ![icon]：如果画面内容出现倾斜（例如，拍摄图片时，由于相机没有端平而导致画面内容倾斜），可以单击【拉直】按钮，单击画面并拖出一条直线，让它与地平线、建筑物墙面和其他关键元素对齐，便会将倾斜的画面校正过来。

- 【视图】：单击下三角按钮，将展开列表框，用于设置裁剪视图的选项。

- 【删除裁剪的像素】：在默认情况下，Photoshop会将裁掉的图像保留在文件中。如果需要彻底删除被裁剪的图像，可以勾选该复选框，再进行裁剪操作。

练习3-9 自由裁剪图像

难　　度：★

素材文件：素材\第3章\练习3-9时尚牛仔.jpg

效果文件：效果\第3章\3-9自由裁剪图像.psd

视频文件：视频\第3章\3-9自由裁剪图像.mp4

01 执行【文件】|【打开】命令，打开本章中的【素材\第3章\练习3-9时尚牛仔.jpg】图像文件。

> **技巧**
>
> 选择【裁剪工具】除了单击工具箱中的工具按钮外，还可以按键盘上的C键，选择【裁剪工具】。

02 选择工具箱中的【裁剪工具】□，将指针放在画面中，单击鼠标并拖曳，创建出一个矩形裁剪框。

显示裁剪框

03 将指针放置在裁剪框的边界上，当鼠标指针呈↕形状时，单击并拖动鼠标可以调整裁剪框的大小。

调整裁剪框大小

04 将指针放置在定界框四周的任意一个角上，当指针变为↖时，在按住快捷键Shift+Alt的同时拖动鼠标，可进行等比例缩放。

等比例缩放图像

05 将指针放置在裁剪框外，当指针变为↻形状时，单击鼠标并拖曳，即可旋转裁剪框。

旋转裁剪框

06 单击工具选项栏上的按钮✓，或者按下回车键，或在裁剪框内进行双击，即可完成裁剪操作，建材框外的图像被去除。

3.4.2 固定大小裁剪

在裁剪商品图片时，不仅可以自定义裁剪选区进行裁剪，还可以直接选择一定的裁剪尺寸比例，对裁剪选区内的图片进行裁剪操作。

练习3-10 设置主图尺寸

难　　度：★

素材文件：素材\第3章\练习3-10女靴.jpg

效果文件：效果\第3章\3-10设置主图尺寸.psd

视频文件：视频\第3章\3-10设置主图尺寸.mp4

01 执行【文件】|【打开】命令，打开本章中的【素材\第3章\练习3-10女靴.jpg】图像文件。

02 选择工具箱中的【裁剪工具】，在工具选项栏中的【裁剪预设】列表框中选择【5×7】选项。

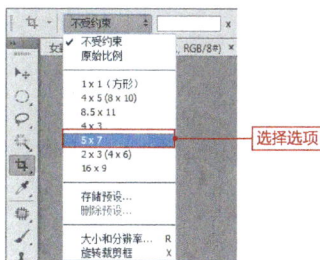

选择选项

03 在图像上将显示5:7的裁剪框。

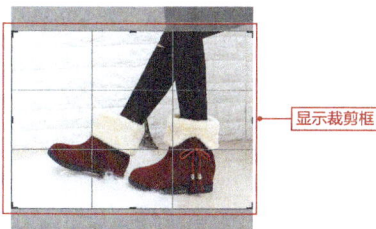

显示裁剪框

04 确定好裁剪区域后，在工具选项栏中单击【提交当前裁剪操作】按钮，完成图像的裁剪操作，得到最终的图像效果。

3.4.3 校正倾斜角度 （难点）

在拍摄照片时，由于相机没有端平而导致画面内容倾斜，此时可以使用 Photoshop 软件中的标尺工具和裁剪工具，对倾斜的图片进行校正裁剪操作。

练习3-11 校正倾斜图片

难　　度：★
素材文件：素材 \ 第 3 章 \ 练习 3-11 美女 .jpg
效果文件：效果 \ 第 3 章 \3-11 校正倾斜图片 .psd
视频文件：视频 \ 第 3 章 \3-11 校正倾斜图片 .mp4

01 执行【文件】|【打开】命令，打开本章中的【素材\第3章\练习3-11 美女.jpg】图像文件。

02 选择工具箱中的【标尺工具】，沿着图像海平线单击并拖曳鼠标，继续向左下角拖曳鼠标至边缘位置。

绘制海平线

03 释放鼠标后，在工具选项栏中将显示【X】、【Y】、【W】、【H】和【A】等参数，其中A标识图像的角度。

显示角度

04 执行【图像】|【图像旋转】|【任意角度】命令，弹出【旋转画布】对话框，保持默认参数，单击【确定】按钮。

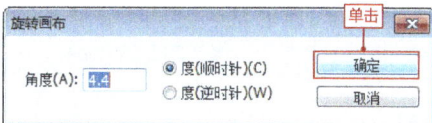

单击

05 对图像对象进行旋转操作，并查看旋转后的图形效果。

06 选择工具箱中的【裁剪工具】，将指针放在图像上，单击鼠标并拖曳，创建一个矩形裁剪

框，在图像区将显示裁剪控制框，将指针放置在裁剪框的边界上，当鼠标指针呈 ↕ 形状时，单击并拖动鼠标可以调整裁剪框的大小。

调整裁剪框

07 将指针放在裁剪控制框上，双击鼠标左键，即可裁剪倾斜图片，得到最终的图像效果。

3.4.4 透视校正裁剪 （难点）

在使用广角镜头进行商品照片拍摄时，画面就很容易产生透视的变形，这时候就需要使用 Photoshop 软件对照片进行透视校正，并使用【裁剪工具】，将校正后的图像进行裁剪操作。

练习3-12 校正透视图像

难　　度：★
素材文件：素材 \ 第 3 章 \ 练习 3-12 笔记本电脑 .jpg
效果文件：效果 \ 第 3 章 \3-12 校正透视图像 .psd
视频文件：视频 \ 第 3 章 \3-12 校正透视图像 .mp4

01 执行【文件】|【打开】命令，打开本章中的【素材\第3章\练习3-12 笔记本电脑.jpg】图像文件。

02 在【图层】面板中选择【背景】图层，按快捷键Ctrl+J，复制图层，得到【图层1】图层。

复制图层

03 选择复制后的图像，执行【编辑】|【变换】|【透视】命令。

1. 执行命令
2. 执行命令
3. 执行命令

04 将显示变换控制框，将鼠标指针移动至变换控制框右上角的控制点上，单击鼠标并向右拖曳至合适位置。

调整控制点

05 按Enter键确认变换选择工具箱中的【裁剪工具】，将指针放在图像上，单击鼠标并拖曳，创建一个矩形裁剪框，在图像区将显示裁剪控制框，将指针放置在裁剪框的边界上，当鼠标指针呈 ↕ 形状时，单击并拖动鼠标可以调整裁剪框的大小。

调整裁剪框

06 将指针放在裁剪控制框上，双击鼠标左键，即可裁剪透视图片，得到最终的图像效果。

3.5 知识拓展

　　本章详细介绍了 Photoshop CS6 的界面组成及一些基本的操作方法，如新建图像、打开图像、置入图像、新建图层与新建组、盖印与合并图层、图层混合模式和裁剪图片等，足以让读者一窥 Photoshop 图像处理的门径。在淘宝商品处理过程中，校正倾斜图像是一项重要的操作，除了【练习 3-11】的校正倾斜图像的方法外，还可以在【裁剪工具】的工具选项栏中单击【拉直】按钮，校正倾斜图像。

　　打开一张倾斜图像，单击工具箱中的【裁剪工具】，显示定界框。再单击工具选项栏中的【拉直】按钮，当指针变为 形状时，从图像倾斜位置上拖曳直线，松开鼠标后系统会根据测量出的倾斜角度自动显示裁剪框，按 Enter 键或是单击工具选项栏中的【提交当前裁剪操作】按钮，即可校正倾斜的图像。

3.6 拓展训练

　　本章为读者安排了多个拓展练习，以帮助大家巩固本章内容。

难　度：★ ★ ★	难　度：★ ★ ★
素材文件：素材 \ 第 3 章 \ 习题 1\ 背景 .jpg、人物 .png	素材文件：素材 \ 第 3 章 \ 习题 2\ 棉花糖 .jpg
效果文件：效果 \ 第 3 章 \ 习题 1.psd	效果文件：效果 \ 第 3 章 \ 习题 2.psd
视频文件：视频 \ 第 3 章 \ 习题 1.mp4	视频文件：视频 \ 第 3 章 \ 习题 2.mp4

　　根据本章所学知识打开并置入下图所示图形，并保存为 PSD 格式。

　　根据本章所学知识裁剪下图所示图形，并保存为 PSD 格式。

第 **4** 章

使用Photoshop美化图片

为了将拍摄完的商品图片效果呈现得更加完美，且提高顾客的浏览率和店铺的成交量，需要使用Photoshop软件对商品图片进行美化操作，例如，去除图片瑕疵、纠正图片偏色及抠取图片中的商品等。本章将详细讲解使用软件美化各种商品图片的相关内容，以帮助读者快速掌握图片的美化方法。

本章重点

美化瑕疵图片 ｜ 美化偏色照片

商品的抠图处理

扫二维码观看本章
案例操作演示视频

4.1 去除瑕疵图片

在拍摄饰品和服装等各类商品照片的时候，大多数情况下产品或背景中都会存在一些细小的瑕疵，从而影响了画面中商品的表现，这时就需要对这些细小的瑕疵进行修复和美化。

4.1.1 污点修复画笔工具 【重点】

【污点修复画笔工具】 ✐ 可以快速去除照片中的污点、划痕和其他不理想的部分。与画笔工具的工作方式类似，也是使用图像或图案中的样本像素进行描画，并将样本像素的纹理、光照、透明度和阴影与所修复的像素相匹配。

在使用污点修复画笔时，可以自动从所修饰区域的周围进行取样。在选取污点修复画笔工具 ✐ 后，工作界面的上方将显示工具选项栏。

工具选项栏中各选项的含义如下。

- 【模式】：用来设置修复图像时使用的混合模式。除"正常""正片叠底"等常用模式外，该工具还包含一个"替换"模式，选择该模式时，可以保留画笔描边的边缘处的杂色、胶片颗粒和纹理。

- 【类型】：用来设置修复方法。点选"近似匹配"单选按钮，可以使用选区边缘周围的像素来查找要用作选定区域修补的图像区域，如果该选项的修复效果不能令人满意，可以还原修复并尝试点选"创建纹理"单选按钮；点选"创建纹理"单选按钮，可以使用选区中的所有像素创建一个用于修复该区域的纹理，如果纹理不起作用，可以再次拖过该区域；点选"内容识别"单选按钮，可以使用选区周围的像素进行修复。

- 【对所有图层取样】：如果当前文档中包含多个图层，勾选该选项后，可以从所有可见图层中对数据进行取样；取消勾选，则只从当前图层中取样。

练习4-1 修复商品瑕疵

难　度：★

素材文件：素材 \ 第 4 章 \ 练习 4-1 花朵 .jpg

效果文件：效果 \ 第 4 章 \4-1 修复商品瑕疵 .psd

视频文件：视频 \ 第 4 章 \4-1 修复商品瑕疵 .mp4

01 启动Photoshop软件，执行【文件】|【打开】命令，打开【打开】对话框，选择【素材\第4章\练习4-1 花朵.jpg】，单击【打开】按钮。

02 选择工具箱中的【污点修复画笔工具】 ✐ ，在工具选项栏中，设置【大小】为【30像素】。

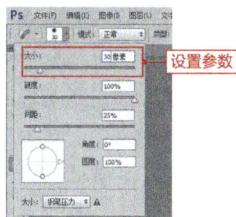

03 将指针放在需要清除的污点上，单击鼠标并拖曳，对污点进行涂抹。

04 释放鼠标左键后，即可完成污点的清除操作。

清除污点

05 使用同样的方法，依次在其他的污点上进行单击，即可去除其他污点，得到最终图像效果。

4.1.2 修补工具 （重点）

【修补工具】🔘可以用其他区域或图案中的像素来修复选中的区域，并将样本像素的纹理、光照和阴影与源像素进行匹配。修补工具的特别之处是，需要用选区来定位修补范围。

在选取【修补工具】🔘后，程序界面的上方将显示工具选项栏。

工具选项栏中各选项的含义如下。

- 【选区创建方式】：单击【新选区】按钮🔳，可以创建一个新的选区，如果图像中包含选区，则新选区会替换原有选区；单击【添加到选区】按钮🔳，可以在当前选区的基础上添加新的选区；单击【从选区减去】按钮🔳，可以在原选区中减去当前绘制的选区；单击【与选区交叉】按钮🔳，可以得到原选区与当前创建的选区相交的部分。
- 【修补】：用来设置修补方式。如果选择"源"选项，将选区拖至修补的区域后，会用当前选区中的图像修补原来选中的图像；如果选择"目标"选项，则会将选中的图像复制到目标区域。
- 【透明】：勾选该复选框，可以使修补的图像与原图像产生透明的叠加效果。
- 【使用图案】：在图案下拉面板中选择一个图案，单击该按钮，可以使用该图案修补选区内的图像。

练习4-2 复制商品图像

难　　度：★
素材文件：素材 \ 第 4 章 \ 练习 4-2 童袜 .jpg
效果文件：效果 \ 第 4 章 \4-2 复制商品图像 .psd
视频文件：视频 \ 第 4 章 \4-2 复制商品图像 .mp4

01 启动Photoshop软件，执行【文件】|【打开】命令，打开本章中的【素材\第4章\练习4-2童袜.jpg】图像文件。

02 选择工具箱中的【修补工具】🔘，将指针放在画面中，单击鼠标并拖曳，创建一个选区。在工具选项栏中点选【目标】单选按钮。

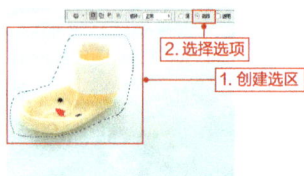

2.选择选项

1.创建选区

03 将指针放置在选区内，单击鼠标左键并向右拖曳至合适位置。

提示

> 在修补商品时，也可以使用矩形选框工具、魔棒工具或套索等工具创建选区，然后用修补工具拖动选中的图像进行修补。

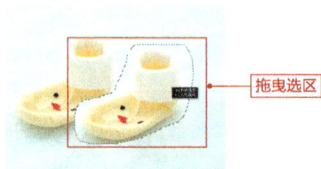

拖曳选区

04 释放鼠标左键，即可使用【修补工具】复制图像，并移动复制后的图像位置。

4.1.3 仿制图章工具 重点

【仿制图章工具】可以从图像中拷贝信息，将其应用到其他区域或者图像中。该工具常用于复制图像内容或去除照片中的缺陷。

在选取【仿制图章工具】后，程序界面的上方将显示工具选项栏。

工具选项栏中各选项的含义如下。

- 【对齐】：勾选该复选框，可以连续对像素进行取样；取消选择，则每单击一次鼠标，都使用初始取样点中的样本像素。因此，每次单击都被视为是另一次复制。
- 【样本】：用来选择从指定的图层中进行数据取样。如果要从当前图层及其下方的可见图层中取样，应该选择"当前和下方图层"选项；如果仅从当前用图层中取样，可以选择"当前图层"选项；如果要从所有可见图层中取样，可以选择"所有图层"选项；如果要从当前图层以外的所有可见图层中取样，可以选择"所有图层"选择，然后单击选项右侧的"打开以在仿制时忽略调整图层"按钮。
- 【切换仿制源面板】：单击该按钮，可以打开"仿制源"面板。
- 【切换画笔面板】：单击该按钮，可以打开"画笔"面板。

练习4-3 去除图片水印

难　　度：	★

素材文件：素材 \ 第 4 章 \ 练习 4-3 泰迪熊 .jpg

效果文件：效果 \ 第 4 章 \4-3 去除图片水印 .psd

视频文件：视频 \ 第 4 章 \4-3 去除图片水印 .mp4

01 执行【文件】|【打开】命令，打开本章中的【素材\第4章\练习4-3 泰迪熊.jpg】图像文件。

提示

使用【仿制图章】时，按住 Alt 键在图像中进行单击，定义要复制的内容（称为【取样】），然后将指针放在其他位置，放开 Alt 键拖曳鼠标涂抹，即可将复制的图像应用到当前位置。

02 选择工具箱中的【仿制图章工具】，在工具选项栏中，选择【柔边圆】画笔样式，设置【大小】为【45像素】。

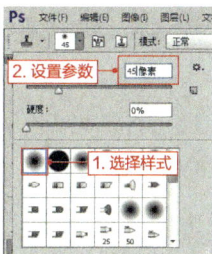

2. 设置参数 ← 45像素
硬度　0%
1. 选择样式

03 将指针放在画面中，按住Alt键单击进行取样。

取样图像

04 松开Alt键后在文字水印上涂抹，用背景图像将其遮盖住。

涂抹水印

05 使用同样的方法，使用【仿制图章工具】依次取样，并修复其他文字水印，得到最终图像效果。

资源下载验证码：73695

4.1.4 【内容识别】命令修饰图像

在修饰图像时，如果需要将多余的商品图像去除，或者将商品图片的边缘进行修饰，都可以使用【内容识别】命令实现。

练习4-4 【内容识别】修饰商品图像

难　　度：★	
素材文件：素材\第4章\练习4-4 女鞋.jpg	
效果文件：效果\第4章\4-4【内容识别】修饰商品图像.psd	
视频文件：视频\第4章\4-4【内容识别】修饰商品图像.mp4	

01 执行【文件】|【打开】命令，打开本章中的【素材\第4章\练习4-4 女鞋.jpg】图像文件。

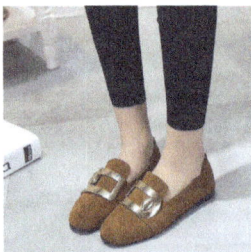

02 在【图层】面板中右击【背景】图层，在打开的快捷菜单中选择【复制图层】命令。选择工具箱中的【多边形套索工具】，单击画面，指定多边形套索的第一点。

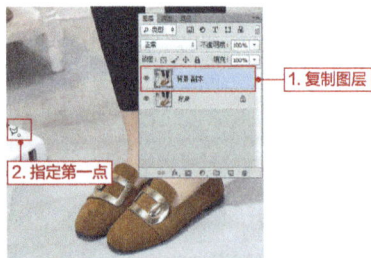

03 根据图书边缘拖曳鼠标，创建选区。

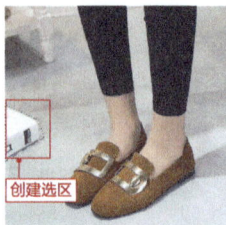

技巧

在使用【多边形套索工具】创建选区时，按住 Shift 键操作，可以锁定水平、垂直或者以 45° 角为增量值进行绘制；如果进行双击，则会在双击点与起点间连接一条直线来闭合选区。

04 在菜单栏中，执行【编辑】|【填充】命令。

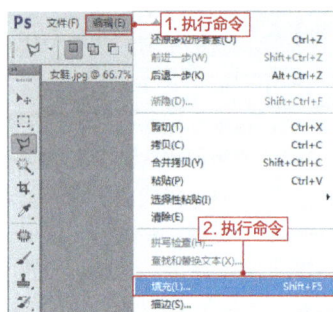

05 打开【填充】对话框，在【使用】列表框中选择【内容识别】选项，单击【确定】按钮。

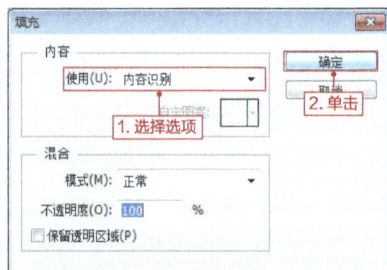

06 使用【内容识别】功能修补选区内的图像，并按快捷键Ctrl+D，取消选区。

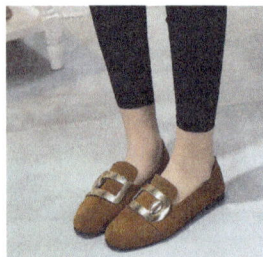

4.1.5 羽化

【羽化】是通过建立选区和选区周围像素之间的转换边缘来模糊边缘，从而丢失选区边缘的图像细节。使用【羽化】命令可以对选区进行羽化操作，柔和图像。

练习4-5 虚化商品轮廓

难　　度：★
素材文件：素材 \ 第 4 章 \ 练习 4-5 围巾 .jpg
效果文件：效果 \ 第 4 章 \4-5 虚化商品轮廓 .psd
视频文件：视频 \ 第 4 章 \4-5 虚化商品轮廓 .mp4

01 执行【文件】|【打开】命令，打开本章中的【素材\第4章\练习4-5 围巾.jpg】图像文件。

02 在【图层】面板中选择【背景】图层，按快捷键Ctrl+J，复制图层，得到【图层1】图层。

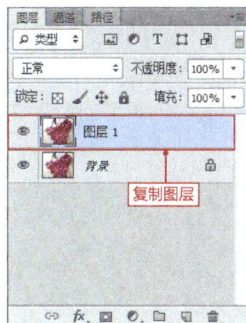

复制图层

03 选择工具箱中的【矩形选框工具】，将指针放在图像上，依次单击鼠标并拖曳，创建一个矩形选区。

创建选区

04 在矩形选区内，单击鼠标右键，弹出快捷菜单，选择【选择反向】命令。

选择反向

05 反选选区，在菜单栏中，执行【选择】|【修改】|【羽化】命令。

技巧

　　除了执行【羽化】命令打开【羽化半径】对话框外，还可以按快捷键 Shift+F6 打开对话框。

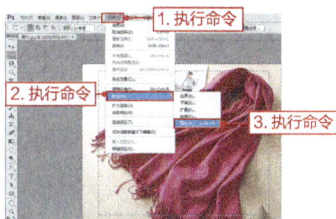

1. 执行命令
2. 执行命令
3. 执行命令

06 弹出【羽化选区】对话框，设置【羽化半径】参数为【50像素】，单击【确定】按钮。

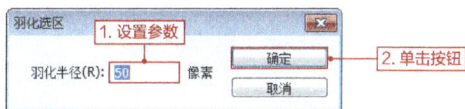

1. 设置参数
羽化选区
羽化半径(R)：50　像素
确定
取消
2. 单击按钮

提示

　　在羽化选区时，如果选区较小而羽化半径设置得较大，就会弹出一个羽化警告的提示对话框，单击"确定"按钮，表示确认当前设置的羽化半径，这时选区可能变得非常模糊，以至于在画面中看不到，但选区仍然存在。如果不想出现羽化警告提示对话框，应该减少羽化半径或者增大选区的范围。

07 羽化选区，并按Delete键，删除选区内的图像，并隐藏【背景】图层，取消选区选中。

08 在【图层】面板中，按快捷键Ctrl+Shift+N，在【背景】图层和【图层1】图层之间新建【图层2】图层，设置【前景色】为【白色】，按快捷键Alt+Delete，为新创建的图层填充白色背景，得到最终的图像效果。

4.1.6 修补残缺商品 （重点）

对于网店中的商品而言，通常不会只用于一次拍摄，而在长期的拍摄过程中，商品难免会出现磨损，这样拍摄出来的商品照片会让顾客对商品的质量产生怀疑。因此，在后期处理过程中，需要使用修复画笔工具对商品的缺陷进行修复。

【修复画笔工具】 可以利用图像或图案中的样本像素来绘画。在选取修复画笔工具后，程序界面的上方将显示工具选项栏。

工具选项栏中各选项的含义如下。

- 【模式】：在下拉列表中可以设置修复画笔图像的混合模式。其中，"替换"模式比较特殊，它可以保留画笔描边的边缘处的杂色，胶片颗粒和纹理，使修复效果更加真实。
- 【源】：设置用于修复的像素来源。点选"取样"单选按钮，可以直接从图像上取样；点选"图案"单选按钮，可以在图案下拉列表中选择一个图案作为取样来源。
- 【对齐】：勾选该复选框，会对像素进行连续取样，在修复过程中，取样点随修复位置的移动而变化；取消勾选该复选框，则可以在修复过程中始终以一个取样点为起点。

01 执行【文件】|【打开】命令，打开本章中的【素材\第4章\练习4-6 创意陶瓷碗.jpg】图像文件。

02 在【图层】面板中选择【背景】图层，按快捷键Ctrl+J，复制图层，得到【图层1】图层。

03 在工具箱中选择【修复画笔工具】 ，在工具选项栏中，设置【画笔大小】为【18像素】。

04 将指针放在画面中，按住Alt键单击进行取样。

05 松开Alt键后在裂纹痕迹上进行单击，用背景图像将其遮盖住。

06 使用同样的方法，使用【修复画笔工具】 ![icon]
依次取样，并修复其他的裂纹痕迹，得到最终图
像效果。

4.1.7 锐化商品图像 （重点）

使用【锐化】功能可以快速聚焦模糊边缘，
提高图像中某一部位的清晰度，且使商品色彩
更加鲜明，使图像特定区域的色彩更加鲜明。

练习4-7 锐化商品图像

难　度：★
素材文件：素材 \ 第 4 章 \ 练习 4-7 女包 .jpg
效果文件：效果 \ 第 4 章 \4-7 锐化商品图像 .psd
视频文件：视频 \ 第 4 章 \4-7 锐化商品图像 .mp4

01 执行【文件】|【打开】命令，打开本章中的
【素材\第4章\练习4-7 女包.jpg】图像文件。

02 执行【滤镜】|【锐化】|【USM锐化】命令。

03 弹出【USM锐化】对话框，设置【数量】参
数为65、【半径】为【7.7像素】，单击【确
定】按钮。

04 对打开的图像进行USM锐化操作。

05 执行【滤镜】|【锐化】|【锐化】命令。

06 对打开的图像再次进行锐化操作，得到最终的
图像效果。

4.1.8 模糊商品图像

在商品照片拍摄的过程中，可以利用相机
的光圈设置模糊背景，以突出要表现的商品。
对于背景与主体商品同样清晰的照片，则需要
通过后期对背景进行模糊处理。Photoshop 中
提供了多种不同的模糊工具和命令，应用它们
可以完成照片的快速模糊。

练习4-8 模糊商品图像

难　　度：★
素材文件：素材 \ 第 4 章 \ 练习 4-8 手链 .jpg
效果文件：效果 \ 第 4 章 \4-8 模糊商品图像 .psd
视频文件：视频 \ 第 4 章 \4-8 模糊商品图像 .mp4

01 执行【文件】|【打开】命令，打开本章中的【素材\第4章\练习4-8 手链.jpg】图像文件。

02 在工具箱中选择【椭圆选框工具】，将指针放在画面中，单击鼠标并拖曳，绘制一个椭圆选区。

创建选区

03 按快捷键Ctrl+Shift+I，反向选择选区，按快捷键Shift+F6，弹出【羽化半径】对话框，修改【半径】为5，单击【确定】按钮，羽化选区，执行【滤镜】|【模糊】|【高斯模糊】命令。

1. 执行命令
2. 执行命令
3. 执行命令

04 弹出【高斯模糊】对话框，设置【半径】为【5.5像素】，单击【确定】按钮。

2. 单击
1. 设置参数

05 模糊商品的背景图像，取消中选区，得到最终的图像效果。

4.1.9 减淡工具

在拍摄模特时，很多模特都带有黑眼圈效果，既影响模特的美丽，又影响商品的整个效果。此时可以使用【减淡工具】，使得照片中的某个区域变亮。

在选取【减淡工具】后，界面的上方将显示工具选项栏。

工具选项栏中各选项的含义如下。

- **【范围】**：可以选择要修改的色调。选择"阴影"选项，可以处理图像中的暗色调；选择"中间调"选项，可以处理图像的中间调（灰色和中间范围色调）；选择"高光"选项，则可以处理图像的亮部色调。
- **【曝光度】**：可以为减淡工具指定曝光。该值越高，效果越明显。
- **【喷枪】**：单击该按钮，可以为画笔开启喷枪功能。
- **【保护色调】**：勾选该复选框可以保护图像的色调不受影响。

练习4-9 减淡黑眼圈

难　　度：★
素材文件：素材 \ 第 4 章 \ 练习 4-9 美女 1.jpg
效果文件：效果 \ 第 4 章 \4-9 减淡黑眼圈 .psd
视频文件：视频 \ 第 4 章 \4-9 减淡黑眼圈 .mp4

01 执行【文件】|【打开】命令，打开本章中的【素材\第4章\练习4-9 美女1.jpg】图像文件。

02 在【图层】面板中选择【背景】图层，按快捷键Ctrl+J，复制图层，得到【图层1】图层。

复制图层

03 按快捷键Ctrl++，放大图像，在工具箱中选择【修补工具】，将指针放在部分眼袋上，单击鼠标并拖曳，创建修补选区。

创建选区

04 将指针放在选区内，当指针为 形状时，向下拖动选区，减少眼袋范围。

移动选区

05 再次用【修补工具】在眼袋下方创建选区，将指针放在选区内，当指针为 形状时，向下拖动选区，去除不均匀的地方。

移动选区

06 在菜单栏中，执行【编辑】|【渐隐修补选区】命令。

1.执行命令
2.执行命令

07 弹出【渐隐】对话框，设置【不透明度】参数为54%，单击【确定】按钮。

2.单击
1.设置参数

08 按快捷键Ctrl+D取消选区，可查看融合的皮肤。在工具箱中选择【减淡工具】，设置工具选项栏中的【曝光度】为10%，将指针放在左侧的眼睛上，单击鼠标并拖曳，涂抹图像，完成黑眼圈的减淡操作。

09 使用同样的方法，修补右侧的眼袋，并使用【减淡工具】，减淡右侧眼睛的黑眼圈，得到最终的图像效果。

4.1.10 加深工具 （难点）

　　拍摄淘宝模特时，由于灯光、拍摄角度的原因，导致拍摄出来的人物五官缺少立体感，此时可以使用【加深工具】对人物的五官进行涂抹，加深人物脸部轮廓，增加立体感。

练习4-10 加深五官立体感

难　度：★
素材文件：素材\第4章\练习4-10 美女2.jpg
效果文件：效果\第4章\4-10 加深五官立体感.psd
视频文件：视频\第4章\4-10 加深五官立体感.mp4

01 执行【文件】|【打开】命令，打开本章中的【素材\第4章\练习4-10 美女2.jpg】图像文件。

02 在【图层】面板中选择【背景】图层，按快捷键Ctrl+J，复制图层，得到【图层1】图层。

复制图层

03 按O键，选择工具箱中的【加深工具】，在工具选项栏中设置【曝光度】为70%，将指针放在人物的眼睛上，单击鼠标并拖曳，涂抹图像。

涂抹图像

04 使用同样的方法，在人物面部的嘴唇和眼睛上涂抹图像，加深图像的颜色。

05 选择工具箱中的【加深工具】，在工具选项栏中设置【曝光度】为20%，在人物面部上的鼻子、额头和脸部上进行单击并拖曳，涂抹图像，得到最终图像效果。

4.1.11 变形命令 重点

在拍摄后，有些模特拍摄出了双下巴，影响视觉美观。此时可以使用【复制】与【变形】命令将照片中的双下巴去除，呈现出更完美的效果。

练习4-11 去除双下巴

难　　度：	★
素材文件：	素材\第4章\练习4-11美女3.jpg
效果文件：	效果\第4章\4-11去除双下巴.psd
视频文件：	视频\第4章\4-11去除双下巴.mp4

01 执行【文件】|【打开】命令，打开本章中的【素材\第4章\练习4-11美女3.jpg】图像文件。

02 在工具箱中选择【钢笔工具】，设置具选项栏中的【工具模式】为【路径】，将指针放在双下巴的位置处，依次单击鼠标，添加锚点，绘制路径。

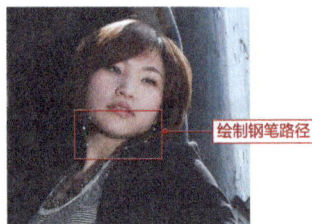

绘制钢笔路径

03 按快捷键Ctrl+Enter，将路径转换为选区，按快捷键Shift+F6，弹出【羽化选区】对话框，设置【羽化半径】为【2像素】，单击【确定】按钮，羽化选区。

1. 设置参数
2. 单击

04 按两次快捷键Ctrl+J，复制选区，完成两次图层的复制操作。

复制图层

05 右键单击【图层1拷贝】图层，打开快捷菜单，选择【创建剪贴蒙版】命令，创建剪贴蒙版。

创建剪贴蒙版

06 按快捷键Ctrl+T，弹出变换控制框，在变换控制框内右键进行单击，打开快捷菜单，选择【变形】命令。

选择命令

07 将显示变形网格线，依次拖曳变形网格线中的线和锚点，变换图像。

变换图像

08 按快捷键Ctrl+Shift+Alt+E，盖印图层，得到【图层2】图层。

盖印图层

09 在工具箱中选择【污点修复画笔工具】，将指针放在需要修复的图像上，单击鼠标并拖曳，修复图像，得到最终的效果。

4.1.12 使用外部滤镜磨皮

淘宝摄影的重点是体现商品的特点，人物只起到辅助的作用，因此，淘宝人像无须像商业人像一样进行细致修整，可使用外部滤镜插件，快速柔滑肌肤，让模特和商品能够和谐统一。

练习4-12 柔滑肌肤

难　度：★
素材文件：素材 \ 第 4 章 \ 练习 4-12 美女 4.jpg
效果文件：效果 \ 第 4 章 \4-12 柔滑肌肤 .psd
视频文件：视频 \ 第 4 章 \4-12 柔滑肌肤 .mp4

01 将外挂滤镜复制粘贴到Photoshop安装位置中的【Plug-in】目录文件夹中，运行Photoshop C6软件程序，执行【文件】|【打开】命令，打开本章中的【素材\第4章\练习4-12 美女4.jpg】图像文件。

02 执行【图像】|【自动对比度】命令，自动调整图像的对比度，加深图像的层次。

03 在【图层】面板中选择【背景】图层，按快捷键Ctrl+J，复制图层，得到【图层1】图层。

复制图层

04 按快捷键Ctrl++，放大显示图像，在工具箱中选择【污点修复画笔工具】，将指针放在需要修复的图像上，单击鼠标并拖曳，修复肌肤上的瑕疵。

05 执行【滤镜】|【Imagenomic】|【Portraiture】命令。

1. 执行命令
2. 执行命令　3. 执行命令

06 弹出【Portraiture】对话框，依次设置各参数值，单击【确定】按钮。

2. 单击按钮
1. 设置参数

07 可为柔滑肌肤，得到最终的图像效果。

4.1.13 自由变换命令 (难点)

　　模特修长的美腿，能体现出衣服的美感，因此为了更好地呈现出衣服的美感，可以利用【自由变换】命令向上或是向下拖动定界框来修饰腿型。

练习4-13 拉伸腿部比例

难　　度：	★
素材文件：	素材 \ 第4章 \ 练习 4-13 美女 5.jpg
效果文件：	效果 \ 第4章 \4-13 拉伸腿部比例 .psd
视频文件：	视频 \ 第4章 \4-13 拉伸腿部比例 .mp4

01 执行【文件】|【打开】命令，打开本章中的【素材\第4章\练习4-13 美女5.jpg】图像文件。

02 在工具箱中选择【矩形选框工具】，将指针放在图像上，单击鼠标并拖曳，创建一个矩形选区。

选择选区

03 按快捷键Ctrl+J，复制图层，按快捷键Ctrl+T显示定界框，将鼠标放置在变换控制框的边线上，当鼠标指针呈黑色双向十字箭头形状时，单击鼠标并拖曳，调整变换控制框。

调整控制框

04 按Enter键，确认变换。选择【图层1】图层，在面板底部单击【添加图层蒙版】按钮 ▣ ，添加图层蒙版，选择工具箱中的【画笔工具】 ✍ ，用黑色的画笔擦除花篮，还原变形的花篮图像。

还原花篮

4.1.14 液化工具 （重点）

完美的身材能够衬托出衣服的美感，运用Photoshop中的【液化】滤镜，可快速为商品照片中的模特打造出迷人的身材。

练习4-14 液化身型姿态

难　度：★	
素材文件：	素材 \ 第 4 章 \ 练习 4-14 美女 6.jpg
效果文件：	效果 \ 第 4 章 \4-14 液化身型姿态 .psd
视频文件：	视频 \ 第 4 章 \4-14 液化身型姿态 .mp4

01 执行【文件】|【打开】命令，打开本章中的【素材\第4章\练习4-14 美女6.jpg】图像文件。

02 选择【背景】图层，按快捷键Ctrl+J，复制图层。在工具箱中选择【矩形选框工具】 ▦ ，将指针放在图像上，单击鼠标并拖曳，创建矩形选区。

创建选区

03 执行【滤镜】|【液化】命令，弹出【液化】对话框，设置【画笔大小】为100，【画笔密度】为50，【画笔压力】为100。单击【冻结蒙版工具】 ✍ ，在手臂上绘制冻结蒙版。

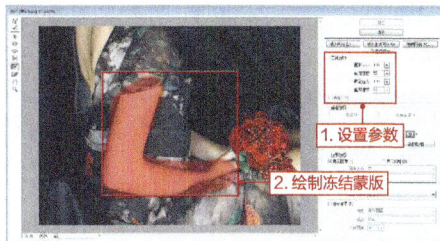

1. 设置参数

2. 绘制冻结蒙版

04 单击【向前变形工具】 ✍ ，在人物后背处向前拖动，清除背部赘肉。

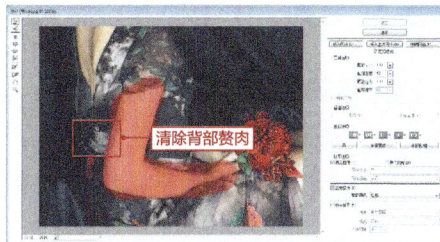

清除背部赘肉

05 继续向前推动，将人物后背的线条修复完美。

提示

【液化】对话框中的【重建选项】选项组用来设置重建方式，以及撤销所做的调整。单击【重建】按钮可应用重建效果；单击【恢复全部】按钮可取消所有扭曲效果，即使当前图像中有被冻结的区域也不例外。

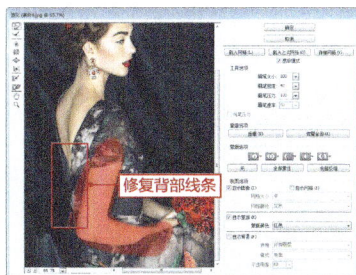

修复背部线条

06 使用同样的方法，将人物肚子上的线条修复完美，完成腰部塑造后单击【确定】按钮。

2. 单击

1. 修复肚子线条

07 完成身型姿态的液化的操作，并取消选区，查看最终的图像效果。

4.1.15 批量更改图片格式

在处理淘宝照片时，有些照片的格式不一样，一个一个修改格式比较浪费时间，此时可以使用"批处理"命令，批量更改图片的格式。

练习4-15 批量更改图片格式

难　度：	★

素材文件：素材 \ 第 4 章 \ 练习 4-15 棒棒糖 .jpg

效果文件：效果 \ 第 4 章 \4-15 批量更改图片格式 .psd

视频文件：视频 \ 第 4 章 \4-15 批量更改图片格式 .mp4

01 执行【文件】|【打开】命令，打开本章中的【素材\第4章\练习4-15 棒棒糖.jpg】图像文件。

02 双击【背景】图层，将其转换【图层0】图层，执行【窗口】|【动作】命令，弹出【动作】面板，单击【创建新动作】按钮。

单击按钮

03 弹出【新建动作】对话框，在【名称】文本框中输入【批量更改图片格式】，单击【记录】按钮。

1. 修改名称

2. 单击

04 开始记录动作，选择工具箱中的【快速选择工具】，将指针放在背景图像上，单击鼠标并拖曳，创建选区，按Delete键，删除选区内的背景图像，并查看图像效果。

05 执行【文件】|【存储为】命令。

1. 执行命令

2. 执行命令

06 弹出【存储为】对话框，修改保存路径，修改文件名称，单击【保存】按钮。

07 保存图像文件，并在【动作】面板中单击【播放\停止记录】按钮，停止动作记录，完成动作的记录，执行【文件】|【自动】|【批处理】命令，弹出【批处理】对话框，设置要批处理的图片文件夹（源文件夹）和处理后的文件夹（目标文件夹）等内容，单击【确定】按钮，即可完成批量更改图片格式。

4.1.16 批量添加水印 重点

在拍摄产品图片后，为自己店铺中的所有产品图片加上 Logo 水印，能够防止盗图，从而保护图片。

练习4-16 批量添加水印

难　　度：★

素材文件：素材 \ 第 4 章 \ 练习 4-16 酒柜装饰品 .jpg

效果文件：效果 \ 第 4 章 \4-16 批量添加水印 .psd

视频文件：视频 \ 第 4 章 \4-16 批量添加水印 .mp4

01 执行【文件】|【打开】命令，打开本章中的【素材\第4章\练习4-16 酒柜装饰品.jpg】图像文件。

02 执行【文件】|【打开】命令，打开本章中的【素材\第4章\练习4-16水印.psd】图像文件。

03 执行【编辑】|【定义图案】命令，弹出【图案名称】对话框，输入图案名称，单击【确定】按钮，即可保存水印图案。

04 按快捷键Ctrl+O，打开【素材\第4章\练习4-16 酒柜装饰品.jpg】文件。执行【窗口】|【动作】命令，弹出【动作】面板，单击【创建新动作】按钮 。

05 弹出【新建动作】对话框，在【名称】文本框中输入【批量添加水印】，单击【记录】按钮。

06 开始记录动作，执行【编辑】|【填充】命令，弹出【填充】对话框，在【使用】列表框中，选择【图案】选项，在【自定图案】下拉列表框中，选择新定义的水印图案，单击【确定】按钮。

1. 选择选项
3. 单击
2. 选择图案

钮，停止动作记录，完成动作的记录，执行【文件】|【自动】|【批处理】命令，弹出【批处理】对话框，设置要批处理的图片文件夹（源文件夹）和处理后的文件夹（目标文件夹）等内容，单击【确定】按钮，完成批量添加水印的操作。

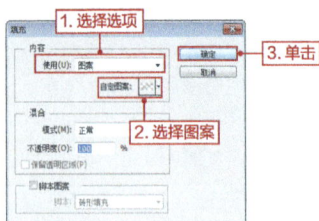

07 为图片添加水印效果，并查看图像效果。

2. 单击
1. 设置参数

08 在【动作】面板中单击【播放\停止记录】按

4.2 纠正偏色照片

由于拍摄的光线和设备等外在因素的影响，拍摄出来的商品颜色与实际商品的颜色会稍有偏差。此时使用 Photoshop 中的各种调色命令对拍摄的商品照片进行调色处理，可以得到真实的商品效果，从而提高顾客的购买欲望。

4.2.1 亮度/对比度命令

使用【亮度 / 对比度】命令可以对图像的色调范围进行调整，从而弱化背景的色调，使得商品图片不会显得暗沉无光。

练习4-17 弱化背景色调

难 度：★	
素材文件：	素材 \ 第 4 章 \ 练习 4-17 迷你音箱 .jpg
效果文件：	效果 \ 第 4 章 \4-17 弱化背景色调 .psd
视频文件：	视频 \ 第 4 章 \4-17 弱化背景色调 .mp4

01 执行【文件】|【打开】命令，打开本章中的【素材\第4章\练习4-17 迷你音箱.jpg】图像文件。

02 在【图层】面板中选择【背景】图层，按快捷键Ctrl+J，复制图层，得到【图层1】图层，执行【图像】|【调整】|【亮度/对比度】命令，弹出【亮度/对比度】对话框，设置【亮度】为67、【对比度】为-50，单击【确定】按钮。

2. 单击
1. 设置参数

03 调整图像的色调，查看图像效果。

04 选择【图层1】图层，在【图层】面板底部单击【添加图层蒙版】按钮，为选择的图层添加图层蒙版，在工具箱中选择【画笔工具】，用黑色画笔擦除音箱部分，得到最终的图像效果。

【亮度 / 对比度】命令没有【色阶】和【曲线】命令的可控性强，调整时有可能丢失图像细节。

4.2.2 色阶命令 重点

如果拍摄照片时光线不足，会导致照片色彩暗淡和主体不突出等问题。因此，为了更好地展示产品的效果，需要使用【色阶】命令对商品图片的亮度进行调整。

练习4-18 调整图片暗色

难　　度：★

素材文件：素材 \ 第 4 章 \ 练习 4-18 女装 .jpg

效果文件：效果 \ 第 4 章 \4-18 调整图片暗色 .psd

视频文件：视频 \ 第 4 章 \4-18 调整图片暗色 .mp4

01 执行【文件】|【打开】命令，打开本章中的【素材\第4章\练习4-18女装.jpg】图像文件。

02 执行【图像】|【调整】|【色阶】命令，弹出【色阶】对话框，设置【输入色阶】参数分别为0、1.41、201，单击【确定】按钮。

技巧

除了执行"色阶"命令弹出"色阶"对话框外，还可以按快捷键 Ctrl+L 快速弹出。

03 调整图像的暗色，得到最终的图像效果。

4.2.3 曲线命令 重点

"曲线"命令是 Photoshop 中强大的调整工具，它具有【色阶】、【阈值】、【亮度 / 对比度】等多个命令的功能，曲线上可以添加 14 个控制点，可以用来对色调进行精确的调整。

练习4-19 调整图片对比度

难　　度：★

素材文件：素材 \ 第 4 章 \ 练习 4-19 可爱布娃娃 .jpg

效果文件：效果 \ 第 4 章 \4-19 调整图片对比度 .psd

视频文件：视频 \ 第 4 章 \4-19 调整图片对比度 .mp4

01 执行【文件】|【打开】命令，打开本章中的【素材\第4章\练习4-19可爱布娃娃.jpg】图像文件。

02 执行【图像】|【调整】|【色阶】命令，弹出【曲线】对话框，将指针放在曲线上，单击鼠标并向上拖曳，添加曲线点，单击【确定】按钮。

技巧

除了执行"曲线"命令弹出"曲线"对话框外，还可以按快捷键 Ctrl+M 快速弹出。

提示

如果图像的颜色模式为 CMYK，曲线向上弯曲可以将色调调暗；曲线向下弯曲可以将色调调亮。

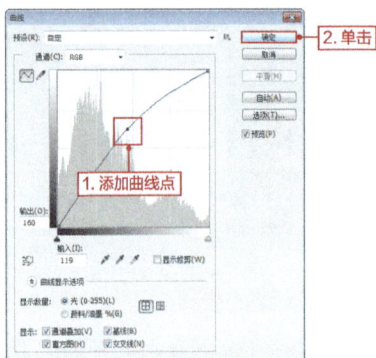

03 调整图像的对比度，得到最终的图像效果。

4.2.4 色相/饱和度 （重点）

【色相/饱和度】命令可以调整图像中特定颜色分量的色相、饱和度和亮度，或者同时调整图像中的所有颜色。【色相/饱和度】命令适用于更换图片的整体颜色的色调。

练习4-20 更换商品图片色调

难　　度：	★
素材文件：	素材 \ 第 4 章 \ 练习 4-20 玫瑰花 .jpg
效果文件：	效果 \ 第 4 章 \4-20 更换商品图片色调 .psd
视频文件：	视频 \ 第 4 章 \4-20 更换商品图片色调 .mp4

01 执行【文件】|【打开】命令，打开本章中的【素材\第4章\练习4-20玫瑰花.jpg】图像文件。

02 执行【图像】|【调整】|【色相/饱和度】命

令，弹出【色相/饱和度】对话框，设置【色相】为17、【饱和度】为22，单击【确定】按钮。

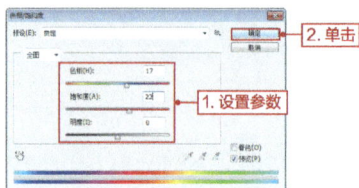

03 更改商品图片的色调，得到最终的图像效果。

4.2.5 色彩平衡 （重点）

在调整商品照片的色彩时，可以使用【色彩平衡】命令进行调整，从而得到全新的商品照片色彩。

练习4-21 调整商品照片的偏色

难　　度：	★
素材文件：	素材 \ 第 4 章 \ 练习 4-21 车载公仔 .jpg
效果文件：	效果 \ 第 4 章 \4-21 调整商品照片的偏色 .psd
视频文件：	视频 \ 第 4 章 \4-21 调整商品照片的偏色 .mp4

01 执行【文件】|【打开】命令，打开本章中的【素材\第4章\练习4-21车载公仔.jpg】图像文件。

02 执行【图像】|【调整】|【色彩平衡】命令，弹出【色彩平衡】对话框，设置【色阶】参数分别为-49、69、-24，单击【确定】按钮。

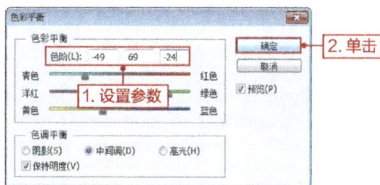

03 调整商品照片的偏色，得到最终的图像效果。

4.2.6 可选颜色

有些带有模特的商品照片拍出来很美，但是牙齿部分却是黄黄的，影响了整体的美感。此时可以使用 Photoshop 软件将图片人物的牙齿美白，提升人物气质。

练习4-22 美白人物牙齿

难　度：★
素材文件：素材 \ 第 4 章 \ 练习 4-22 美女 7.jpg
效果文件：效果 \ 第 4 章 \4-22 美白人物牙齿 .psd
视频文件：视频 \ 第 4 章 \4-22 美白人物牙齿 .mp4

01 执行【文件】|【打开】命令，打开本章中的【素材\第4章\练习4-22美女7.jpg】图像文件。

02 选择【背景】图层，按快捷键Ctrl+J，复制图层，在【图层】面板底部，单击【创建新的填充或调整图层】按钮 ，展开列表框，选择【可选颜色】命令，创建调整图层，并弹出【属性】面板，在【颜

色】列表框中选择【黄色】选项，设置各参数。

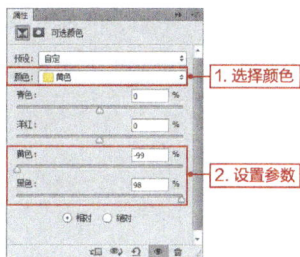

03 在【颜色】列表框中选择【白色】选项，设置各参数。

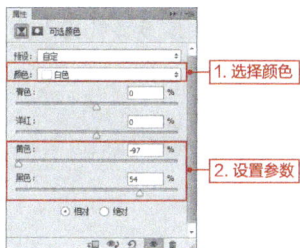

04 单击调整图层上的图层蒙版，在工具箱中选择【画笔工具】 ，在工具选项栏中，修改画笔大小和样式，使用黑色画笔，在图像的背景和人物上涂抹，恢复图像颜色，得到最终的图像效果。

4.2.7 曝光度命令 重点

曝光度会直接影响商品图片的明亮程度，从而导致展示效果不佳，因此需要运用合理的曝光数值进行曝光，使其更好地呈现商品细节。Photoshop 中的【曝光度】命令可以设置曝光参数，使商品图片呈现出较好状态。

练习4-23 调整曝光不足图片

难　度：★
素材文件：素材 \ 第 4 章 \ 练习 4-23 水晶项链 .jpg
效果文件：效果 \ 第 4 章 \4-23 调整曝光不足图片 .psd
视频文件：视频 \ 第 4 章 \4-23 调整曝光不足照片 .mp4

01 执行【文件】|【打开】命令，打开本章中的【素材\第4章\练习4-23水晶项链.jpg】图像文件。

02 执行【图像】|【调整】|【曝光度】命令，弹出【曝光度】对话框，设置【曝光度】为0.5、【位移】为-0.0476、【灰度系数校正】为0.98，单击【确定】按钮。

1. 选择颜色
2. 设置参数

03 调整曝光不足的商品照片，并得到最终的图像效果。

4.2.8 黑白命令

越来越多的网店为了吸引顾客，在调整商品照片时，会适当地对商品进行复古色调的调整。将拍摄的照片转换为黑白的无彩色效果，更能凸显商品的高贵、精致等品质。

练习4-24 制作黑色复古商品图片

难　度：★
素材文件：素材\第4章\练习4-24复古机械表.jpg
效果文件：效果\第4章\4-24制作黑色复古商品图片.psd
视频文件：视频\第4章\4-24制作黑色复古商品图片.mp4

01 执行【文件】|【打开】命令，打开本章中的【素材\第4章\练习4-24复古机械表.jpg】图像文件。

02 执行【图像】|【调整】|【黑白】命令，弹出【黑白】对话框，依次设置各参数值，单击【确定】按钮。

提示

要将拍摄的彩色商品照片转换为黑白效果，除了使用【黑白】功能外，还有多种方法可以实现。方法一，执行【图像】|【调整】|【自然饱和度】命令，在打开的对话框中将【自然饱和度】和【饱和度】参数均设置为-100；方法二，执行【图像】|【调整】|【色相/饱和度】命令，在打开的对话框中将【饱和度】参数设置为-100；方法三，执行【图像】|【模式】|【灰度】命令，将图像转换为灰度模式。

2. 单击
1. 设置参数

03 将商品图片制作为黑色复古照片，得到最终的图像效果。

4.2.9 批量调整商品层次

有时候我们拍摄的照片会因为曝光参数的原因，导致图像出现轻度偏色或缺少层次等缺陷，但是单张进行修改，又比较浪费时间，此时可以使用 Photoshop 软件中的【自动色调】和【批处理】命令，批量调整所有商品照片，提高工作效率。

练习4-25 批量调整商品层次

难　　度：★

素材文件：	素材\第4章\练习4-25女装1.jpg
效果文件：	效果\第4章\4-25批量调整商品层次.psd
视频文件：	视频\第4章\4-25批量调整商品层次.mp4

01 执行【文件】|【打开】命令，打开本章中的【素材\第4章\练习4-25女装1.jpg】图像文件。

02 执行【窗口】|【动作】命令，弹出【动作】面板，单击【创建新动作】按钮，弹出【新建动作】对话框，修改【名称】为【批量调整商品曝光不足】，单击【记录】按钮。

03 开始记录动作，执行【图像】|【自动色调】命令，即可调整商品的色调，并查看调整后的图像效果。

04 在【动作】面板中单击【播放\停止记录】按钮，停止动作记录，完成动作的记录，执行【文件】|【自动】|【批处理】命令，弹出【批处理】对话框，设置要批量处理的图片文件夹（源文件夹）和处理后的文件夹（目标文件夹）等内容，单击【确定】按钮，完成批量调整商品层次的操作。

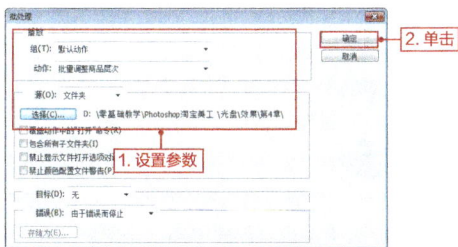

4.2.10 批量调整商品色调

在商品照片中，颜色的鲜艳程度决定了画面的美观程度，也能激发顾客的购买欲望。因此，在后期处理时可以对商品的色调进行调整，并使用动作进行批处理调整，提高工作效率。

练习4-26 批量调整图片色调

难　　度：★

素材文件：	素材\第4章\练习4-26玉石项链.jpg
效果文件：	效果\第4章\4-26批量调整图片色调.psd
视频文件：	视频\第4章\4-26批量调整图片色调.mp4

01 执行【文件】|【打开】命令，打开本章中的【素材\第4章\练习4-26玉石项链.jpg】图像文件。

02 执行【窗口】|【动作】命令，弹出【动作】面板，单击【创建新动作】按钮，弹出【新建动作】对话框，修改【名称】为【批量调整商品色调】，单击【记录】按钮。

> **提示**
>
> 录制动作前应先创建一个动作组，以便将动作保存在该组中。否则录制的动作会保存在当前选择的动作组中。

03 开始记录动作，执行【图像】|【调整】|【自然饱和度】命令，弹出【自然饱和度】对话框，设置【自然饱和度】为-15、【饱和度】为28，单击【确定】按钮。

2. 单击

1. 设置参数

04 调整商品照片的色调，并查看调整后的图像效果。

05 在【动作】面板中单击【播放\停止记录】 ▶

按钮，停止动作记录，完成动作的记录，执行【文件】|【自动】|【批处理】命令，弹出【批处理】对话框，设置要批量处理的图片文件夹（源文件夹）和处理后的文件夹（目标文件夹）等内容，单击【确定】按钮，完成批量调整商品色调的操作。

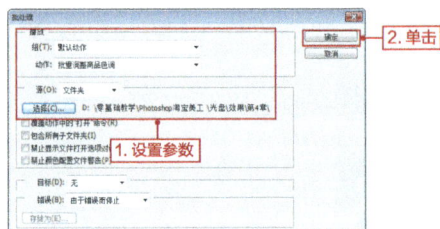

2. 单击

1. 设置参数

4.3 商品的抠图处理

抠图是指将需要的主体从背景中抠出来，对于不同的照片可以选择不同的抠图方法。本节将详细讲解商品抠图处理的具体方法。

4.3.1 不规则形状抠图 （难点）

对于不规则的形状，可以使用相应的工具进行抠图。例如，使用【磁性套索工具】创建选区进行抠图。下面将介绍其具体的操作步骤。

练习4-27 【磁性套索工具】抠图

难 度：	★
素材文件：	素材 \ 第 4 章 \ 练习 4-27 吸尘器、背景 .jpg
效果文件：	效果 \ 第 4 章 \4-27【磁性套索工具】抠图 .psd
视频文件：	视频 \ 第 4 章 \4-27【磁性套索工具】抠图 .mp4

01 执行【文件】|【打开】命令，打开本章中的【素材\第4章\练习4-27吸尘器.jpg】图像文件。

02 在【图层】面板中，双击【背景】图层，弹出【新建图层】对话框，单击【确定】按钮，即可将【背景】图层转换为【0】图层。

转换图层

03 在工具箱中选择【磁性套索工具】 ，在图像上进行单击，确定起点锚点，拖动鼠标会显示一条磁性套索路径。

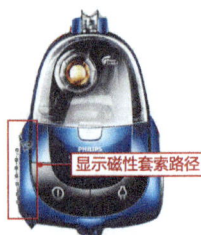

显示磁性套索路径

04 继续沿着吸尘器边缘创建锚点，当绘制到第一个锚点上时，单击鼠标，即可将磁性套索路径封闭，自动创建选区。

创建选区

05 按快捷键Ctrl+Shift+I，反选选区，按Delete键，删除选区内白色背景图像。

06 执行【文件】|【打开】命令，打开本章中背景文件。选择【移动工具】，将抠取出来的图像拖曳至背景素材中，在工具箱中选择【橡皮擦工具】，擦除多余图像，得到最终的效果。

4.3.2 简单背景抠图

在处理电商照片时，时常需要将简单背景中的图像抠取出来。使用Photoshop软件中的【快速选择工具】可以快速选择色彩变化不大且色调相近的区域，从而创建选区进行图像抠取。

在选取快速选择工具后，界面的上方将显示工具选项栏。

工具选项栏中各选项的含义如下。

- **选区运算按钮：** 单击【新选区】按钮，可以创建一个新的选区；单击【添加到选区】按钮，可以在原选区的基础上添加绘制的选区；单击【从选区减去】按钮，可以在原选区的基础上减去当前绘制的选区。
- **笔尖下拉面板：** 单击该按钮可以选择合适的笔尖，设置大小、硬度和间距。也可在绘制选区的过程中，按【下】键将笔尖调大，按【键笔尖调小。
- **【对所有图层取样】：** 勾选该复选框可以基于所有图层（而不是仅基于当前选择的图层）创建选区。
- **【自动增强】：** 勾选该复选框，可以减少选区边界的粗糙度和块效应。【自动增强】会自动将选区向图像边缘进一步流动并应用一些边缘调整。

练习4-28 【快速选择工具】抠图

难　　度：	★
素材文件：	素材\第4章\练习4-28橘子、背景.jpg
效果文件：	效果\第4章\4-28【快速选择工具】抠图.psd
视频文件：	视频\第4章\4-28【快速选择工具】抠图.mp4

01 执行【文件】|【打开】命令，打开本章中的【素材\第4章\练习4-28橘子.jpg】图像文件。

02 将【背景】图层转换为【0】图层，选择工具箱中的【快速选择工具】，将指针放在图像背景上，单击鼠标并拖曳，创建选区。

创建选区

03 按Delete键，即可删除选区内的图像背景。

04 使用同样的方法，继续使用【快速选择工具】，创建选区，并将创建的选区内的图像背景删除。

05 执行【文件】|【打开】命令，打开本章中的【素材\第4章\4-28背景.jpg】图像文件。

06 在工具箱中选择【移动工具】，将【橘子】图像窗口中的橘子移动至【背景】图像窗口中，在工具箱中选择【橡皮擦工具】，擦除多余图像，得到最终的效果。

4.3.3 复杂形状抠图 重点

对于背景比较复杂、主体与背景颜色不分明的图像，可以使用【钢笔工具】进行抠取，它可以根据商品的轮廓，随意调整控制点来创建路径，从而完成图像的抠取。

难　　度：	★
素材文件：	素材\第4章\练习4-29化妆品、背景.jpg
效果文件：	效果\第4章\4-29【钢笔工具】抠图.psd
视频文件：	视频\第4章\4-29【钢笔工具】抠图.mp4

01 执行【文件】|【打开】命令，打开本章中的【素材\第4章\练习4-29化妆品.jpg】图像文件。

02 双击【背景】图层，将其转换为【0】图层，选择工具箱中的【钢笔工具】，在工具选项栏中设置【工具模式】为【路径】，按快捷键Ctrl++，放大图像。将指针放在化妆品边缘上，单击并向上方拖动鼠标，创建一个平滑点。

创建平滑点

03 将指针移至下一个锚点处，单击并向左上角拖动鼠标创建曲线。

绘制路径

04 按住Ctrl键单击锚点，将平滑点转换为角点，单击下一个锚点，创建直线路径。

创建直线路径

05 采用相同的操作方法，继续沿着化妆品的边缘创建锚点，绘制路径。将指针移至路径的起点上，当指针变为 ◔ 形状时，单击即可闭合路径。

闭合路径

技巧

按住 Alt 键单击一个路径，可以选择该路径段及路径段上的所有锚点。

06 按快捷键Ctrl+Enter，将路径转换为选区。

转换为选区

07 执行【文件】|【打开】命令，打开本章中的【素材\第4章\练习4-29背景.jpg】图像文件。

补水保湿

08 在工具箱中选择【移动工具】，将【化妆品】图像窗口中的化妆品移动至【背景】图像窗口中，在工具箱中选择【橡皮擦工具】，擦除多余图像，得到最终的效果。

补水保湿

提示

使用【钢笔工具】 绘制路径后，按住 Ctrl 键可切换为【直接选择工具】 ，在路径的起始处进行单击可显示锚点，单击某一个锚点可移动该锚点的位置；将指针移至方向线上，按住 Alt 键切换为【转换点工具】 ，单击并拖动方向线可改变方向线的走向。

显示锚点

移动锚点位置

调整方向线

4.3.4 毛发抠图 重点

当拍摄的模特或毛绒玩具等商品图片需要替换背景时，可以使用【选择并遮住】功能进行抠图，它可以较大程度地保留毛发细节，提高工作效率。

练习4-30 【选择并遮住】抠图

难　度：★

素材文件：素材\第4章\练习4-30美女.jpg、背景.jpg

效果文件：效果\第4章\4-30【选择并遮住】抠图.psd

视频文件：视频\第4章\4-30【选择并遮住】抠图.mp4

01 执行【文件】|【打开】命令，打开本章中的【素材\第4章\练习4-30美女.jpg】图像文件。

涂抹，细化毛发细节。

涂抹头发边缘

02 在工具箱中选择【魔棒工具】 ，在图像的蓝色背景上，按住Shift键，依次单击鼠标，创建多个选区。

创建选区

03 按快捷键Ctrl+Shift+I，反选选择选区，在工具选项栏中，单击【调整边缘】按钮。

单击按钮

04 弹出【调整边缘】对话框，在【视图】下拉列表中选择【黑底】，勾选【智能半径】复选框，设置【半径】和【移动边缘】选项的参数。

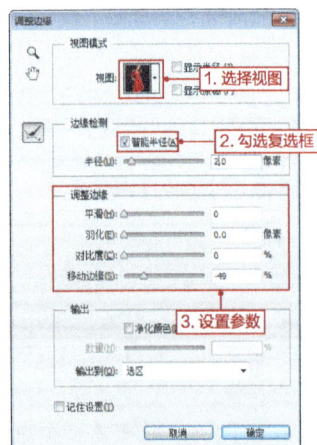

1. 选择视图
2. 勾选复选框
3. 设置参数

05 单击【调整半径】按钮，在人物毛发边缘进行

06 在【调整边缘】面板中选择【新建带有图层蒙版的图层】选项，单击【确定】按钮，在【图层】面板中复制并创建一个带有图层蒙版的图层。

1. 设置输出方式
2. 创建图层

07 执行【文件】|【打开】命令，打开本章中的【素材\第4章\练习4-30背景.jpg】图像文件，并将【美女】图像窗口中的美女移动至【背景】图像窗口中，得到最终的图像效果。

trend autumn

初秋新品
唤醒秋季的时尚品质

技巧

使用【调整边缘】抠图时，按 F 键可以循环显示各个视图；按 X 键可停用所有视图。

4.3.5 通道抠图 难点

通道记录了图像的内容和颜色信息，可以通过编辑通道，抠取网店设计中常见的半透明商品，如婚纱、玻璃器具等。

练习4-31 通道抠图

难　　度：★

素材文件：素材\第4章\练习4-31红酒.jpg、背景.psd

效果文件：效果\第4章\4-31通道抠图.psd

视频文件：视频\第4章\4-31通道抠图.mp4

01 执行【文件】|【打开】命令，打开本章中的【素材\第4章\练习4-31红酒.jpg】图像文件。

02 选择工具箱中的【钢笔工具】，在红酒杯边缘创建路径，按快捷键Ctrl+Enter将路径转换为选区，按快捷键Ctrl+J复制选区内的图像，并隐藏【背景】图层。

1.隐藏图层　　2.复制图层

03 切换至【通道】面板，将【蓝】通道拖曳至【创建新通道】上，复制【蓝】通道，得到【蓝副本】通道。

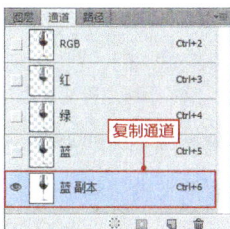

复制通道

04 执行【图像】|【计算】命令，在弹出的对话框中设置【源1】的【通道】为【透明】，勾选【反相】复选框，【混合】模式为【正片叠底】，其他参数保持默认。

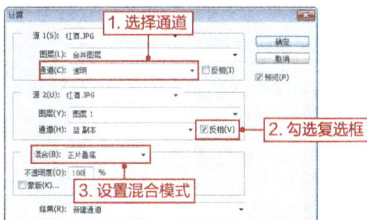

1.选择通道　　2.勾选复选框　　3.设置混合模式

05 单击【确定】按钮关闭对话框。按快捷键Ctrl+L，弹出【色阶】对话框，设置色阶参数，让黑白更加分明。

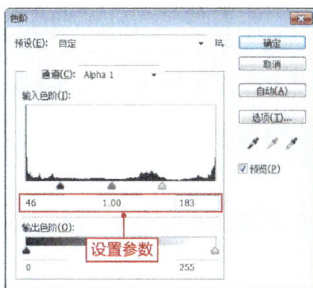

设置参数

06 单击【确定】按钮关闭对话框，生成【Alpha1】通道。按住Ctrl键单击【Alpha1】通道载入选区，按快捷键Ctrl+Shift+I反选选区，单击【RGB】通道，切换至【图层】面板，按快捷键Ctrl+J复制选区内的图像至新的图层中。

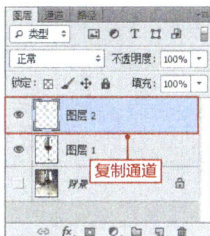

复制通道

07 显示【背景】图层，为其填充黑色，使效果更加明显。选择【图层1】图层，单击【图层】面板底部【添加图层蒙版】按钮，为该图层添加蒙版。

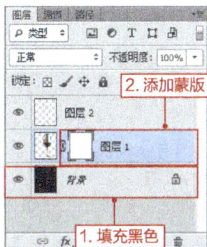

2.添加蒙版　　1.填充黑色

08 选择工具箱中的【画笔工具】 ✐ ，设置【前景色】为黑色，在酒杯透明区域涂抹，隐藏多余的图像，显示玻璃的透明区域。

2.显示透明区域

1.涂抹蒙版

09 单击【图层】面板底部的【创建新的填充或调整图层】按钮 ● ，创建【可选颜色】调整图层，在弹出的面板中设置【黄】通道参数，去除图像中的黄色。

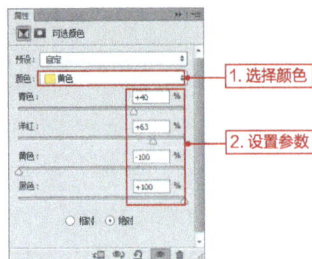

1.选择颜色

2.设置参数

10 继续创建【色相/饱和度】调整图层，选择【红】色，设置其【饱和度】和【明度】参数，增加红酒的红色。

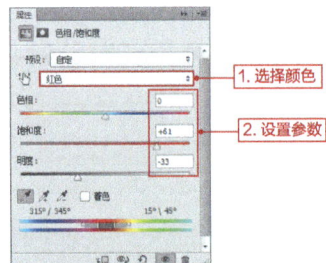

1.选择颜色

2.设置参数

11 按住Shift键选择除【背景】图层外的其他图层，按快捷键Ctrl+G创建图层组。

创建图层组

12 按快捷键Ctrl+O打开【素材\第4章\练习4-31背景.jpg】文件，使用【移动工具】 ⊕ 将图层组移动到背景上，按快捷键Ctrl+T调整红酒的大小和位置。

13 在【图层】面板中将红酒两个图层创建图层，并将【可选颜色】调整图层和【色相/饱和度】调整图层创建成剪贴蒙版，使颜色只影响红酒杯。

> **提示**
>
> 图层之间可以通过【图层】面板中的混合模式选项来相互混合，而通道之间则主要靠【应用图层】和【计算】来实现混合。【应用图层】命令需要先选择要被混合的目标通道，之后再打开【应用图像】对话框指定参与混合的通道。【计算】命令不会受到这种限制，打开【计算】对话框后，可以任意指定目标通道，因此，【计算】命令更灵活些。如果要对同一通道进行多次混合，使用【应用图像】命令操作更加方便，因为该命令不会生产新的通道，而【计算】命令则必须来回切换通道。

4.3.6 光效抠图

淘宝页面设计中会经常使用光效图进行点缀，丰富画面的层次。光效图大部分都是深色背景，此时利用【混合颜色带】可以轻而易举地将光效图的背景进行隐藏，让下面的图像穿透当前的图层显示出来。

练习4-32 【混合颜色带】抠图

难　　度：★	
素材文件：素材\第4章\练习4-32年货主图.psd、烟花.jpg	
效果文件：效果\第4章\4-32【混合颜色带】抠图.psd	
视频文件：视频\第4章\4-32【混合颜色带】抠图.mp4	

01 执行【文件】|【打开】命令，打开本章中的【素材\第4章\练习4-32年货主图.psd】图像文件。

02 按快捷键Ctrl+O打开【素材\第4章\练习4-32烟花.jpg】文件。选择工具箱中的【椭圆选框工具】，在烟花上创建选区。

创建选区

03 按住Ctrl键拖动选区内的图像至编辑的文档中，调整图层的大小。双击该图层，打开【图层样式】对话框，在【混合颜色带】选项组中调整三角形滑块，隐藏深色信息。

隐藏背景

04 按住Alt键，单击并拖动滑块，可以将三角形滑块分开操作，此时烟花素材隐藏了深色背景。

提示

> 使用混合滑块只能隐藏像素，而不是真正删除像素。重新打开【图层样式】对话框后，将滑块拖回原来的起始位置，便可以将隐藏的像素显示出来。

提示

> 如果同时调整了本图层和下一图层的滑块，则图层的盖印结果只能是删除本图层滑块多隐藏的区域中的图像。

1.分离滑块

2.隐藏背景

05 同上述添加烟花的操作方法，为年货主图添加其他的烟花效果，丰富画面层次。

4.4 知识拓展

　　本章详细介绍了使用 Photoshop CS6 软件美化图片的操作方法，如修复商品瑕疵、修补商品位置、弱化背景色调、更换商品图片色调等，足以让读者快速掌握美化商品图片的方法。在本章中还重点讲解了抠图的应用，尤其在对简单的背景进行抠图操作时，除了使用【练习4-28】中的【快速选择工具】抠以外，还可以使用【魔棒工具】对简单的背景进行抠图。

　　选择工具箱中的【魔棒工具】，将指针放在图像的背景上，单击鼠标，即可自动获取附近区域相同的颜色，使它们处于选择状态，按 Delete 键即可删除选区内的图像。

4.5 拓展训练

本章为读者朋友安排了多个拓展练习，以帮助大家巩固本章内容。

难　　度：★ ★ ★
素材文件：素材 \ 第 4 章 \ 习题 1\ 珍珠耳环 .jpg
效果文件：效果 \ 第 4 章 \ 习题 1.psd
视频文件：视频 \ 第 4 章 \ 习题 1.mp4

根据本章所学知识修复下图所示图形中的污点和瑕疵。

难　　度：★ ★ ★
素材文件：素材 \ 第 4 章 \ 习题 2\ 沙滩裙 .jpg
效果文件：效果 \ 第 4 章 \ 习题 2.psd
视频文件：视频 \ 第 4 章 \ 习题 2.mp4

根据本章所学知识将下图所示的图形调亮。

难　　度：★ ★ ★
素材文件：素材 \ 第 4 章 \ 习题 3\ 背景 .jpg、化妆品 .jpg
效果文件：效果 \ 第 4 章 \ 习题 3.psd
视频文件：视频 \ 第 4 章 \ 习题 3.mp4

根据本章所学知识将下图所示图形抠取出来，合成主图效果。

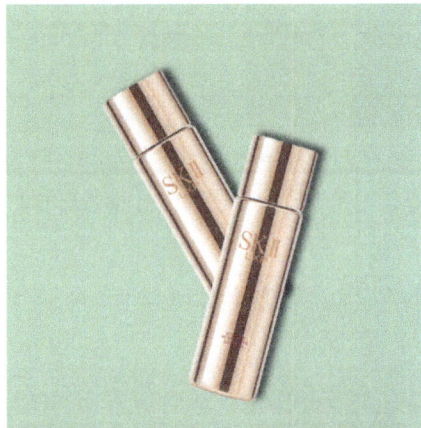

第 **5** 章

商品的合成与特效

如今，网店的普及，让消费者有了更多的选择。对于网店店主来说，如何抓住消费者的心，如何吸引消费者进行购买是首要考虑的问题，而作为"门面"的店铺商品展示，则是重中之重。本章将主要介绍网店商品图像的合成与特效的处理技巧，用简单的方法将商品的特征突显出来。

扫二维码观看本章
案例操作演示视频

本章重点

为什么要为商品合成特效 | 投影／倒影的制作方法
合成特效的制作方法

5.1 为什么要为商品合成特效

    商品图片是买家在进入店铺后接收到的第一视觉信息，只有商品图片吸引了买家的眼球，才能调动买家的购买欲望，从而进一步了解该产品的信息。所以，这就需要淘宝美工将商品图片进行特效合成，全方位地展示商品细节。在进行商品特效合成时，必须先明确自己的设计理念，再指定设计方案，才会制作出绝妙的设计，让商品呈现出特殊的气质，提升网店的转化率，产生购买欲望。在淘宝装修中，图像合成一般应用在店招设计、欢迎模块设计、收藏区设计、客服区、商品详细描述页等模块中，不同的模块在图像合成时有不一样的要求。

5.2 投影/倒影的制作方法

    在制作淘宝页面时，除了将元素素材进行合理的合成外，还需要根据产品的类型、摆放位置，添加合适的投影/倒影，使其效果更加的逼真。本节分别讲解不同的阴影/倒影的添加方法，通过本节的学习可以掌握物体形状和变化的规律，无论在什么样的场景中，都能制作出物体真实的投影/倒影效果。

5.2.1 模糊投影

    模糊投影是比较常见的一种投影，可以在 Photoshop 软件中使用【高斯模糊】命令或【图层样式】来制作。

练习5-1 制作球体投影

难 度：★★	
素材文件：素材\第5章\练习5-1 背景.jpg、人参.png	
效果文件：效果\第5章\5-1 制作球体投影.psd	
视频文件：视频\第5章\5-1 制作球体投影.mp4	

01 执行【文件】|【打开】命令，打开本章中的【素材\第5章\练习5-1\背景.jpg】图像文件。

02 执行【文件】|【置入】命令，置入本章中的【素材\第5章\练习5-1人参.png】图像文件，并调整置入后图像文件的位置。

03 在【图层】面板中选择【背景】图层，执行【图层】|【新建】|【图层】命令，弹出【新建图层】对话框，保持默认设置，单击【确定】按钮。

相关链接

    【新建图层】的操作可参阅【3.3.1 新建图层与图层组】

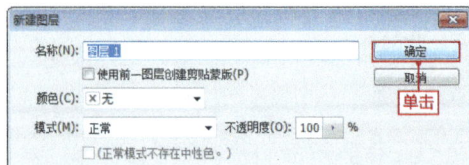

04 在【背景】图层的上方新建【图层1】图层。

新建图层

05 在工具箱中选择【椭圆选框工具】，将指针放在图像上，单击鼠标并拖曳，绘制一个椭圆选区。

绘制选区

06 设置【前景色】的RGB参数均为0，按快捷键Alt+Delete，在椭圆选区内填充黑色。

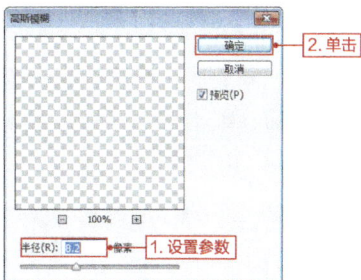

填充黑色

技巧

　　使用【椭圆选区工具】，单击并拖动鼠标，可以创建椭圆选区；按住Alt键，会以单击点为中心向外创建选区；按住Shift可绘制圆形选区。

07 取消选中选区，执行【滤镜】|【模糊】|【高斯模糊】命令，弹出【高斯模糊】对话框，设置【半径】为【8.2像素】，单击【确定】按钮。

2.单击
1.设置参数

08 为椭圆形状添加【高斯模糊】滤镜，并查看图像效果。

09 执行【滤镜】|【模糊】|【表面模糊】命令，弹出【表面模糊】对话框，设置【半径】为【22像素】、【阈值】为【175色阶】，单击【确定】按钮。

2.单击
1.设置参数

10 为椭圆形状添加【表面模糊】滤镜，并查看图像效果。

11 在【图层】面板中选择【图层1】图层，修改【不透明度】参数为80%。

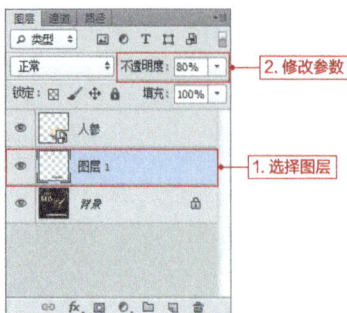

2.修改参数

1.选择图层

12 更改图像的不透明度，得到最终的图像效果。

5.2.2 渐变投影 重点

渐变投影，顾名思义就是用渐变做出的投影效果，既可以设置渐变颜色也可以添加蒙版或是添加图层样式得以实现。它与单色投影最大的区别在于渐变投影效果更加逼真，应用更加灵活。

练习5-2 制作渐变投影

难　　度：	★★
素材文件：	素材\第5章\练习5-2背景.jpg、榨汁机.png
效果文件：	效果\第5章\5-2制作渐变投影.psd
视频文件：	视频\第5章\5-2制作渐变投影.mp4

01 启动Photoshop软件，执行【文件】|【打开】命令，打开本章中的【素材\第5章\练习5-2背景.jpg】图像文件。

02 执行【文件】|【置入】命令，置入本章中的【素材\第5章\练习5-2榨汁机.png】图像文件，调整置入后图像文件的位置。

03 按快捷键Ctrl+Shift+N，在【背景】图层上方新建【图层1】图层。

相关链接

使用【置入】命令添加的图像会以【智能对象】进行编辑，关于【置入图像】的操作方法可参阅【3.2.2 打开和置入图形】。

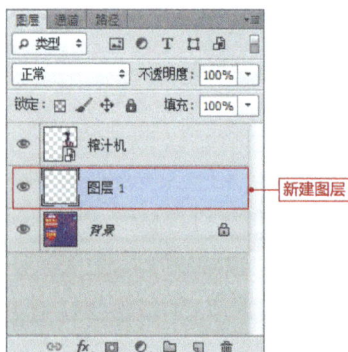

新建图层

04 在工具箱中选择【椭圆选框工具】，将指针放在图像上，单击鼠标并拖曳，绘制一个椭圆选区。

创建选区

05 在工具箱中选择【渐变工具】█，在工具选项栏中单击【点按可编辑渐变】按钮，弹出【渐变编辑器】对话框，设置色色标1的RGB参数为26、2、66；设置色标2的RGB参数为75、1、168，单击【确定】按钮。

2. 单击

1. 设置渐变色

提示

渐变条中最左侧的色标代表了渐变的起点颜色，最右侧的色标代表了渐变的终点颜色。

06 在工具选项栏中，单击【线性渐变】按钮█，将指针放在椭圆选区内，单击鼠标并拖曳，在选区内填充渐变色。

填充渐变色

07 取消选区，执行【滤镜】|【模糊】|【动感模糊】命令，弹出【动感模糊】对话框，设置【角度】为10度、【距离】为119像素，单击【确

定】按钮。

2. 单击

1. 设置参数

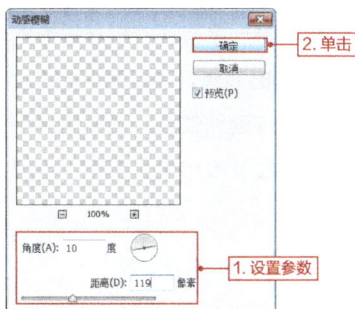

08 为椭圆形状添加【动感模糊】滤镜，并查看图像效果。

09 在【图层】面板中选择【图层1】图层，设置【不透明度】参数为70%。

2. 设置参数

1. 选择图层

10 更改图像的不透明度，得到最终的图像效果。

5.2.3 扁平化长投影 【难点】

扁平化长投影是将一个普通的形状投影的长度拓展为45°阴影的效果，使用扁平化长投影效果可以给阴影制作延伸效果，通过这样的处理可以使得整体的设计效果更具深度，下面介绍具体操作步骤。

练习5-3 制作扁平化长投影

难 度：	★★
素材文件：	素材 \ 第 5 章 \ 练习 5-3 男装主图 .psd
效果文件：	效果 \ 第 5 章 \5-3 制作扁平化长投影 .psd
视频文件：	视频 \ 第 5 章 \5-3 制作扁平化长投影 .mp4

01 执行【文件】|【打开】命令，打开本章中的【素材\第5章\练习5-3男装主图.psd】图像文件。

02 修改【前景色】的RGB参数分别为139、120、8，选择工具箱中的【矩形工具】，在工具选项栏中设置【工具模式】为【形状】，修改【描边】为【无】、【填充】为【前景色到透明渐变】，将指针放在图像上，单击鼠标并拖曳，绘制一个W为163、H为1的矩形形状。

绘制矩形

03 选择新绘制的矩形，按快捷键Ctrl+T，弹出变形定界框，右键单击变换定界框，弹出快捷菜

单，选择【斜切】命令，依次拖动变形定界框上的控制点，斜切矩形图像。

斜切矩形

04 选择【矩形3】图层，修改【不透明度】为88%，即可更改图像的不透明度。

修改不透明度

05 选择【矩形3】图层，按快捷键Ctrl+J复制图层，复制矩形，将复制后的矩形移动至合适位置，按快捷键Ctrl+T，弹出变形定界框，右键单击变形定界框，弹出快捷菜单，选择【斜切】命令，依次拖动变形定界框上的控制点，斜切矩形图像。

斜切矩形

06 参照矩形投影的制作方法，制作中间的矩形投影效果，得到最终的图像效果。

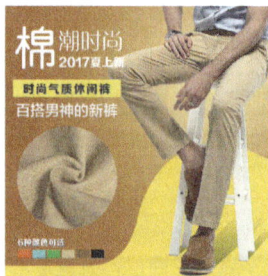

5.2.4 平面类商品倒影 重点

　　平面类的商品倒影通常是指正视图水平方向上的倒影。在做海报、主图和详情描述中都会经常用到，倒影效果可以让商品更加的立体、视觉表现上更有空间感，从而使产品更加的有质感。

练习5-4 制作包包倒影

难　　度：★★
素材文件：素材 \ 第 5 章 \ 练习 5-4 背景 .jpg、女包 .png
效果文件：效果 \ 第 5 章 \5-4 制作包包倒影 .psd
视频文件：视频 \ 第 5 章 \5-4 制作包包倒影 .mp4

01 执行【文件】|【打开】命令，打开本章中的【素材\第5章\练习5-4背景.jpg】图像文件。

02 执行【文件】|【置入】命令，置入本章中的【素材\第5章\练习5-4女包.png】图像文件，调整置入后图像文件的位置。

03 选择【女包】图层，按快捷键Ctrl+J，复制图层，执行【编辑】|【变换】|【垂直翻转】命令，垂直翻转图像。

04 选择工具箱中的【移动工具】，将垂直翻转后的图像移动至合适的位置。

05 选择【图层1副本】图层，在图层面板底部，单击【添加图层蒙版】按钮，添加图层蒙版。

06 在工具箱中选择【渐变工具】，选择【黑色到透明】的预设渐变，将指针放在图像上，单击鼠标并向上拖曳，填充渐变色，并修改选择图层的【不透明度】为70%，得到最终的图像效果。

针放在图像上，单击鼠标并拖曳，创建矩形选区。

创建选区

04 按快捷键Ctrl+J，复制选区内的图像，得到【图层1】图层，然后执行【编辑】|【变换】|【垂直翻转】命令，垂直翻转图像，并将垂直翻转后的图像移动至合适的位置。

垂直翻转图像

05 按快捷键Ctrl+T，弹出变形定界框，右键单击变形定界框，执行【变形】命令，弹出变形网格线，依次调整网格线的位置，变形图像。

变形图像

06 按Enter键确认变换，为【图层1】图层添加图层蒙版，在工具箱中选择【渐变工具】 ，选择【黑色到透明】的预设渐变，将指针放在图像上，单击鼠标并向上拖曳，填充渐变色。

填充渐变色

> **提示**
>
> 【调整图层】、【填充图层】、【中性色图层】、【图层蒙版】、【矢量蒙版】、【剪贴蒙版】、【混合模式】和【图层样式】等都属于非破坏性编辑工具。

5.2.5 圆柱形商品倒影 重点

很多商品的外形是圆柱体类，后期制作倒影时会遇到不在同一水平线上的麻烦，此时就需要通过 Photoshop 软件的【变形】功能来实现，下面将介绍其具体的操作步骤。

练习5-5 制作护肤品倒影

难　　度：★★
素材文件：素材\第5章\练习5-5背景.jpg、护肤品.png
效果文件：效果\第5章\5-5制作护肤品倒影.psd
视频文件：视频\第5章\5-5制作护肤品倒影.mp4

01 执行【文件】|【打开】命令，打开本章中的【素材\第5章\练习5-5背景.jpg】图像文件。

02 执行【文件】|【置入】命令，置入本章中的【素材\第5章\练习5-5护肤品.png】图像文件，调整置入后图像文件的位置。

绘制矩形

03 选择工具箱中的【矩形选框工具】 ，将指

07 选择工具箱中的【矩形选框工具】 ，将指针放在图像上，单击鼠标并拖曳，创建矩形选区。

相关链接

> 变形网格中的锚点与路径中的控制方法基本相同。关于路径锚点和方向线的调整方法，可参阅【4.3.3 复杂形状抠图】。

→ 创建选区

08 按快捷键Ctrl+J，复制选区内的图像，得到【图层2】图层，然后执行【编辑】|【变换】|【垂直翻转】命令，垂直翻转图像，并将垂直翻转后的图像移动至合适的位置。

→ 垂直翻转图像

09 为【图层2】图层添加图层蒙版，在工具箱中选择【渐变工具】 ，选择【黑色到透明】的预设渐变，单击鼠标并向上拖曳，填充渐变色。

→ 填充渐变色

5.2.6 立方体商品倒影 （难点）

有些商品往往不只有一个面，如立方体类的盒子，此时需要对商品的每个面都制作出倒影，才能凸显出商品的立体感。

练习5-6 制作礼盒倒影

难　　度：★★
素材文件：素材\第5章\练习5-6礼盒.jpg
效果文件：效果\第5章\5-6 制作礼盒倒影.psd
视频文件：视频\第5章\5-6 制作礼盒倒影.mp4

01 执行【文件】|【打开】命令，打开本章中的【素材\第5章\练习5-6礼盒.jpg】图像文件。

02 在工具箱中选择【多边形套索工具】 ，将指针放在图像上，依次单击鼠标，创建套索路径，完成多边形套索选区的创建。

→ 创建套索选区

03 按快捷键Ctrl+J，复制选区内的图像，得到【图层1】图层，然后执行【编辑】|【变换】|【垂直翻转】命令，垂直翻转图像，并将垂直翻转后的图像移动至合适的位置。

技巧

> 使用【多边形套索工具】 创建选区时，按住 Shift 键操作，可以锁定水平、垂直或以45°角为增量进行绘制；如果双击，则会在双击点与起点间连接一条直线来闭合选区。

填充渐变色

04 按快捷键Ctrl+T，弹出变形定界框，右键单击变形定界框，执行【斜切】命令，弹出斜切网格线，依次调整网格线的位置，变形图像。

06 使用同样的方法，依次创建其他的多边形套索选区，并复制选区内图像，为复制后的图层添加图层蒙版，并为复制后的图层填充渐变色，得到最终的图像效果。

变形图像

技巧

在使用【多边形套索工具】创建选区时，按住Alt键单击并拖动鼠标，可以切换为【套索工具】，此时拖动鼠标可绘制选区；放开Alt键，可恢复为【多边形套索工具】。

05 为【图层1】图层添加图层蒙版，在工具箱中选择【渐变工具】，选择【黑色到透明】的预设渐变，将指针放在图像上，单击鼠标并向上拖曳，填充渐变色。

5.3 合成特效的制作方法

图像合成是 Photoshop 最强大的功能之一，借助 Photoshop 强大的功能对商品图像进行合成，能够轻松制作出唯美、大气、色彩艳丽的商品图，从而表达出商品想要体现的主题，丰富画面。本小节详细介绍了淘宝装修中常用的几种图层合成方法，让图像合成不再是负担。

5.3.1 合成钻出屏幕效果 难点

在淘宝店铺装修中，钻出屏幕的效果经常见到，尤其在电子产品方面使用的特别多，可以突显出电子产品的优势特征。其实这种效果制作过程并不复杂，重要的是学会观察，将素材钻出屏幕部分进行精确计量，然后对超出的部分进行阴影处理，就可以制作出这种效果。

练习5-7 钻出电脑屏幕

难　度：	★★
素材文件：素材 \ 第 5 章 \ 练习 5-7 笔记本电脑主图 .jpg 等	
效果文件：效果 \ 第 5 章 \5-7 钻出电脑屏幕 .psd	
视频文件：视频 \ 第 5 章 \5-7 钻出电脑屏幕 .mp4	

01 执行【文件】|【打开】命令，打开本章中的【素材\第5章\练习5-7笔记本电脑主图.jpg】图

像文件。

02 执行【文件】|【打开】命令，打开本章中的【素材\第5章\练习5-7猫咪.png】图像文件。

03 选择工具箱中的【移动工具】，将【猫咪】窗口中的猫咪图像移动至【笔记本电脑】窗口中，并调整其大小和位置。

移动图像

04 选择【图层1】图层，修改【不透明度】为50%，完成图像的不透明度的更改。

更改不透明度

05 选择工具箱中的【多边形套索工具】，将指针放在图像上，依次单击鼠标并拖曳，创建出电脑屏幕的多边形选区。

创建选区

06 在工具箱中选择【磁性套索工具】，按住Shift键，将指针放在图像上，依次单击鼠标并拖曳，在猫咪的头部上创建选区，完成加选选区的操作。

创建选区

07 在【图层】面板底部单击【添加图层蒙版】按钮，为【图层1】图层添加图层蒙版，并将【图层1】图层的【不透明度】修改为100%。

提示

　　【图层蒙版】是一个256级色阶的灰度图像，它蒙在图层上面，起到遮盖图层的作用，然而其本身并不可见。在【图层蒙版】中，纯白色对应的图像是可见的，纯黑色则会遮盖图像，灰色区域会使图像呈现出一定程度的透明效果（灰色越深、图像越透明）。基于以上原理，当我们想要隐藏图像的某些区域时，为它添加一个蒙版，再将相应的区域涂黑即可；若想让图像呈现出半透明效果，可以将蒙版涂灰。

5.3.2 商品图像的特殊展示方法 （难点）

Photoshop 中的【滤镜】命令，可以制作出各种各样的图像特效，如素描、油画、水彩、水粉等绘画效果，从而可以将普通的商品图像变为非凡的视觉艺术作品。

练习5-8 制作铅笔风效果

难　　度：★ ★

素材文件：素材 \ 第 5 章 \ 练习 5-8 背景 .jpg、化妆品 .png

效果文件：效果 \ 第 5 章 \5-8 制作铅笔风效果 .psd

视频文件：视频 \ 第 5 章 \5-8 制作铅笔风效果 .mp4

01 执行【文件】|【打开】命令，打开本章中的【素材\第5章\练习5-8背景.jpg】图像文件。

02 执行【文件】|【打开】命令，打开本章中的【素材\第5章\练习5-8化妆品.png】图像文件，将打开的图像移动至【背景】图像窗口中。

03 选择【背景】图层，按快捷键Ctrl+J，复制图层，得到【背景 副本】图层，按快捷键Shift+Ctrl+U，去色复制后图层中的图像。

04 选择【背景 副本】图层，按快捷键Ctrl+J，复制图层，得到【背景副本2】图层，修改复制后图层的【图层混合模式】为【颜色减淡】。

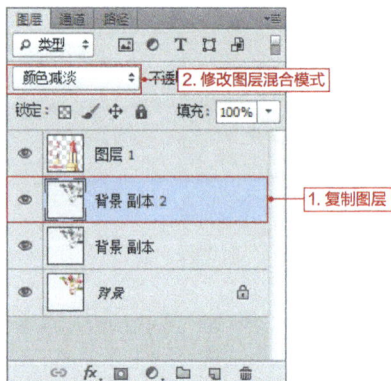

05 更改图层的混合模式，并查看图像效果。

06 按快捷键Ctrl+I，反相图像，查看图像效果。

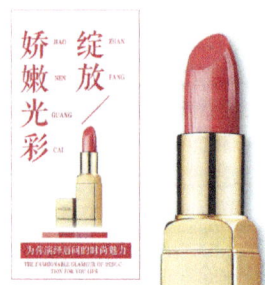

07 执行【滤镜】|【其他】|【最小值】命令，弹出【最小值】对话框，修改【半径】为3像素，单击【确定】按钮。

2.单击

1.修改参数
半径(R): 3 像素

08 添加【最小化】滤镜效果，并查看图像效果。

09 右键单击【背景 副本2】图层，打开快捷菜单，选择【向下合并】命令，合并图层，选择【背景】图层，按快捷键Ctrl+J，复制图层，再次得到【背景 副本2】图层，调整复制后图层的顺序，修改复制后图层的【图层混合模式】为【颜色】。

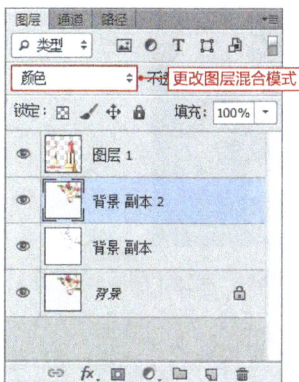

更改图层混合模式

10 更改图层的混合模式，得到彩色素描效果。

11 在右侧口红盒子上创建选区后，再参照花朵铅笔风的操作方法，将口红盒子转换为铅笔风。

12 用同样的方法，将左侧口红盒子转换为铅笔风，得到最终的图像效果。

提示

　　如果【滤镜】菜单中的某些滤镜命令显示为灰色，表述它们不能使用。在通常情况下，这是由于图像模式的不同，RGB 模式的图像可以使用全部滤镜，一部分滤镜不能用于 CMYK 图像，索引和位图模式的图像不能使用任何滤镜。

5.3.3 添加光晕体现商品协调性 重点

为商品添加光晕效果可以反映出车灯、玻璃及金属等商品的反射光，从而为商品照片增色。使用【镜头光晕】滤镜可以直接模拟出亮光折射到相机镜头所产生的折射效果。

练习5-9 给汽车添加光晕

难　　度：★ ★
素材文件：素材 \ 第 5 章 \ 练习 5-9 汽车 .jpg
效果文件：效果 \ 第 5 章 \5-9 给汽车添加光晕 .psd
视频文件：视频 \ 第 5 章 \5-9 给汽车添加光晕 .mp4

01 执行【文件】|【打开】命令，打开本章中的【素材\第5章\练习5-9汽车.jpg】图像文件。

02 执行【滤镜】|【渲染】|【镜头光晕】命令，弹出【镜头光晕】对话框，在【镜头类型】选项区中，点选【电影镜头】单选按钮，设置【亮度】为109%，单击【确定】按钮。

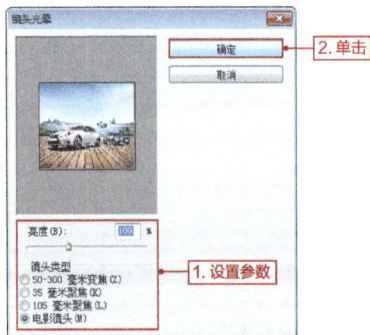

03 为商品图像添加镜头光晕效果，得到最终的图像效果。

5.3.4 添加光线效果

为商品照片添加适当的光线效果，可以给商品照片增添梦幻的效果，同时将商品的特点呈现出来。在 Photoshop 软件中可以使用简单的路径和画笔功能制作出来，下面将介绍其具体的操作步骤。

练习5-10 制作萦绕的光线

难　　度：★ ★
素材文件：素材 \ 第 5 章 \ 练习 5-10 音箱 .jpg
效果文件：效果 \ 第 5 章 \5-10 制作萦绕的光线 .psd
视频文件：视频 \ 第 5 章 \5-10 制作萦绕的光线 .mp4

01 执行【文件】|【打开】命令，打开本章中的【素材\第5章\练习5-10音箱.jpg】图像文件。

02 按快捷键Ctrl+Shift+N，新建【图层1】图层，在工具箱中选择【椭圆工具】，在工具选项栏中，设置【工具模式】为【路径】，将指针放在图像上，单击鼠标并拖曳，绘制一个椭圆路径。

绘制椭圆路径

03 在工具箱中选择【画笔工具】，在工具选项栏中修改【大小】为3像素。

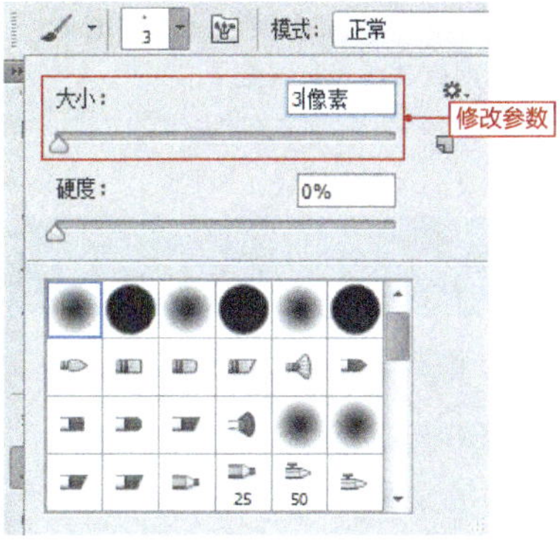

修改参数

04 在工具箱中选择【路径选择工具】，在图像上选择椭圆路径，右键单击，打开快捷菜单，选择【描边路径】选项。

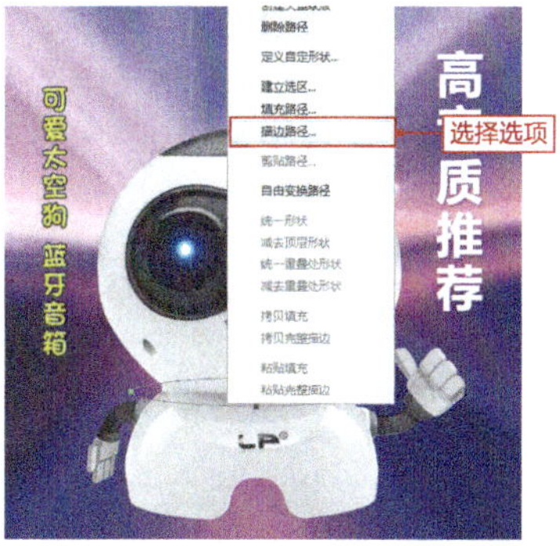

选择选项

05 弹出【描边路径】对话框，在【工具】列表框中选择【画笔】选项，勾选【模拟压力】复选框，单击【确定】按钮。

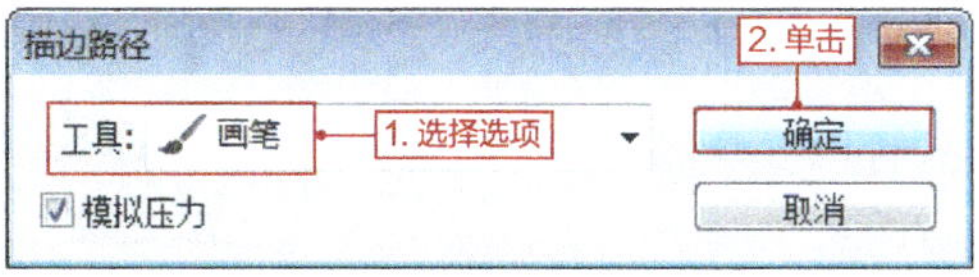

1.选择选项　　2.单击

06 描边路径，并删除路径对象，查看描边后的图像效果。

描边路径

07 双击【图层1】图层，弹出【图层样式】对话框，勾选【外发光】复选框，在右侧列表框中，设置颜色的RGB参数分别为3、51、223，修改【扩展】为13、【大小】为8、【不透明度】为100%，单击【确定】按钮。

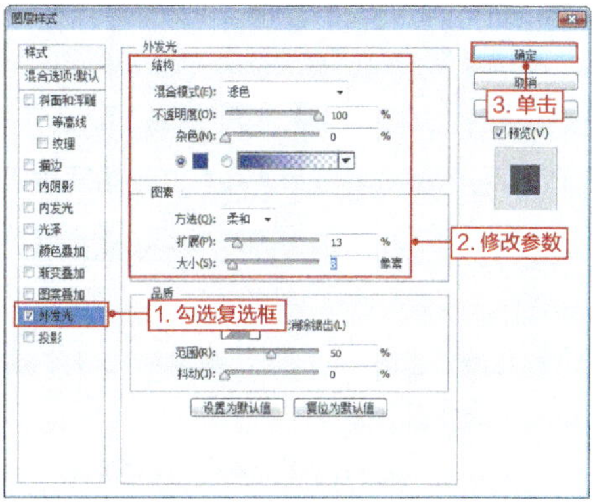

1.勾选复选框　　2.修改参数　　3.单击

08 为描边路径添加【外发光】图层样式，并查看图像效果。

添加图层样式

09 选择【图层1】图层，按两次快捷键Ctrl+J，复制图层，并依次调整复制后图像的大小和位置。

复制图像

10 依次为【图层1】、【图层1副本】和【图层1副本2】图层添加图层蒙版，选择工具箱中的【画笔工具】 ✎，使用黑色画笔，涂抹图像，得到最终的图像效果。

提示

　　在【描边路径】对话框中可以选择【画笔】、【铅笔】、【橡皮擦】、【背景橡皮擦】、【仿制图章】、【历史记录画笔】、【加深】和【减淡】等工具描边路径，只是描边路径前，需要先设置好工具的参数。此外，如果勾选【模拟压力】选项，则可以使用描边的线条产生粗细变化。

5.4 知识拓展

　　本章详细介绍了使用 Photoshop CS6 软件制作各种投影、倒影及合成特效的方法。在 Photoshop CS6 软件中，【图层样式】对话框的设置是一项重要的操作，不仅可以添加阴影效果，也还可以添加光线等效果，在打开【图层样式】对话框时，除了【练习5-10】中的双击图层，打开【图层样式】对话框的方法外，还有以下3种方法。

● 右键单击图层，打开快捷菜单，选择【混合选项】命令打开。

● 执行【图层】||【图层样式】||【混合选项】命令打开。

● 在【图层】面板底部单击【添加图层样式】按钮 fx，展开列表框，选择【混合选项】命令打开。

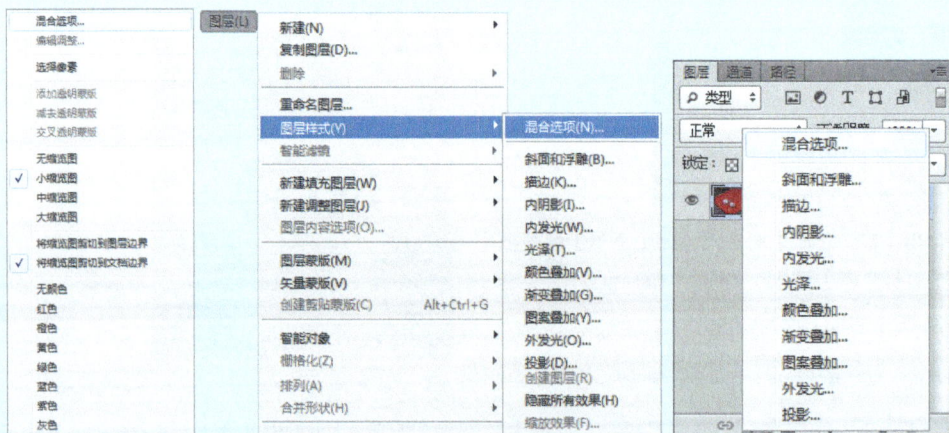

执行【混合选项】命令

本章为读者安排了多个拓展练习，以帮助大家巩固本章内容。

难　　度：★ ★ ★

素材文件：素材 \ 第 5 章 \ 习题 1 背景 .jpg、豆浆机 .png

效果文件：效果 \ 第 5 章 \ 习题 1.psd

视频文件：视频 \ 第 5 章 \ 习题 1.mp4

根据本章所学知识制作出下图所示图形中的阴影效果。

难　　度：★ ★ ★

素材文件：素材 \ 第 5 章 \ 习题 2 背景 .jpg

效果文件：效果 \ 第 5 章 \ 习题 2.psd

视频文件：视频 \ 第 5 章 \ 习题 2.mp4

根据本章所学知识制作出下图所示图形中的阴影效果。

难　　度：★ ★ ★

素材文件：素材 \ 第 5 章 \ 习题 3 淘宝女装 .jpg

效果文件：效果 \ 第 5 章 \ 习题 3.psd

视频文件：视频 \ 第 5 章 \ 习题 3.mp4

第 **3** 篇

店铺装修篇

第 **6** 章

店铺首页设计

网店店铺的首页相当于一个实体店的门面，因此首页设计的效果直接影响客户的购物体验和店铺转换率。一个正常营业的店铺首页包含店招、导航、海报、产品分类、客服区及店铺页尾等版块，每个版块设计的侧重点也不相同。本章将对店铺首页中的各个版块的设计方法进行详细讲解。

本章重点

店铺首页制作规范 ｜ 店铺首页常用布局 ｜ 店招设计

导航设计 ｜ 首页海报设计 ｜ 收藏区设计

客服区设计 ｜ 店铺页尾设计

扫二维码观看本章
案例操作演示视频

店铺的首页是顾客进入店铺的第一印象，能否在第一时间抓住顾客的眼球，延长顾客的停留时间并浏览首页内容，首页创意设计得好坏至关重要，下面将对首页的具体内容进行详细介绍。

6.1.1 首页包括哪些内容 重点

网店首页包含有店标、店招、导航条、全屏海报、公告栏、客服区等内容，下面将分别进行介绍。

◆ 店标

店标是每个网络店铺不可缺少的，店标代表着店铺的形象，便于顾客记忆和查询店铺。

◆ 店招

店招是网店店铺的招牌，用于非商业性宣传或表明单位的名称。

◆ 导航条

导航条是店铺产品的分类引导，在设计导航条时需考虑店铺产品共有几大类别内容，共需要几个导航分类内容，是否需要放品牌文案，是否需要着重表现收藏店铺等要素。

◆ 全屏海报

海报设计在店铺中必不可少，海报是指被用在网店等购物网站中，具有宣传和导航作用的宣传广告。

◆ 公告栏

公告栏一般会在店铺有活动的时候出现，用于显示店铺的优惠、物流等信息。

◆ 客服区

客服区一般出现在淘宝首页的中间位置，用于显示店铺的客服信息。

◆ 收藏区

收藏区在淘宝店铺中往往与店标紧密联系在一起，用于方便买家收藏店铺。

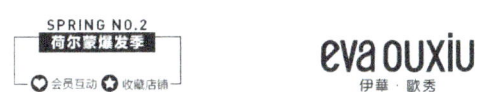

6.1.2 首页制作尺寸规范

不同的店铺，首页的尺寸是不一样的。下面将对各个店铺的首页尺寸进行介绍。

◆ 天猫首页

天猫店铺的首页中店招宽度为 990 像素，高度没有限制。如果店铺中需要制作海报，则图片的宽度为 1920 像素，而高度可根据店铺的需要进行调整。

◆ **淘宝首页**

淘宝店铺首页的尺寸宽度一般为 950 像素和 1920 像素，而高度则根据店铺的需要进行调整。

6.1.3　首页元素排版位置

设计店铺首页时，需要明确知道首页的结构，如海报、公告栏、客服等排版位置，下面将详细讲解首页中常见的内容排版位置。

◆ **欢迎模板**

欢迎模板通常又称海报，位于导航条下方。海报是顾客进入店铺第一眼视觉感受。

◆ **热销区**

热销区位于海报的下方，当店铺中有公告栏时，热销区位于公告栏下方。

◆ **商品展示**

店铺中商品的展示是紧跟着热销区，在热销区的下方，商品展示可以根据需要和个人喜好放在客服区下方或者收藏区的下方。

6.2　店铺首页常用布局 重点

店铺产品的分类繁多，每个分类模块中都包含有很多产品，不同的产品和分类模板展示方式，可以产生不同的首页布局效果。下面将对店铺首页的常用布局知识进行详细讲解。

店铺首页的布局有普通店铺首页布局和旺铺店铺首页布局两种布局方式，下面将分别进行介绍。

◆ **普通店铺首页布局**

普通店铺的首页布局一般比较简洁明了，采用店铺店招、通栏、分类、活动展示模块和首页焦点图等常用模块进行布局。

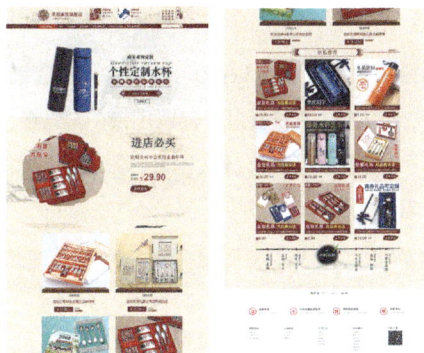

◆ 旺铺店铺首页布局

旺铺在首页的布局上内容很丰富，排版也比较讲究，才能展示出旺铺高端、大气的风格，且旺铺中的分类模板非常全面。

6.3 店招设计

店招是一个店铺的招牌，对于网店的店招来说，必须是放在店铺的最上方，用来说明经营项目，是招揽顾客的牌子。本节将详细讲解店招的相关基础知识和制作方法。

6.3.1 首页布局制作流程

首页布局的制作流程如下。

- **制作店铺页头：** 店铺页头包含了店招和导航，好的页头设计可以让消费者耳目一新，也可以帮助消费者快速找到所选产品分类，有助于提升客户消费体验感。
- **制作活动促销模块：** 活动促销模板包含有全屏海报、全屏轮播和优惠券。在制作该模块时，首先确定活动的主题内容是什么，根据主题内容设计撰写文案，文案的撰写主次顺序应重点突出品牌和产品，并且重要产品优先展示。
- **制作店铺产品模块：** 店铺产品模块包括产品分类和主推产品。在制作该模块时需要结合自身淘宝店铺的特点和主营产品做考虑。主推产品有哪些，它们有怎样的区别和定位，它们的推介顺序是什么样的，它们的核心卖点是什么，是否需要突出价格和折扣。
- **制作店铺页尾：** 淘宝店铺页尾部分包括客服中心、购物保障、发货须知。虽然店铺页尾部分不包含店铺产品，但仍然是个不可小觑的部分，页尾模块要符合整个首页的设计风格，符合主题，色彩一致。内容上可以添加消保，7天无理由退换货，客服联系方式，商品购物流程等内容，用以保证消费者的购物体验。

6.3.2 店招的分类

店招位于网页首页的顶端，是店铺品牌展示的窗口，是买家对店铺第一印象的主要来源，其作用与实体店铺的作用相同，鲜明而有特色的店招对于卖家店铺形象品牌和产品定位具有不可替代的作用。

好的店招能够让消费者在第一时间记住店铺的名字、店标等信息，达到宣传和推荐店铺的目的，以便顾客再次光临店铺时可以快速搜索出店铺，从而浏览店铺中的商品。

在众多的店铺中，店招也是各种各样，具有不同的风格。店招的类别一般包含有常规店招和通栏店招两种。

◆ 常规店招

常规店招是淘宝店铺最常用的店招，将常

规店招上传到电商店铺页面后，店招两侧将显示空白色。

◆ 通栏店招

通栏店招是淘宝旺铺中使用较多的尺寸。将通栏店招上传到电商店铺页面后，店招会根据设计的结果进行显示。

6.3.3 店招设计的注意事项

为了让店招有特点且便于记忆，会在店铺设计中对店招的尺寸、格式等要素进行规范，本节主要讲解店招设计中需要注意的事项。

◆ 店招尺寸规范

店铺店招有两种尺寸，常规店招的尺寸为950 像素 ×120 像素，而通栏店招的尺寸是1920 像素 ×150 像素。

◆ 店招格式规范

在网店店铺装修设计中，店招的格式分为3 类，格式为 JPEG、GIF、PNG。GIF 格式就是通常见到的带有动画效果的动态店招。

◆ 店招设计要点

店招是消费者进入店铺后第一眼看到的信息。对于消费者而言，店铺的名称、特性、定位和店铺的实力介绍都是通过店招了解的。因此在设计店招时要清楚两大设计要点。

- **与店铺色彩相搭配：** 在设计店招时，需要注意与店铺的颜色相搭配，不要使制作出的店招设计与整个店铺的布局有太大差别。

- **明确消费群体：** 根据店铺销售的商品，明确消费群体，然后根据消费群体的心理来设计店铺店招，便于在第一时间抓住顾客的注意力，从而让顾客很容易记住店招传递出的信息。

6.3.4 店招包括的信息

店招中包含有店铺 Logo、店铺名称、店铺口号、收藏按钮、关注按钮、促销广告、优惠券、活动信息、搜索框、店铺公告、网址、第二导航条、旺旺、电话热线等信息。

6.3.5 店招具备哪些意义

店招出现在店铺首页最上方的关键位置，它在网店的经营过程中有以下几方面意义。

- 店招是店铺的黄金展位，要把网店中最重要的内容在这里展示，把店招的作用发挥到最大。
- 店招是店铺核心信息通告区，是整个店铺的黄金展示位，在这个重要的区域，要把店铺最大的优势展现出来，如商品优势、服务优势、价格优势等，也可以在该区域中介绍促销活动或者推介单品等。
- 店招可以引起买家的购物欲望，通过店招风格的设计和店招上的营销信息，吸引并放大顾客的购买欲望。

6.3.6 店招的制作流程 【重点】

学习了店招的分类、设计注意事项及包含意义等基础内容后，就需要了解店招的制作流程。下面将详细讲解使用 Photoshop 软件制作店招的具体操作步骤。

练习6-1 制作店招

难　　度：★★

素材文件：	素材 \ 第 6 章 \ 练习 6-1 太阳 .png、纸尿裤 .png 等
效果文件：	效果 \ 第 6 章 \6-1 制作店招 .psd
视频文件：	视频 \ 第 6 章 \6-1 制作店招 .mp4

01 执行【文件】|【新建】命令，弹出【新建】对话框，依次设置【名称】、【宽度】、【高度】和【分辨率】等参数，单击【确定】按钮。

02 新建图像文档，按快捷键Ctrl+Shift+N，新建【图层1】图层。

03 单击工具箱中的【前景色】颜色块，弹出【拾色器（前景色）】对话框，设置RGB参数分别为198、247、238，单击【确定】按钮。

04 完成前景色设置，按快捷键Alt+Delete，即可填充前景色。

05 双击【图层1】图层，弹出【图层样式】对话框，勾选【图案叠加】复选框，依次设置各参数值，单击【确定】按钮。

06 为选择的图层添加【图案叠加】图层样式，并查看其图像效果。

07 执行【文件】|【置入】命令，依次置入本章中的【素材\第6章\练习6-1 太阳.png、纸尿裤.png】等图像文件，并依次调整置入后图像的位置。

08 选择工具箱中的【圆角矩形工具】，在工具选项栏中设置【工具模式】为【形状】，将指针放在图像上，单击鼠标并拖曳，绘制一个宽为120、高为38、半径为10的圆角矩形。

09 双击【圆角矩形1】图层，弹出【图层样式】对话框，在左侧列表框中，勾选【斜面和浮雕】复选框，在右侧列表框中，设置各参数值。

10 在左侧列表框中勾选【渐变叠加】复选框，在右侧的对应列表框中，依次设置各参数值，单击【确定】按钮。

11 为选择的圆角矩形应用图层样式，并查看图像效果。

应用图层样式

12 选择工具箱中的【直线工具】 ✏️，在工具选项栏中设置【工具模式】为【形状】，修改【填充】为黑色，在按住Shift键的同时，单击鼠标并拖曳，绘制一条垂直直线。

绘制垂直直线

13 选择工具箱中的【横排文字工具】 T，在图像上创建文本，并在工具选项栏中，修改【字体】为【华康娃娃体简】、【字号】为【55点】、【字体颜色】为【黑色】。

创建文本

14 选择工具箱中的【横排文字工具】 T，在图像上创建文本，并在工具选项栏中，修改【字体】为【宋体】和【Adobe 黑体 Std】、【字号】为【30点】、【60点】和【36点】、【字体颜色】为【白色】。

创建文本

15 双击新创建的文本图层，弹出【图层样式】对话框，勾选【描边】复选框，依次修改对应列表框中的各参数值。

1. 勾选复选框
2. 修改参数

16 勾选【投影】复选框，依次修改对应列表框中的各参数值，单击【确定】按钮。

提示

选取文字后，按住快捷键Shift+Ctrl并连续按 > 键，能够以2点为增量将文字调大；按住快捷键Shift+Ctrl+< 则以2点为增量将文字调小。选取文字后，按住Alt键并连续按下→键可以增加字间距；按下Alt+ ←快捷键则减小字间距。选取多行文字后，按住Alt键并连续按↑键可以增加行间距；按下Alt+ ↓快捷键则减小行间距。

3. 单击
1. 勾选复选框
2. 修改参数

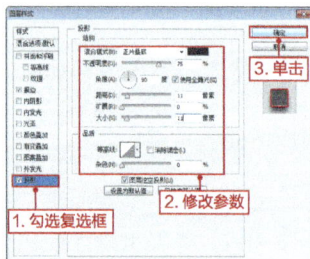

17 为新创建的文本应用图层样式，并查看图像效果。

应用图层样式

18 选择工具箱中的【横排文字工具】 T，在图像上创建文本，并在工具选项栏中，修改【字体】为【方正兰亭大黑简体】、【字号】为【17点】、【字体颜色】为【白色】。

创建文本

19 选择工具箱中的【横排文字工具】 T，在图像上创建文本，并在工具选项栏中，修改【字体】为【Adobe 黑体 Std】、【字号】为【43点】、【字体颜色】为【黑色】。

创建文本

20 选择工具箱中的【直排文字工具】 IT，在图像上创建文本，并在工具选项栏中，修改【字体】为【Adobe 黑体 Std】、【字号】为【14点】、【字体颜色】为【黑色】，得到最终的图像效果。

创建文本

收藏

藏

6.3.7 店招的装修上传

完成店招的制作后，需要通过店铺中的"店铺装修"功能将店招上传到店铺中，下面将介绍其具体的操作步骤。

练习6-2 上传店招

难　　度：★★
素材文件：无
效果文件：无
视频文件：视频 \ 第 6 章 \6-2 上传店招 .mp4

01 进入淘宝店铺卖家页面，在左侧的列表框中，选择【店铺装修】选项。

选择选项

02 进入店铺装修页面，单击【PC端】按钮，进入PC端页面，选择【首页】选项，并单击右侧的【装修页面】按钮。

1. 单击按钮
2. 选择选项
3. 单击按钮

03 进入首页装修页面，在页面中，单击【店招】模块中的【编辑】按钮。

04 弹出【店铺招牌】对话框，单击【选择文件】按钮。

单击按钮

单击按钮

05 展开对话框，单击【从淘盘选择】按钮，进入相应的界面，选择店招文件。

选择文件

06 添加店招，并在对话框底部单击【保存】按钮。

儿童游乐园

单击按钮

07 完成店招的上传操作，并在首页中显示已上传的店招。

儿童游乐园

上传店招

时间智控　变频静音

6.4 导航设计

导航用于显示商品的分类，通过导航可以方便浏览者快速访问所需要的商品或信息部分。本节将详细讲解各种导航设计的具体方法。

6.4.1 导航的作用

网店中的导航是网店内容架构的体现，网店导航的合理性是网店易用性评价的重要指标之一。正确的网店导航要做到便于浏览者的理解和使用，让浏览者无论进入网店的哪一页，都很清楚自己所在的位置，很容易返回网店首页。

简单直观的导航不仅能够提高网店易用性，还有助于提高用户转化率。因此，导航设计在整个网店的设计中具有举足轻重的作用。

6.4.2 店招导航 （重点）

店招导航位于店招的下方，可以帮助买家快速找到所需栏目。一般情况下，店招导航的位置是固定的，可以减少浏览者的查找时间。下面将详细讲解制作店招导航的具体操作步骤。

练习6-3 制作店招导航

难　　度：	★★
素材文件：	无
效果文件：	效果\第6章\6-3 制作店招导航.psd
视频文件：	视频\第6章\6-3 制作店招导航.mp4

01 执行【文件】|【新建】命令，弹出【新建】对话框，依次设置【名称】、【宽度】、【高度】和【分辨率】等参数，单击【确定】按钮。

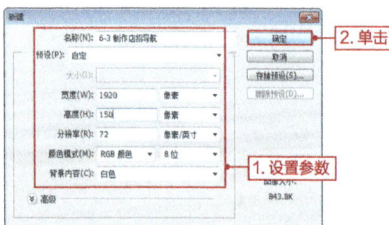

02 单击工具箱中的【前景色】颜色块，弹出【拾色器（前景色）】对话框，设置RGB参数分别为

242、247、238，单击【确定】按钮。

03 完成前景色设置，按快捷键Alt+Delete，即可填充前景色。

04 选择工具箱中的【矩形工具】，在工具选项栏中设置【工具模式】为【形状】，修改【填充】的RGB参数分别为170、125、255，将指针放在图像上，单击鼠标并拖曳，绘制一个宽为1920、高为30的矩形对象。

绘制矩形

05 选择工具箱中的【钢笔工具】，工具选项栏中设置【工具模式】为【形状】，修改【填充】的RGB参数分别为218、200、252，将指针放在图像上，依次单击鼠标，添加锚点，绘制一个多边形形状。

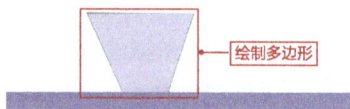

绘制多边形

06 选择工具箱中的【钢笔工具】，工具选项栏中设置【工具模式】为【形状】，修改【填充】的RGB参数分别为252、207、238，将指针放在图像上，依次单击鼠标，添加锚点，绘制一个多边形形状。

绘制多边形

07 选择工具箱中的【钢笔工具】，工具选项栏中设置【工具模式】为【形状】，修改【填充】的RGB参数分别为255、255、0，将指针放在图像上，依次单击鼠标，添加曲线锚点，绘制一个钢笔形状。

绘制钢笔形状

08 双击【形状3】图层，弹出【图层样式】对话框，勾选【描边】复选框，在对应列表框中设置各参数值。

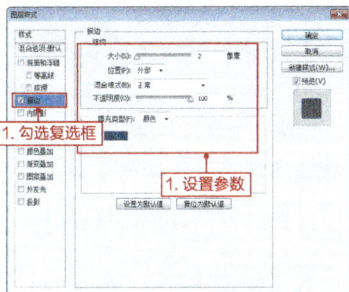

1.勾选复选框
1.设置参数

09 勾选【图案叠加】复选框，在右侧列表框中，设置各参数值，单击【确定】按钮。

3.单击
1.设置参数
1.勾选复选框

10 为选择的形状应用图层样式，并查看图像效果。

应用图层样式

11 选择【形状3】图层，按快捷键Ctrl+J，复制图层，双击复制后的图层，弹出【图层样式】对话框，取消勾选【图案叠加】复选框，勾选【斜面和浮雕】复选框，并在对应列表框中，设置各参数值。

> **提示**
>
> Photoshop 中的【钢笔工具】和【形状】等矢量工具可以创建不同类型的对象，包括形状图层、工作路径和像素图形。选择一个矢量工具，在工具选项栏中选择【形状】后，可在单独的形状图层中创建形状；选择【路径】后可创建工作路径，并出现在【路径】面板中；选择【像素】后可以在当前图层上绘制栅格化的图形，图形的填充为前景色。

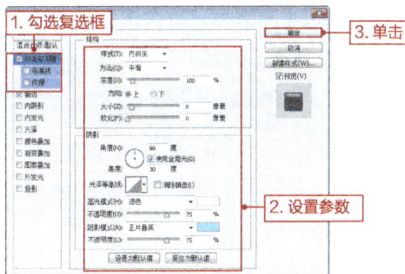

1.勾选复选框
3.单击
2.设置参数

12 勾选【颜色叠加】复选框，在对应列表框中依次设置各参数值，单击【确定】按钮。

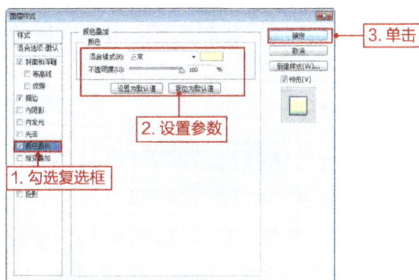

3.单击
2.设置参数
1.勾选复选框

13 更改形状的图层样式，并将复制后的形状移动至合适的位置。

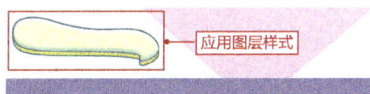

应用图层样式

14 选择工具箱中的【钢笔工具】，工具选项栏中，修改【工具模式】为【形状】，修改【填充】的RGB参数分别为79、176、222，将指针放在图像上，依次单击鼠标，添加曲线锚点，绘制一个钢笔形状。

绘制钢笔形状

15 双击新创建的形状图层，弹出【图层样式】对话框，勾选【描边】复选框，依次设置对应列表框中的各参数值。

3.单击
1.勾选复选框
2.设置参数

16 勾选【图案叠加】复选框，依次设置对应列表框中的各参数值，单击【确定】按钮。

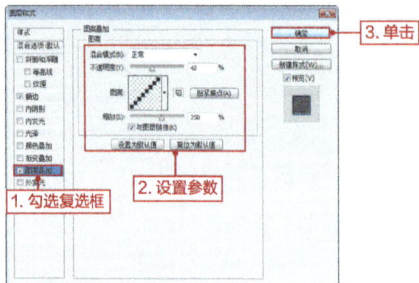

1. 勾选复选框　2. 设置参数　3. 单击

17 为新创建的形状应用图层样式，并查看图像效果。

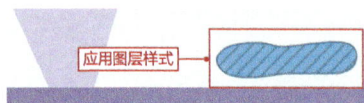

应用图层样式

18 选择【形状3】图层，按快捷键Ctrl+J，复制图层，双击复制后的图层，弹出【图层样式】对话框，取消勾选所有选框，勾选【斜面和浮雕】复选框，并在对应列表框中，设置各参数值。

> **提示**
>
> 　　如果需要使用预设的纹理映射浮雕效果，可以单击图案右侧的　按钮，打开下拉面板，再单击面板右上角的　按钮。在打开的菜单中选择一个纹理库进行载入后即可使用。

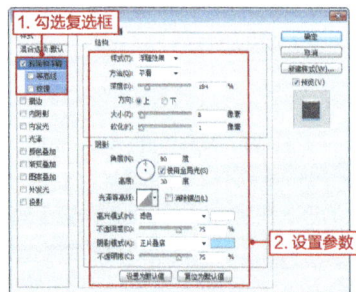

1. 勾选复选框　2. 设置参数

19 勾选【颜色叠加】复选框，在对应列表框中设置各参数值，单击【确定】按钮。

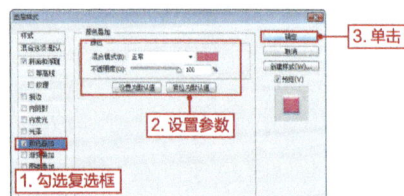

1. 勾选复选框　2. 设置参数　3. 单击

20 更改形状的图层样式，并将复制后的形状移动至合适的位置。

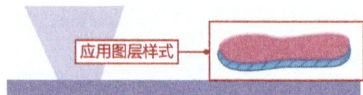

应用图层样式

21 选择工具箱中的【横排文字工具】T，在图像上创建文本，并在工具选项栏中，修改【字体】为【汉仪蝶语体简】、【字号】为【60点】、【字体颜色】RGB分别为43、61、31。

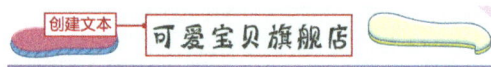

创建文本　可爱宝贝旗舰店

22 选择工具箱中的【横排文字工具】T，在图像上创建文本，并在工具选项栏中，修改【字体】为【思源黑体】、【字号】为【40点】、【字体颜色】为【白色】。

9.9　创建文本　可爱宝贝旗舰店

23 选择工具箱中的【横排文字工具】T，在图像上创建文本，并在工具选项栏中，修改【字体】为【思源黑体】、【字号】为【20点】、【字体颜色】为【白色】，并旋转文本。

9.9元起　创建文本　可爱宝贝旗舰店

24 选择工具箱中的【横排文字工具】T，在图像上创建文本，并在工具选项栏中，修改【字体】为【思源黑体】、【字号】为【20点】和【15点】、【字体行距】为【15点】、【字体颜色】为【白色】，并旋转文本。

9.9元起　保护宝宝　创建文本　可爱宝贝旗舰店

25 选择工具箱中的【横排文字工具】T，在图像上创建文本，并在工具选项栏中，修改【字体】为【华文隶书】、【字号】为【35点】、【字体颜色】RGB分别为10、83、124，并旋转文本。

创建文本

26 选择工具箱中的【横排文字工具】T，在图像上创建文本，并在工具选项栏中，修改【字体】为【微软雅黑】、【字号】为【24点】、【字体颜色】为【白色】。

创建文本

27 选择新创建的文本，按6次快捷键Ctrl+J，复制文本，并依次调整复制后文本的内容和位置。

创建文本

28 选择工具箱中的【直线工具】，在工具选项栏中，修改【工具模式】为【形状】，修改【描边】为【无】、【填充】为【白色】、【粗细】为【3像素】。按住Shift键，单击鼠标并拖曳，绘制垂直直线。

29 选择新创建的垂直直线，按5次快捷键Ctrl+J，复制直线，并依次调整复制后直线的位置。

6.4.3 页中分类导航 【重点】

页中分类导航分布在店铺首页中间的位置处，也是用于显示页面中产品的分类类目。下面将详细讲解制作页中分类导航的具体操作步骤。

练习6-4 制作页中分类导航

难　度：★★
素材文件：素材 \ 第 6 章 \ 练习 6-4 木板 .png、装饰 .png
效果文件：效果 \ 第 6 章 \6-4 制作页中分类导航 .psd
视频文件：视频 \ 第 6 章 \6-4 制作页中分类导航 .mp4

01 执行【文件】|【新建】命令，弹出【新建】对话框，依次设置【名称】、【宽度】、【高度】和【分辨率】等参数，单击【确定】按钮。

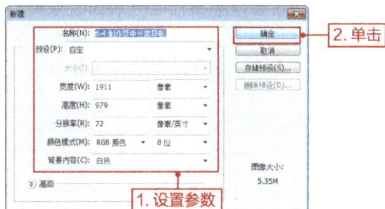

2.单击

1.设置参数

02 选择工具箱中的【钢笔工具】，工具选项栏中设置【工具模式】为【形状】，修改【填充】的RGB参数分别为171、228、255，将指针放在图像上依次单击鼠标，添加锚点，绘制一个钢笔形状。

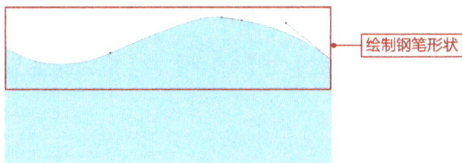

绘制钢笔形状

03 执行【文件】|【打开】命令，打开本章中的【素材\第6章\练习6-4木板.png】图像文件，选择工具箱中的【移动工具】，将打开的图像移动至【页中分类导航】图像窗口中。

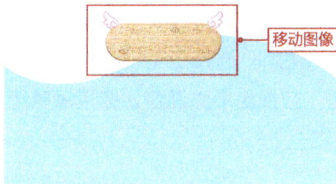

移动图像

04 选择工具箱中的【自定形状工具】，在工具选项栏中，修改【工具模式】为【形状】，在【形状】列表框中选择【云彩1】形状，修改【填充】为【白色】、【描边】为【#f5648e】、【描边宽度】为10点，在图像上单击鼠标并拖曳，绘制一个宽为480、高为200的云彩形状。

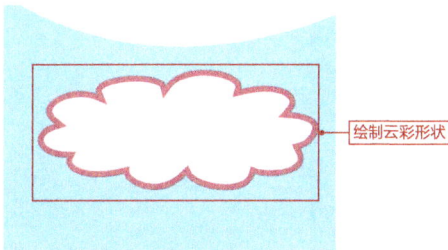

绘制云彩形状

05 单击【设置形状描边类型】按钮━━━·，在弹出的面板中设置【角点】的类型，更改云彩形状的角点。

2. 更换角点

1. 设置角点类型

06 按快捷键Ctrl+J复制云彩形状，在工具选项栏中设置【填充】为【无】、【描边】为【白色】、【描边宽度】为【10点】、【描边线型】为【虚线】。

设置虚线描边

07 单击【图层】面板底部的【添加图层蒙版】按钮，为该图层添加蒙版，选择工具箱中的【画笔工具】🖋，设置【前景色】为黑色，使用画笔擦除多余的虚线描边。

擦除多余描边

08 选择相应的图层，执行【图层】|【新建】|【从图层创建组】命令，弹出【创建组】对话框，单击【确定】按钮，创建图层组。

创建图层组

09 选择新创建的组对象，按5次快捷键Ctrl+J，复制组对象，并依次调整复制后组对象的位置。

复制组对象

10 选择工具箱中的【横排文字工具】T，在图像上创建文本，并在工具选项栏中，修改【字体】为【华康娃娃体简】、【字号】为【110点】，【字体颜色】RGB分别为255、52、104，并加粗文本。

创建文本

11 双击新创建的文本图层，弹出【图层样式】对话框，勾选【描边】复选框，在对应列表框中，设置各参数值，单击【确定】按钮。

提示

创建形状图层后，执行【图层】|【图层内容选项】命令，可以打开【拾色器】修改形状的填充颜色，或是双击【图层】面板上的【形状图层】，也可打开【拾色器】修改形状的填充颜色。

3. 单击

1. 勾选复选框

2. 设置参数

12 为选择的文本添加【描边】图层样式，并查看图像效果。

应用图层样式

13 选择工具箱中的【横排文字工具】T，在图像上创建文本，并在工具选项栏中，修改【字体】为【Rockwell】、【字号】为【36点】，【字体颜色】RGB分别为255、52、104。

创建文本

14 双击新创建的文本图层，弹出【图层样式】对话框，勾选【描边】复选框，在对应列表框中，修改各参数值，单击【确定】按钮，即可为文本添加图层样式。

应用图层样式

15 选择工具箱中的【横排文字工具】T，在图像上创建多个文本，并在工具选项栏中，修改【字体】为【微软雅黑】、【字号】为【40点】、【字体颜色】RGB分别为165、162、237。

创建文本

16 执行【文件】|【打开】命令，打开本章中的【素材\第6章\练习6-4装饰.png】图像文件，选择工具箱中的【移动工具】，将打开的图像移动至【页中分类导航】图像窗口中，得到最终的图像效果。

添加装饰素材

6.4.4 左侧分类导航

左侧分类导航位于网店店铺首页的左侧，用于显示店铺中商品的分类，方便浏览者选择商品进行浏览。

练习6-5 制作左侧分类导航

难　度：★ ★	
素材文件：素材 \ 第 6 章 \ 练习 6-5 头像 .png	
效果文件：效果 \ 第 6 章 \6-5 制作左侧分类导航 .psd	
视频文件：视频 \ 第 6 章 \6-5 制作左侧分类导航 .mp4	

01 执行【文件】|【新建】命令，弹出【新建】对话框，依次设置【名称】、【宽度】、【高度】和【分辨率】等参数，单击【确定】按钮。

2. 单击

1. 设置参数

02 新建图像文档，执行【文件】|【打开】命令，打开本章中的【素材\第6章\练习6-5头像.png】图像文件，选择工具箱中的【移动工具】，将打开的图像移动至【左侧分类导航】图像窗口中。

03 选择工具箱中的【圆角矩形工具】，在工具选项栏中设置【工具模式】为【形状】，将指针放在图像上，单击鼠标并拖曳，绘制一个宽为179、高为82、半径为10的圆角矩形。

绘制矩形

04 选择工具箱中的【矩形工具】▣，单击工具选项栏中的【路径操作】按钮▣，在弹出的下拉列表中选择【合并形状】▣。在圆角矩形下方绘制矩形形状。

05 双击该形状图层，打开【图层样式】对话框，在左侧列表中选择【渐变叠加】选项，设置【渐变叠加】的参数。

3.单击
1.勾选复选框
2.设置参数

06 单击【确定】按钮，即可为合并的形状添加【渐变叠加】效果。

提示

使用【钢笔工具】和【形状工具】时，可以对路径进行相应的运算，得到想要的轮廓。单击选项栏中的【路径操作】按钮，在打开的下拉菜单中选择路径的运算方式。单击【新建图层】按钮▣，可以创建新的路径层；单击【合并形状】按钮▣，新绘制的图形会与现有的图形合并；单击【减去顶层形状】按钮▣，可从现有的图形中减去新绘制的图形；单击【与形状区域相交】按钮▣，得到的图形位新图形与现有图形相交的区域；单击【排除重叠形状】按钮▣，得到的图形为合并路径中排除重叠的区域；单击【合并形状组件】按钮▣，可以合并重叠的路径组件。

07 选择工具箱中的【矩形工具】▣，在工具选项栏中，修改【工具模式】为【形状】，将指针放在图像上，单击鼠标并拖曳，绘制一个宽为179、高为102的矩形。

绘制矩形

08 双击【矩形2】图层，弹出【图层样式】对话框，勾选【渐变叠加】复选框，在对应列表框中，设置各参数值，单击【确定】按钮。

3.单击
1.勾选复选框
2.设置参数

09 为矩形添加图层样式，并调整矩形的位置。

绘制矩形

10 选择新绘制的矩形，按两次快捷键Ctrl+J，复制矩形，并将复制后的矩形移动至合适的位置。

11 选择工具箱中的【钢笔工具】 ，工具选项栏中设置【工具模式】为【形状】，修改【填充】的RGB参数分别为136、51、51，将指针放在图像上，依次单击鼠标，添加锚点，绘制一个四边形形状。

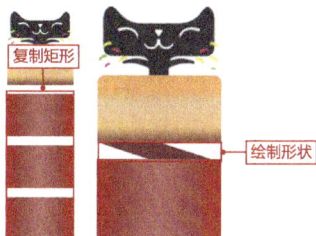

复制矩形

绘制形状

12 选择新绘制的钢笔形状，按两次快捷键Ctrl+J，复制钢笔形状，并将复制后的形状移动至合适的位置。

13 选择工具箱中的【直线工具】 ，在工具选项栏中设置【工具模式】为【形状】，修改【粗细】为【3像素】，按住Shift键，单击鼠标并拖曳，绘制一条水平直线。

提示

在绘制矩形、圆形、多边形、直线和自定义形状时，创建形状的过程中按下键盘中的空格键并拖动鼠标，可以移动形状。

复制形状

绘制水平直线

14 双击新绘制的直线图层，弹出【图层样式】对话框，勾选【渐变叠加】复选框，在对应列表框中，设置各参数值。

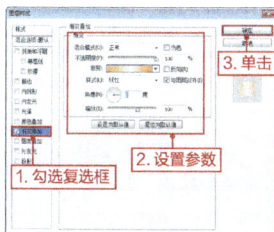

3.单击

1.勾选复选框   2.设置参数

15 勾选【外发光】复选框，在对应列表框中，设置各参数值，单击【确定】按钮。

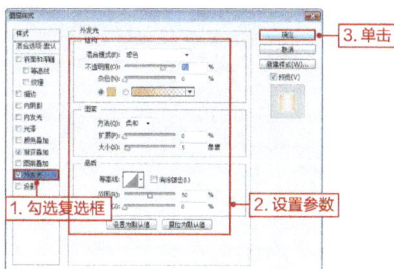

3.单击

1.勾选复选框   2.设置参数

16 为选择的直线形状应用图层样式，将新绘制的直线移动至合适的位置，并查看图像效果。

17 选择新绘制的直线，按4次快捷键Ctrl+J，复制直线形状，并将复制后的直线移动至合适的位置，并依次修改复制后的直线的图层样式效果。

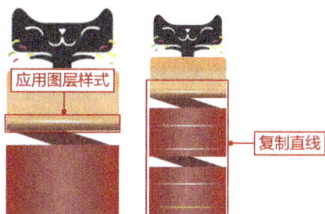

应用图层样式

复制直线

18 选择工具箱中的【圆角矩形工具】 ，在工具选项栏中设置【工具模式】为【形状】，在图像上单击鼠标并拖曳，绘制一个宽为134、高为77、半径为20的圆角矩形。

绘制圆角矩形

19 双击新绘制的圆角矩形图层，弹出【图层样式】对话框，勾选【渐变叠加】复选框，在对应列表框中设置各参数值。

1.勾选复选框   2.设置参数

20 勾选【投影】复选框，在对应列表框中设置各参数值，单击【确定】按钮。

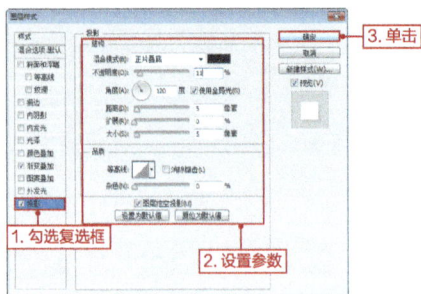

1. 勾选复选框
2. 设置参数
3. 单击

21 为新绘制的圆角矩形添加图层样式，并查看图像效果。

22 选择工具箱中的【自定形状工具】，在工具选项栏中设置【工具模式】为【形状】，在【形状】列表框中选择【箭头19】形状，修改【填充】的RGB分别为136、51、51，将指针放在图像上，单击鼠标并拖曳，绘制一个箭头形状，并旋转箭头。

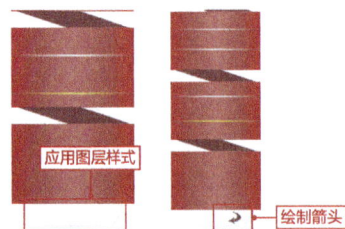

应用图层样式
绘制箭头

23 选择工具箱中的【横排文字工具】，在图像上创建文本，并在工具选项栏中，修改【字体】为【华文中宋】、【字号】为【30点】，【字体颜色】为【黑体】。

创建文本

24 选择工具箱中的【横排文字工具】，在图像上创建文本，并在工具选项栏中，修改【字体】为【华文中宋】、【字号】为【16点】，【字体颜色】为【黑色】。

25 选择工具箱中的【横排文字工具】，在图像上创建多个文本，并在工具选项栏中，修改【字体】为【方正准圆简体】、【字号】为【26点】，【字体颜色】为【白色】和234、210、21，并依次调整各文本和直线的位置。

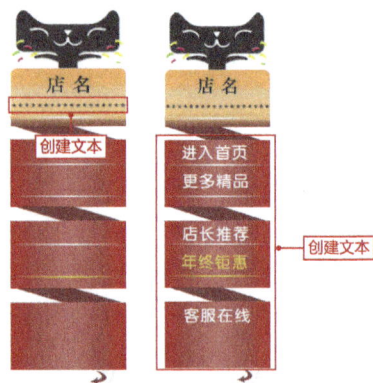

创建文本
创建文本

26 选择工具箱中的【横排文字工具】，在图像上创建多个文本，并在工具选项栏中，修改【字体】为【微软雅黑】、【字号】为【18点】，【字体颜色】为【白色】。

创建文本

27 选择工具箱中的【横排文字工具】，在图像上创建文本，并在工具选项栏中，修改【字体】为【微软雅黑】、【字号】为【19点】，【字体颜色】的RGB分别为175、58、58，得到最终图像效果。

提示

　　在文字输入状态下，单击3下可以选择一行文字；单击4下可以选择整个段落；按下快捷键Ctrl+A可以选择选取文本。

创建文本

6.4.5 页尾导航

页尾导航位于店铺首页的最末尾处。下面将详细讲解使用 Photoshop 软件制作页尾导航的具体操作步骤。

练习6-6 制作页尾导航

难　度：★★	

素材文件：素材\第6章\练习6-6图标.png 等

效果文件：效果\第6章\6-6制作页尾导航.psd

视频文件：视频\第6章\6-6制作页尾导航.mp4

01 执行【文件】|【新建】命令，弹出【新建】对话框，依次设置【名称】、【宽度】、【高度】和【分辨率】等参数，单击【确定】按钮。

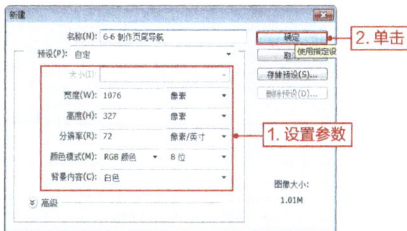

2.单击
1.设置参数

02 新建图像文档，设置【前景色】的RGB均为黑色，按快捷键Alt+Delete，填充前景色。按快捷键Ctrl+Shift+N，新建【图层1】图层，在工具箱中选择【矩形工具】，将指针放在图像上单击鼠标并拖曳，创建矩形选区。

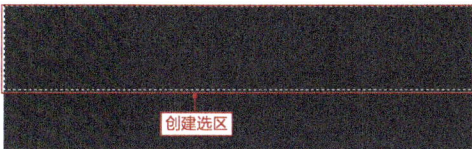

创建选区

03 设置【前景色】的RGB分别为236、173、8，按快捷键Alt+Delete，在选区内填充前景色，并取消选中选区。

填充颜色

04 选择工具箱中的【矩形工具】，在工具选项栏中，修改【工具模式】为【形状】、【填充】为【黑色】，将指针放在图像上，单击鼠标并拖曳，绘制一个宽为617、高为48的矩形形状。

绘制矩形

05 选择工具箱中的【添加锚点工具】，在新绘制的矩形的左右两侧中点添加锚点，选择工具箱中的【转换点工具】，将添加的锚点进行转换操作。

添加并转换锚点

06 为【矩形1】图层添加图层蒙版，选择工具箱中的【画笔工具】，在工具选项栏中，修改画笔样式，并修改【不透明度】为80%，将指针放在图像上，单击鼠标并拖曳，涂抹图像。

相关链接

> 【图层蒙版】是位图图像，可以使用所有的绘图工具来编辑，【图层蒙版】具体的使用方法可参阅【3.3.5图层蒙版】。

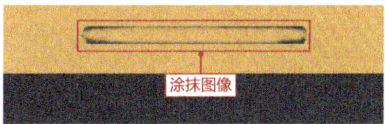

涂抹图像

07 执行【文件】|【打开】命令，打开本章中的【素材\第6章\练习6-6\图标.png】图像文件，选择工具箱中的【移动工具】，将打开的图像移动至【页尾导航】图像窗口中。

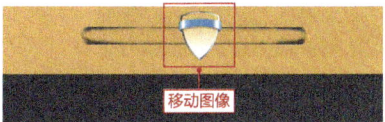

移动图像

113

08 选择工具箱中的【直线工具】 ，在工具选项栏中，修改【工具模式】为【形状】、【填充】为【黑色】、【描边】为【无】、【粗细】为【1像素】，将指针放在图像上，单击鼠标并拖曳，绘制两条垂直直线。

绘制直线

09 按快捷键【Ctrl+Shift+N】，新建【图层3】图层，在工具箱中选择【椭圆选框工具】 ，将指针放在图像上，单击鼠标并拖曳，绘制椭圆选区。

绘制选区

10 选择工具箱中的【渐变工具】 ，在工具选项栏中，选择【黑色到透明】预设渐变，将指针放在选区内，单击鼠标并拖曳，填充渐变色，并取消选区。

填充渐变色

11 选择【图层3】图层，执行【滤镜】|【模糊】|【高斯模糊】命令，弹出【高斯模糊】对话框，设置【半径】为【6.1像素】，单击【确定】按钮。

2.单击
1.设置参数

12 高斯模糊图像，并查看图像效果。

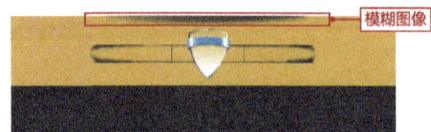

模糊图像

13 选择工具箱中的【横排文字工具】 ，在图像上创建多个文本，并在工具选项栏中，修改【字体】为【方正大黑简体】、【字号】为【27点】，【字体颜色】为【黑色】。

创建文本

14 选择工具箱中的【横排文字工具】 ，在图像上创建文本，并在工具选项栏中，修改【字体】为【黑体】、【字号】为【15点】，【字体颜色】为【白色】。

创建文本

15 选择新创建的文本，在工具选项栏中，单击【创建变形文字】按钮 ，弹出【变形文字】对话框，在【样式】列表框中，选择【扇形】选项，设置【弯曲】为5%，单击【确定】按钮。

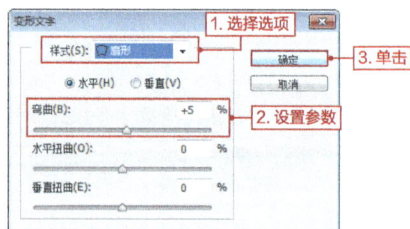

1.选择选项
3.单击
2.设置参数

16 变形文字，并将变形后的文字移动至合适的位置。

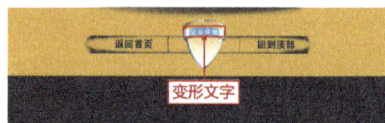

变形文字

> **提示**
>
> 使用【横排文字蒙版工具】 和【直排文字蒙版工具】 创建选区时，在文本输入状态下同样可以进行变形操作，从而得到变形的文字选区。

17 选择工具箱中的【横排文字工具】 ，在图像上创建文本，并在工具选项栏中，修改【字体】为【方正兰亭特黑简体】、【字号】为【45点】，【字体颜色】为【黑色】。

变形文字

18 选择工具箱中的【横排文字工具】T，在图像上创建多个文本，并在工具选项栏中，修改【字体】为【方正大黑简体】、【字号】为【20点】和【10点】，【字体颜色】为【黑色】。

变形文字

19 执行【文件】|【打开】命令，打开本章中的【素材\第6章\练习6-6图标1.png】图像文件，选择工具箱中的【移动工具】，将打开的图像移动至【页尾导航】图像窗口中，并为移动后的图像添加【投影】图层样式。

移动图像

20 选择工具箱中的【横排文字工具】T，在图像上创建文本，并在工具选项栏中，修改【字体】为【百度综艺简体】、【字号】为【72点】，【字体颜色】为【黑色】。

创建文本

21 选择工具箱中的【横排文字工具】T，在图像上创建文本，并在工具选项栏中，修改【字体】为【Impact】、【字号】为【23点】，【字体颜色】为【黑色】。

创建文本

22 选择工具箱中的【椭圆工具】，在工具选项栏中，修改【工具模式】为【形状】，【填充】RGB均为49、【描边】为【无】，将指针放在图像上，单击鼠标并拖曳，绘制一个宽和高均为60的圆形。

绘制圆

23 选择新绘制的圆对象，按3次快捷键Ctrl+J，复制圆形状，并将复制后的圆形状移动至合适的位置。

复制圆

24 执行【文件】|【打开】命令，打开本章中的【素材\第6章\练习6-6图标2.png】图像文件，选择工具箱中的【移动工具】，将打开的图像移动至【页尾导航】图像窗口中。

移动图像

25 选择工具箱中的【横排文字工具】T，在图像上创建多个文本，并在工具选项栏中，修改【字体】为【微软雅黑】、【字号】为【20点】，【字体颜色】为【白色】。

创建文本

26 选择工具箱中的【横排文字工具】T，在图像上创建多个文本，并在工具选项栏中，修改【字体】为【微软雅黑】、【字号】为【14点】，【字体颜色】为【白色】，得到最终的图像效果。

创建文本

6.4.6 导航的上传与管理

完成各种导航的制作后，可以将导航上传到网店店铺中进行应用。下面将以上传左侧分类导航为例，介绍上传导航的具体操作步骤。

难 度：★★
素材文件：无
效果文件：无
视频文件：视频 \ 第 6 章 \6-7 上传导航 .mp4

01 进入淘宝装修页面，在左侧下拉列表框中，选择【悬浮导航】模块，单击鼠标并向右拖曳至合适合适。

拖曳模块

02 释放鼠标后，即可添加【悬浮导航】模块，并单击【编辑】按钮。

单击按钮

03 弹出【悬浮导航】对话框，切换至【内容设置】选项卡，在对话框底部，单击【上传图片】按钮。

单击按钮

04 展开列表框，并在【从图片空间选择】下拉列表框中，选择导航图片。

选择图片

05 上传图片，并在对话框底部单击【确定】按钮，即可上传导航，并在首页中查看导航。

上传导航

6.5 首页海报设计

首页海报是目前进行电商宣传的一种方式，通过首页海报将自己的产品及产品特点以一种视觉感受的方式传播给买家，而买家则可以通过首页海报宣传对产品进行简单了解。本节将详细讲解首页海报的基础知识和制作流程。

6.5.1 海报的尺寸与格式规范

在制作首页海报时，首页海报的尺寸至关重要，一般海报尺寸为宽度 950 像素，高度为 400 像素，但是由于现在电脑大多是宽屏的显示器，因此大多数海报的尺寸宽度为 1920 像素，高度为 500 像素或 600 像素。

在设计首页海报时，海报包含有背景、文字和产品信息等元素，其中，文字包含主标题、副标题和附加内容 3 段文字。在设计海报文字

时，文字的字体不能超过 3 种，其中，主标题可以采用粗大字体，而副标题和附加内容则略小。海报的整体颜色不能超过 3 种颜色，其颜色比例为 70% 主色、25% 辅助色及 5% 点缀色，并在海报中留白 30%，使得整个海报呈现高端、大气、上档次的效果。

6.5.2 首页海报设计技巧 重点

在设计首页海报时，要清楚海报的设计要求，才能制作出好看的首页海报。

◆ 海报要与大色调统一

在设计首页海报时，要先观察大环境，海报设计尽量避免与主色调产生强烈对比，必须要用对比色设计海报时，要考虑降低纯度或明度。

◆ 观察产品亮点定背景色

为了做出一张比较漂亮的图片，最好要做到背景与产品的呼应。在海报设计中，大体分为两种风格。

- 将拍摄图直接用作背景，版式排列活动文案。
- 将产品提取出来，背景根据产品灵活变动，再配合版式。

◆ 文案字体不超过3种

在首页海报文案设计中，需要使用不同的文字来提升文本的设计感和阅读感，但文字的使用不能超过 3 种字体，否则画面会显得凌乱、无主题。为了突出海报的主题，可以用粗大的字体，或者是使用与主题风格不一致的字体，具体要根据画面风格来进行选择。

◆ 制作风格与页面一致

在海报制作中，制作风格与页面的统一是

非常重要的，如果两者不一致，页面看起来就会不和谐，甚至会非常刺眼，让顾客目不忍视。

6.5.3 首页海报制作流程 重点

清楚了解首页海报的尺寸、格式规范及设计技巧等基础内容后，还需要掌握首页海报的制作流程，下面将详细讲解其具体的操作步骤。

练习6-8 制作首页海报

难　　度：★★
素材文件：素材 \ 第 6 章 \ 练习 6-8 窗帘 .png、物品 .png 等
效果文件：效果 \ 第 6 章 \6-8 制作首页海报 .psd
视频文件：视频 \ 第 6 章 \6-8 制作首页海报 .mp4

01 执行【文件】|【新建】命令，弹出【新建】对话框，依次设置【名称】、【宽度】、【高度】和【分辨率】等参数，单击【确定】按钮。

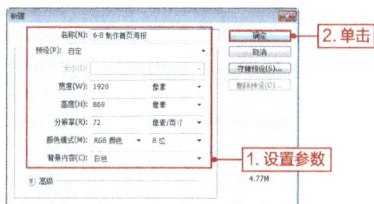

02 执行【文件】|【置入】命令，置入本章中的【素材\第6章\练习6-8背景.jpg】图像文件。

03 执行【文件】|【打开】命令，打开本章中的【素材\第6章\练习6-8窗帘.png】图像文件，并将打开的图像文件移动至【首页海报】图像窗口中。

04 执行【文件】|【打开】命令，打开本章中的【素材\第6章\练习6-8物品.png】图像文件，并将打开的图像文件移动至【首页海报】图像窗口中。

移动图像

05 按快捷键Ctrl+Shift+N，在【图层1】和【图层2】之间新建【图层3】图层，选择工具箱中的【画笔工具】，设置【前景色】为【黑色】，在工具选项栏，修改【不透明度】为30%，将指针放在图像上，单击鼠标并拖曳，为物品添加阴影效果。

添加阴影

06 执行【文件】|【打开】命令，打开本章中的【素材\第6章\练习6-8电饭锅.png】图像文件，并将打开的图像文件移动至【首页海报】图像窗口中。

相关链接

为图像添加投影可增加其逼真程度，具体的操作方法可参阅【5.2.1 模糊投影】。

移动图像

07 按快捷键Ctrl+Shift+N，在【图层2】和【图层4】之间新建【图层5】图层，在工具箱中选择【椭圆选框工具】，将指针放在图像上，单击鼠标并拖曳，绘制多个椭圆选区。

绘制选区

08 在工具箱中选择【渐变工具】，在工具选项栏中，选择【黑色到透明渐变】预设，在选区内进行单击，并拖曳鼠标，填充渐变色，并取消选择选区。

填充黑色

09 选择新创建的图层，执行【滤镜】|【模糊】|【高斯模糊】命令，弹出【高斯模糊】对话框，设置【半径】为【8.4像素】，单击【确定】按钮。

2.单击

1.设置参数

10 为图层添加模糊滤镜效果，并查看图像效果。

11 执行【文件】|【打开】命令，打开本章中的【素材\第6章\练习6-8光芒.png】图像文件，并将打开的图像文件移动至【首页海报】图像窗口中。

移动图像

12 在【图层】面板中选择【图层6】图层，修改【设置图层的混合模式】为【滤色】，即可更改图层的混合模式，并查看图像效果。

更改混合模式

13 在【图层】面板中选择【背景】智能图层，在【图层】面板底部单击【创建新的填充或调整图层】按钮 ⊙ ，展开列表框，选择【曲线】命令，创建【曲线1】调整图层，并自动弹出【属性】面板，将指针放在曲线上的合适位置，单击鼠标并向下拖曳至合适的位置，添加曲线点，即可调整图像的亮度效果。

添加曲线点

14 在【图层】面板底部单击【创建新的填充或调整图层】按钮 ⊙ ，展开列表框，选择【色相/饱和度】命令，创建【色相/饱和度1】调整图层，并自动弹出【属性】面板，修改【饱和度】为15，即可调整图像的饱和度效果。

设置参数

15 在【图层】面板底部单击【创建新的填充或调整图层】按钮 ⊙ ，展开列表框，选择【亮度/对比度】命令，创建【亮度/对比度1】调整图层，并自动弹出【属性】面板，修改【对比度】为22，即可调整图像的亮度和对比度效果。

设置参数

16 在【图层】面板底部单击【创建新的填充或调整图层】按钮 ⊙ ，展开列表框，选择【照片滤镜】命令，创建调整图层，并自动弹出【属性】面板，设置【浓度】为8，即可调整图像的色调效果。

设置参数

17 在工具箱中选择【矩形工具】 ▢ ，在工具选项栏中修改【工具模式】为形状，将指针放在图像上，单击鼠标并拖曳，绘制一个宽为318、高为49的矩形。

绘制矩形形状

18 双击【矩形1】图层，弹出【图层样式】对话框，勾选【渐变叠加】复选框，在对应列表框中设置各参数，单击【确定】按钮。

1.勾选复选框　2.设置参数　3.单击

19 为形状应用【渐变叠加】图层样式，并将矩形移动至合适的位置。

应用图层样式

20 选择工具箱中的【横排文字工具】 T ，在图像上创建文本，并在工具选项栏中，修改【字体】为【微软雅黑】、【字号】为【36点】、【字体颜色】为【白色】。

创建文本

21 选择工具箱中的【横排文字工具】 T ，在图像上创建文本，并在工具选项栏中，修改【字体】为【方正准圆简体】、【字号】为【30点】、【字体颜色】的RGB分别为132、54、3。

创建文本

22 选择工具箱中的【横排文字工具】【T】，在图像上创建文本，并在工具选项栏中，修改【字体】为【方正兰亭粗黑简体】、【字号】为【150点】、【字体颜色】的RGB分别为100、32、14。

创建文本

23 执行【文件】|【打开】命令，打开本章中的【素材\第6章\练习6-8\光芒1.png】图像文件，并将打开的图像文件移动至【首页海报】图像窗口中，更改移动后图像的【图层混合模式】为【滤色】，并为该图层创建剪贴蒙版。

添加图像

24 选择工具箱中的【横排文字工具】【T】，在图像上创建文本，并在工具选项栏中，修改【字体】为【方正兰亭粗黑简体】、【字号】为【110点】、【字体颜色】的RGB分别为100、32、14。

提示

在【图层】面板中，将指针放在分隔两个图层的线上，按住Alt键，当指针变为↓□形状时，单击即可创建剪贴蒙版；按住Alt键，当指针变为↓□形状时，再次单击则可释放剪贴蒙版。

创建文本

25 选择工具箱中的【横排文字工具】【T】，在图像

上创建文本，并在工具选项栏中，修改【字体】为【方正兰亭粗黑简体】、【字号】为【90点】、【字体颜色】的RGB分别为100、32、14。

创建文本

26 选择工具箱中的【直排文字工具】【T】，在图像上创建文本，并在工具选项栏中，修改【字体】为【方正清刻本悦宋简体】、【字号】为【40点】、【字体颜色】的RGB分别为134、14、5。

创建文本

27 选择工具箱中的【直线工具】【/】，在工具选项栏中设置【工具模式】为【形状】，修改【粗细】为【2像素】、【填充】为【无】、【描边】的RGB分别为124、35、0，将指针放在图像上，单击鼠标并拖曳，绘制一条垂直直线。

绘制钢笔形状

28 选择工具箱中的【钢笔工具】【】，在工具选项栏中设置【工具模式】为【形状】，修改【填充】为【无】、【描边】的RGB分别为124、35、0，修改【描边宽度】为【2.8点】，将指针放在图像上，依次单击鼠标，添加锚点，绘制钢笔形状。

绘制垂直直线

29 选择【形状2】图层，按两次快捷键Ctrl+J，复制形状，并依次变换形状的方向和位置，得到最终的图像效果。

复制形状

相关链接

【形状图层】的复制与【普通图层】的复制方法一致，具体操作方法可参阅【3.2.6复制和粘贴操作】的内容。

6.5.4 首页海报上传装修

在完成了海报图的制作后，可以将制作好的全屏海报图装修到电商店铺中。在店铺中装修海报图时要用 html 代码进行装修操作。

练习6-9 上传首页海报

难　　度：★★	
素材文件：无	
效果文件：无	
视频文件：视频\第6章\6-9 上传首页海报.mp4	

01 进入【店铺装修】页面，选择【模块】选项，在展开的面板中选择【自定义区】模块。

选择模块

02 单击鼠标并拖曳，将选择模块拖曳到右侧页面

中，释放鼠标，即可添加自定义区。

添加自定义区

03 在自定义区中单击【编辑】按钮。

单击按钮

04 打开【自定义内容区】对话框，点选【不显示】单选按钮，勾选【编辑源代码】复选框，在文本框中输入代码，单击【确定】按钮。

1. 点选单选按钮
2. 勾选复选框
3. 输入代码
4. 单击

05 完成海报图的添加，单击"预览"按钮，即可预览添加全屏海报图效果。

厨房好食光 吃喝都在这

6.6 收藏区设计

收藏区是电商店铺装修设计中的一部分，它的添加可以提醒顾客对店铺进行及时的收藏，以便下次再次访问，是增加顾客回头率的一项设计。本节将详细讲解收藏区的基础知识和制作流程。

6.6.1 收藏区的设计作用

收藏区主要显示在网店装修的首页位置，在很多网商平台的固定区域，都会用统一的按钮或者图标提醒消费者对店铺进行收藏。店铺收藏区通常由简单的文字和广告语组成，一般情况下设计的内容较为单一，而有的商家为了吸引顾客的注意，也会将一些宝贝图片、素材图片等添加到其中，达到推销商品和提高收藏量的双重目的。

收藏区的作用有以下两种。

- 将商品照片融入收藏区中，提升顾客的收藏兴趣，同时增加商品的曝光度。
- 把众多的优惠信息添加到收藏区，提升顾客的收藏兴趣，表现出商家的活动力度。

6.6.2 收藏区的设计要点

店铺收藏就是顾客将感兴趣的店铺添加到收藏夹中，以便再次访问时可以轻松地找到相应的商品。在同类店铺中，店铺收藏数量较高的店铺，往往曝光量要比其他同行要高，要火热得多。店铺收藏的设计较为灵活，它可以直接设计在网店的店招中，也可以单独地显示在首页的某个区域，网店装修中，收藏区可以存在网店首页或者详情页面的多个位置，例如将收藏店铺设计到店招和网店首页底部的效果。但是"店铺收藏"不是一味地胡乱添加，它的设计也是有讲究的，要与周围的设计元素相互融合，且风格一致，不影响整体视觉。

6.6.3 收藏区制作流程 （重点）

收藏区是店家为了提升店铺的人气，增加

顾客的回头率，从而在店铺顶部或其他位置设计和添加收藏区域。

练习6-10 制作收藏区

难　　度：★★
素材文件：素材 \ 第 6 章 \ 练习 6-10 人物头像 .png 等
效果文件：效果 \ 第 6 章 \6-10 制作收藏区 .psd
视频文件：视频 \ 第 6 章 \6-10 制作收藏区 .mp4

01 执行【文件】|【新建】命令，弹出【新建】对话框，依次设置【名称】、【宽度】、【高度】和【分辨率】等参数，单击【确定】按钮，即可新建文档。

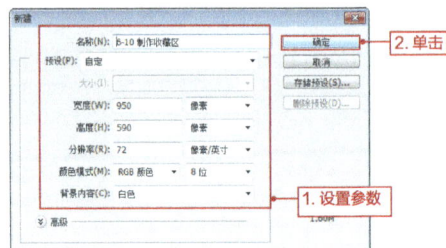

02 在工具箱中单击【前景色】颜色块，弹出【拾色器（前景色）】对话框，修改RGB参数分别为45、190、105，单击【确定】按钮。按快捷键Alt+Delete，填充前景色。

03 双击【背景】图层，在弹出的【新建图层】对话框上单击【确定】按钮，将背景图层转换为普通图层。

04 双击【图层0】，在弹出的【图层样式】对话框中勾选【图案叠加】复选框，单击【点按可打开"图案"拾色器】按钮，在弹出的面板中单击按钮，选择【载入图案】命令。

05 在弹出的【载入】对话框中选择【素材\第6章\练习6-10 图案.pat】，单击【确定】按钮。在【图案叠加】面板中选择合适的图案样式，并设置【混合模式】为【颜色减淡】、【不透明度】为13%、【缩放】为214。

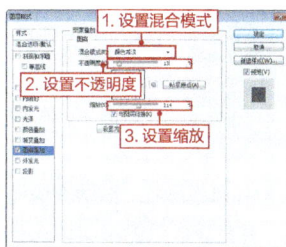

06 单击【确定】按钮可查看添加【图案叠加】后的图像效果。

07 执行【文件】|【打开】命令，打开本章中的【素材\第6章\练习6-10人物头像.png】图像文件，并将打开的图像文件移动至【收藏区】图像窗口中。

08 选择【图层】面板中的【图层2】图层，在【设置图层的混合模式】列表框中，选择【变暗】选项，即可更改图层的混合模式，并查看图像效果。

09 执行【文件】|【置入】命令，置入本章中的【素材\第6章\练习6-10礼物.png】图像文件。

10 选择工具箱中的【矩形工具】，在工具选项栏中，修改【工具模式】为【形状】，修改【描边】为【无】、【填充】为【白色】，在图像上单击鼠标并拖曳，绘制一个宽为379、高为55的矩形。

相关链接

　　【混合模式】是 Photoshop 的核心功能之一，它决定了像素的混合方式，可用于合成图像、制作选区和特殊效果，具体操作方法可参阅【3.3.3 图层混合模式】内容。

11 选择工具箱中的【横排文字工具】，在图像上创建文本，并在工具选项栏中，修改【字体】为【微软雅黑】、【字号】为【86点】、【字体颜色】为【白色】，并加粗文本。

12 选择工具箱中的【横排文字工具】，在图像上创建文本，并在工具选项栏中，修改【字体】为【微软雅黑】、【字号】为【36点】、

【字体颜色】的RGB分别为208、93、69，并加粗文本。

13 选择工具箱中的【横排文字工具】，在图像上创建文本，并在工具选项栏中，修改【字体】为【微软雅黑】、【字号】为【36点】、【字体颜色】为【白色】，并加粗文本。

14 选择工具箱中的【自定形状工具】，在工具选项栏中修改【工具模式】为【形状】，在【形状】列表框中选择【箭头6】形状，修改【描边】为【无】、【填充】的RGB分别为208、93、69，将指针放在图像上，单击鼠标并拖曳，绘制一个箭头形状。

15 选择工具箱中的【矩形工具】，在工具选项栏中，修改【工具模式】为【形状】，修改【填充】为【无】、【描边】为【白色】、【描边宽度】为【3点】，将指针放在图像上，单击鼠标并拖曳，绘制一个宽为279、高为105的矩形。

16 选择工具箱中的【直线工具】，在工具选项栏中，修改【工具模式】为【形状】，修改

【填充】为【无】、【描边】为【白色】、【描边宽度】为【3点】，将指针放在图像上，单击鼠标并拖曳，绘制一条倾斜直线。

17 选择【形状2】图层，按3次快捷键Ctrl+J，复制形状，并将复制后的形状进行变换和移动操作。

18 依次选择相应的矩形和直线形状，按两次快捷键Ctrl+J，复制形状，并将复制后的形状移动至合适的位置。

19 选择工具箱中的【横排文字工具】，在图像上创建多个文本，并在工具选项栏中，修改【字体】为【方正兰亭大黑简体】、【字号】为【30点】、【字体颜色】为【白色】。

20 选择工具箱中的【横排文字工具】，在图像上创建多个文本，并在工具选项栏中，设置【消除锯齿】为【平滑】，修改【字体】为【宋体】、【字号】为【40点】、【字体颜色】为【白色】、【字符间距】为【-80】。

21 选择工具箱中的【横排文字工具】T，在图像上创建多个文本，并在工具选项栏中，修改【字体】为【宋体】、【字号】为【12点】、【字体颜色】为【白色】，得到最终的图像效果。

6.6.4 收藏区上传装修

店铺与产品的"收藏"链接都是要经常用到的链接，在获取店铺的收藏链接后，可以使用收藏链接，下面将介绍其具体的操作步骤。

练习6-11 上传收藏区

难　度：★★
素材文件：无
效果文件：无
视频文件：视频 \ 第 6 章 \6-11 上传收藏区 .mp4

01 打开一个店铺，将指针放在页面右上角的【收藏店铺】上，单击鼠标右键，弹出快捷菜单，选择【复制链接地址】命令，即可获取该店铺的收藏链接。

02 进入【店铺装修】页面，选择【模块】选项，在展开的面板中选择【自定义区】模块，单击鼠标并拖曳，将选择模块拖曳到右侧页面中，释放

鼠标，即可添加自定义区。

03 在自定义区中单击【编辑】按钮。

04 打开【自定义内容区】对话框，点选【显示】单选按钮，单击【插入图片空间图片】按钮。

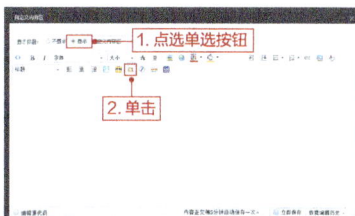

05 展开对话框，在图片列表框中，选择【收藏区】图片，单击【插入】按钮。

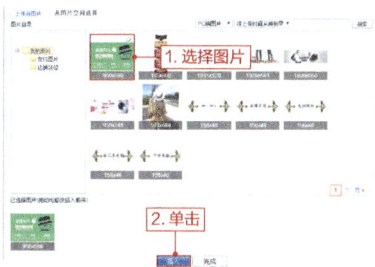

06 插入图片，并选择插入的图片，单击【编辑】链接。

07 弹出【图片】对话框，在【链接网址】文本框中输入网址，单击【确定】按钮。

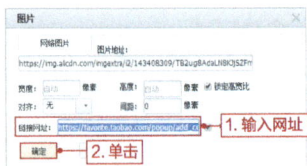

1. 输入网址
2. 单击

08 返回到【自定义内容区】对话框，在对话框底部，单击【确定】按钮。

单击

09 上传收藏区，并在首页页面中，查看上传的收藏区效果。

6.7 客服区设计

网店的客服区会存在于网店首页的多个区域，顾客只要通过客服区中的客服头像，就可以联系到客服人员进行相关咨询。本节将详细讲解客服区的基础知识和制作流程。

6.7.1 客服区的作用

网店中的客服与实体店中的售货员具有相同的作用，用来为网店店铺中的顾客提供帮助。其主要作用如下。

- 塑造店铺形象：客服是店铺形象的第一窗口。
- 提高成交率：客服在线能够随时回复客户的疑问，可以让客户及时了解需要的内容从而促成交易。
- 提高客户回头率：客户会比较倾向于选择他所熟悉和了解的卖家，从而提高了客户的再次购买率。
- 更好地服务客户：可以给客户提供更多的购物建议，更完善地解答客户的疑问，更快速地对买家售后问题给予反馈，从而更好地服务客户。

6.7.2 客服区设计原则

网店的客服区会存在于网店首页的多个区域，此外，网商平台都会在网店首页的最顶端统一定制客服的联系图标，便于使顾客形成固定的思维，当然这些都是不够的，很多专业的

网店，为了突显出店铺的专业性和服务品质，在首页的多个区域都会添加上客服，以便顾客及时的联系工作人员。

在制作客服区时要遵循以下两大设计原则。

- 将客服区与商品分类组合在一起，便于顾客及时掌握更多信息。
- 将客服区与质保、服务信息组合在一起，能够凸显店铺的服务品质。

6.7.3 客服区制作流程 重点

客服区分布在店铺首页中的任意区域，主要用于方便顾客咨询产品信息、售后服务及物流信息等。下面将详细讲解制作客服区的具体操作步骤。

练习6-12 制作客服区

难　度：★★
素材文件：素材\第6章\练习6-12人物.png、旺旺图标1.png等
效果文件：效果\第6章\6-12制作客服区.psd
视频文件：视频\第6章\6-12制作客服区.mp4

01 执行【文件】|【新建】命令，弹出【新建】对话框，依次设置【名称】、【宽度】、【高度】和【分辨率】等参数，单击【确定】按钮，即可新建文档。

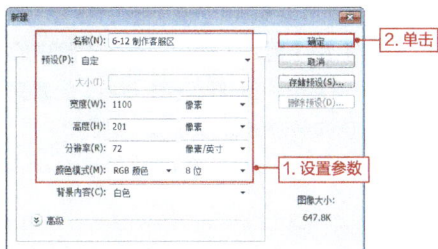

02 设置【前景色】的RGB参数均为246，按快捷键Alt+Delete，为背景填充前景色。选择工具箱中的【矩形工具】，在工具选项栏中设置【工具模式】为【形状】，修改【描边】为【无】、【填充】的RGB参数分别为255、103、102，将指针放在图像上，单击鼠标并拖曳，绘制一个宽为1100、高为15的矩形形状。

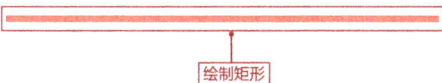

绘制矩形

03 选择工具箱中的【矩形工具】，在工具选项栏中设置【工具模式】为【形状】，修改【描边】为【无】、【填充】的RGB参数分别为255、103、102，将指针放在图像上，单击鼠标并拖曳，绘制一个宽为1100、高为3的矩形形状。

绘制矩形

04 选择工具箱中的【矩形工具】，在工具选项栏中设置【工具模式】为【形状】，修改【描边】为【无】、【填充】的RGB参数分别为255、103、102，将指针放在图像上，单击鼠标并拖曳，绘制一个宽为180、高为122的矩形形状。

绘制矩形

05 选择工具箱中的【矩形工具】，在工具选项栏中设置【工具模式】为【形状】，修改【描边】为【无】、【填充】的RGB参数分别为255、103、102，将指针放在图像上，单击鼠标

并拖曳，绘制一个宽为3、高为191的矩形形状。

绘制矩形

06 选择工具箱中的【直线工具】，在工具选项栏中设置【工具模式】为【形状】，修改【填充】为【无】、【描边】的RGB参数分别为255、103、102，【描边宽度】为【1.25点】、【描边线型】为【虚线】，将指针放在图像上，单击鼠标并拖曳，绘制一个宽为891、高为2的水平直线。

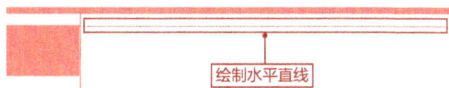

绘制水平直线

07 选择工具箱中的【直线工具】，在工具选项栏中设置【工具模式】为【形状】，修改【填充】为【无】、【描边】的RGB参数分别为255、103、102，【描边宽度】为【1.25点】、【描边线型】为【虚线】，将指针放在图像上，单击鼠标并拖曳，绘制一个宽为2、高为198的水平直线。

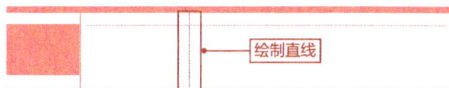

绘制直线

08 选择新绘制的垂直直线，按快捷键Ctrl+J，复制垂直直线，并将复制后的垂直直线移动至合适的位置。

复制直线

09 执行【文件】|【打开】命令，打开本章中的【素材\第6章\练习6-12旺旺图标2.png】图像文件，并将打开的图像文件移动至【客服区】图像窗口中。

移动图像

10 选择工具箱中的【横排文字工具】，在图像上创建文本，并在工具选项栏中，修改【字体】为【思源黑体】、【字号】为【30点】、【字体颜色】为【白色】。

创建文本

11 选择工具箱中的【横排文字工具】 T.，在图像上创建多个文本，并在工具选项栏中，修改【字体】为【思源黑体】、【字号】为【18点】、【字体颜色】的RGB参数分别为255、103、102。

创建文本

12 选择工具箱中的【椭圆工具】 ◎，在工具选项栏中，修改【工具模式】为【形状】，修改【填充】为【白色】、【描边】为无，将指针放在图像上，单击鼠标并拖曳，绘制一个宽和高均为46的椭圆。

绘制椭圆

13 执行【文件】|【置入】命令，置入本章中的【素材\第6章\练习6-12人物.png】图像文件，并将置入后的图像移动至合适的位置。

置入图像

14 右键单击【图层】面板中的【人物】图层，打

开快捷菜单，选择【创建剪贴蒙版】命令，为图层创建剪贴蒙版。

创建剪贴蒙版

15 执行【文件】|【置入】命令，置入本章中的【素材\第6章\练习6-12旺旺图标1.png】图像文件，并将置入后的图像移动至合适的位置。

移动图像

16 选择工具箱中的【横排文字工具】 T.，在图像上创建文本，并在工具选项栏中，修改【字体】为【思源黑体】、【字号】为【14点】、【字体颜色】为【黑色】。

创建文本

17 选择相应的图像和文本，按7次快捷键Ctrl+J，复制图像，并将复制后的图像依次移动至合适的位置，得到最终的图像效果。

6.8 店铺页尾设计

店铺的页尾在店铺首页末尾处，该部分的内容包含有店铺信用评价、退换货、运输等信息，因此卖家在装修时也不能忽略页尾，这一区域关系着卖家的售后和诚信问题，至关重要。本节将详细讲解店铺页尾的基础知识和制作流程。

6.8.1 页尾的概述

页尾模块在制作时一定要符合店铺风格和主题，色彩要一致，内容上可以添加消保、7天无理由退换货等保障服务、客服联系方式及商品购物流程等内容。

在制作店铺首页时，为了让店铺页面的结构更加完整，页尾模块相对页头较少。因此，

利用好页尾能够为店铺起到良好的分流作用，而且页头和页尾属于共同展示页面，无论打开哪个页面都会显示。

6.8.2 页尾制作流程 （重点）

店铺的页尾是店铺的最后一块，其作用在于为买家提供方便的同时，体现店铺的全方位服务。本节将详细讲解制作页尾的具体操作步骤。

练习6-13 制作页尾

难　　度：★★	
素材文件：素材 \ 第 6 章 \ 练习 6-13 水波纹 .png 等	
效果文件：效果 \ 第 6 章 \6-13 制作页尾 .psd	
视频文件：视频 \ 第 6 章 \6-13 制作页尾 .mp4	

01 执行【文件】|【新建】命令，弹出【新建】对话框，依次设置【名称】、【宽度】、【高度】和【分辨率】等参数，单击【确定】按钮，即可新建文档。

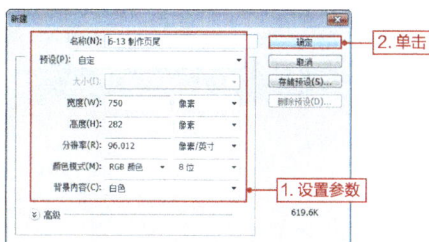

02 设置【前景色】的RGB参数分别为252、250、258，按快捷键Alt+Delete，为背景填充前景色。执行【文件】|【打开】命令，打开本章中的【素材\第6章\练习6-13水波纹.png】图像文件，并将打开的图像文件移动至【页尾】图像窗口中。

03 双击【图层1】图层，弹出【图层样式】对话框，勾选【颜色叠加】复选框，在对应列表框中

设置各参数值，单击【确定】按钮。

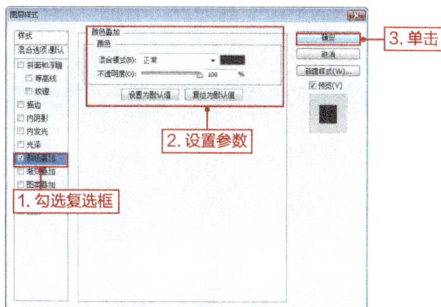

04 单击【确定】按钮，修改【不透明度】为50%，减淡水波纹理。

05 选择工具箱中的【矩形工具】▭，在工具选项栏中设置【工具模式】为【形状】，修改【描边】为【无】、【填充】的RGB参数分别为51、120、99，将指针放在图像上，单击鼠标并拖曳，绘制一个宽为750、高为45的矩形形状。

绘制矩形

06 选择工具箱中的【圆角矩形工具】▭，在工具选项栏中设置【工具模式】为【形状】，修改【描边】为【无】、【填充】为【白色】，将指针放在图像上，单击鼠标并拖曳，绘制一个宽为140、高为210、半径为5的圆角矩形形状。

绘制圆角矩形

07 选择工具箱中的【圆角矩形工具】▭，在工具选项栏中设置【工具模式】为【形状】，修改【描边】为【无】、【填充】的RGB分别为51、

120、99 ，将指针放在图像上，单击鼠标并拖曳，绘制一个宽为140、高为80、半径为5的圆角矩形形状。

绘制圆角矩形

08 按快捷键Ctrl+Shift+N，新建【图层2】图层，选择工具箱中的【矩形选框工具】，将指针放在图像上，单击鼠标并拖曳，创建矩形选区。

创建选区

09 设置【前景色】的RGB参数分别为51、120、99，按快捷键Alt+Delete，为选区内填充前景色，并取消选区。

填充前景色

10 选择【圆角矩形1】、【圆角矩形2】和【图层2】图层，右键单击，打开快捷菜单，选择【合并图层】命令，合并图层。

合并图层

11 双击【图层2】图层，弹出【图层样式】对话

框，勾选【投影】复选框，在对应列表框中，设置各参数值，单击【确定】按钮。

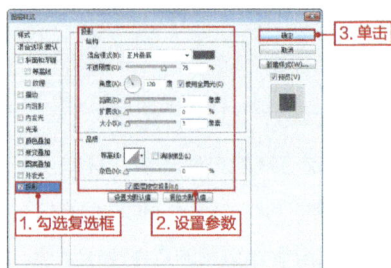

3. 单击
1. 勾选复选框　　　2. 设置参数

12 为图层添加【投影】图层样式，并查看图像效果。

添加图层样式

13 选择【图层2】图层，按4次快捷键Ctrl+J，复制图像，并将复制后的图像依次移动至合适的位置。

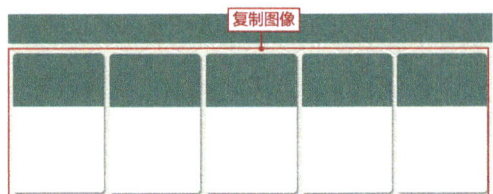

复制图像

14 选择工具箱中的【横排文字工具】，在图像上创建文本，并在工具选项栏中，修改【字体】为【华康雅宋体简】、【字号】为【25点】、【字体颜色】为【白色】、【字符间距】为【75点】。

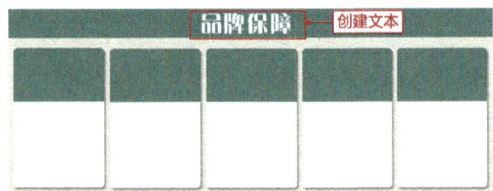

品牌保障 → 创建文本

15 选择工具箱中的【横排文字工具】，在图像上创建多个文本，并在工具选项栏中，修改【字体】为【方正华隶简体】、【字号】为【19点】、【字体颜色】为【白色】。

16 选择工具箱中的【横排文字工具】 T ，在图像上创建多个文本，并在工具选项栏中，修改【字体】为【微软雅黑】、【字号】为【10点】、【字体颜色】为【白色】。

17 选择工具箱中的【横排文字工具】 T ，在图像上创建多个文本，并在工具选项栏中，修改【字体】为【微软雅黑】、【字号】为【9点】、【字体颜色】的RGB分别为84、86、91，得到最终的图像效果。

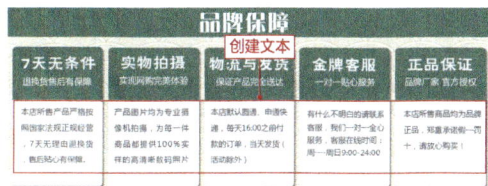

6.8.3 页尾上传装修

在完成了店铺页尾的制作后，可以将制作好的店铺页尾装修到电商店铺中。

练习6-14 上传页尾

难　　度：	★★
素材文件：	无
效果文件：	无
视频文件：	视频＼第6章＼6-14 上传页尾.mp4

01 进入【店铺装修】页面，选择【模块】选项，在展开的面板中选择【自定义区】模块，单击鼠标并拖曳，将选择模块拖曳到右侧页面的页尾区域中。

02 释放鼠标，即可添加自定义区，并在自定义区中单击【编辑】按钮。

03 打开【自定义内容区】对话框，点选【显示】单选按钮，单击【插入图片空间图片】按钮，展开对话框，在图片列表框中，选择【页尾】图片，并单击【插入】按钮。

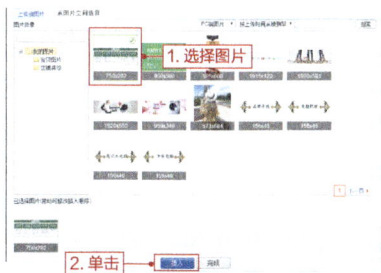

04 插入图片，在对话框底部，单击【确定】按钮。

05 上传页尾，并在首页页面中，查看上传的页尾效果。

6.9 知识拓展

本章详细介绍了使用 Photoshop CS6 软件设计店铺首页的操作方法，如设计店招、首页海报、导航、收藏区、客服区等等，足以让读者快速掌握设计店铺首页的方法。在制作首页店铺内容时，还需要清楚了解首页字体的使用规范。在店铺首页制作时，首页中的中文字体只能使用"方正兰亭系列"；而数字和英文则建议选用 Tahoma、Arial 等字体；店铺首页中促销文案的字体大小则不做固定要求，以整体美观为主。

6.10 拓展训练

本章为读者安排了一个拓展练习，以帮助大家巩固本章内容。

难　度：★ ★ ★	
素材文件：素材\第6章\习题\背景.jpg、雪景.png、化妆品.png 等	
效果文件：效果\第6章\习题.psd	
视频文件：视频\第6章\习题.mp4	

根据本章所学知识制作出下图所示图形中的首页海报效果。

第 **7** 章

宝贝详情页设计

一般情况下，买家在店铺中点击产品后，将自动进入产品的详情页，并展示产品的特点、尺寸、颜色、特色等信息。在设计宝贝详情页时，要依据顾客的购物特点，才能确定宝贝详情页的内容及分类，并完成宝贝详情页的排版与制作。本章将详细讲解如何设计宝贝详情页的相关知识和制作流程。

宝贝详情页是提高转化率的首要入口，一个好的宝贝详情页就像专卖店里一个好的推销员，面对各式各样的客户，一个是用语言打动消费者，另一个则是用视觉传达商品的特性，因此，宝贝详情对提高宝贝转换率至关重要。

7.1.1 详情页布局设计

在电商店铺中，为了留住买家，在设计宝贝详情页时，颜色和布局的选择都很重要。根据店铺详情页中专题活动目的和侧重点不同，采用的页面布局也会所有差异。详情页的版式布局有圆形扩散式、方块式及三角式 3 种布局，下面将分别进行介绍。

◆ 圆形扩散式

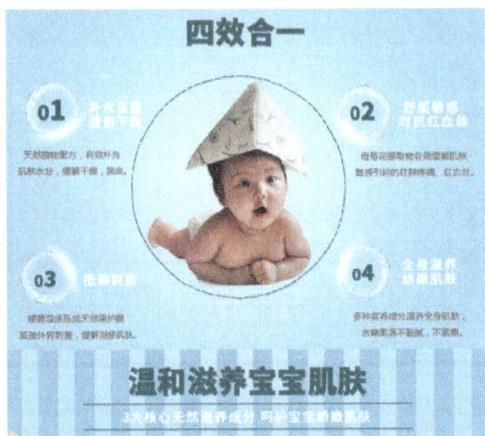

圆形扩散是指主体内容放在正中心，分内容围绕着主体内容在四周进行排布，使整体大致形成一个圆形形状。该形式的布局适合某一系列或有针对性的专题活动，能够重点突出，从而吸引买家。该形式的布局在分类页面中同样适用，也可以集中爆款推荐。

◆ 方块式

方块式布局是指同级内容按照矩形的排列方式，依次进行排序，该形式布局属于通用性，对于各种活动都适用，而且布局减淡，排版较

为整齐，比较容易操作，不需要特地用专业的美工进行布局。

◆ 三角式

三角式是指主体内容在最上方，按照内容的主要程度，依次往下排列。三角式布局是层次型，适合专题活动。该布局通过层层深入、先突出重点的策略，抓住买家的心理需求，从而将买家慢慢引入需要购买领域。

7.1.2 详情页设计类型

每个顾客在购买一件商品时，主要想了解的就是商品的功能和给人的感觉，其次就是考虑商品的附加价值、服务价值等。因此，要想设计出能够提取商品价值、优秀的详情页，需要清楚了解详情页的类型，才能提取商品的价值。详情页的类型有5种，下面将分别进行介绍。

◆ **功能型宝贝详情页**

该类型详情页的主要价值在于体现商品的功能上。例如，在制作衣服详情页时，展现衣服的洗涤、保暖、质料及搭配等内容。

◆ **符号型宝贝详情页**

该类型详情页以商品为载体，主要突出组合商品的形状符号等信息。例如，在制作鲜花产品详情页时，可以突出有关鲜花的话语，从而体现出商品的独特之处。

◆ **感觉型宝贝详情页**

该类型详情页主要给顾客一种身临其境的感觉。例如，商品是沙滩长裙，则可以在制作详情页时，给顾客一种在海边度假的感觉，才能吸引买家购买。

◆ **附加价值型宝贝详情页**

该类型详情页是专门为产品提供各种附加价值的，其内容包含有专属老顾客的服务通道，以及专属的优惠价，新顾客也有相应的礼品，通过附加价值提高店铺销量、顾客黏性。

◆ **服务型宝贝详情页**

该类型详情页添加了各种服务，包含免费送货上门、免费安装、各种有保障的售后服务等，虽然这些服务不包含在商品价值当中，但是这些服务却深受顾客喜爱。

7.1.3 详情页展示模块 重点

详情页页面由商品橱窗照、产品基本属性、宝贝详情、产品效果展示、细节展示、质保信息和物流与包装模块组成，下面将分别进行介绍。

◆ **商品橱窗照**

商品详情页面中的橱窗照位于宝贝详情页面的最顶端位置，基本的尺寸要求是宽度为310像素，高度为310像素，如果宽度和高度大于800像素，那么顾客在点击查看图片时，会使用放大镜功能进行查看。在设计橱窗照的过程中，只要能够将商品清晰地、完整地展示出来即可，图片色彩、清晰度和完整度是非常重要的，也是基本的设计要求。

◆ **产品基本属性**

详情页上部右侧的区域是产品的基本属性，其内容包含产品的标题名称、价格、优惠信息、配送信息、颜色分类和尺寸等信息。

◆ **宝贝详情**

宝贝详情页面对商品的使用方法、材质、尺寸、细节等方面的内容进行展示，同时，有的店家为了拉动店铺内其他商品的销售，或者提升店铺的品牌形象，还会在宝贝详情页面中添加搭配套餐、公司简介等信息，以此来树立和创建商品的形象，提升顾客的购买欲望。宝贝描述图的宽度是 750 像素，高度不限，宝贝详情页是直接影响成交转化率的，其中的设计内容要根据商品的具体内容来定义，只有图片处理得合格，才能让店铺看起来比较正规、专业，这样对顾客才更有吸引力，这也是装修宝贝详情页面中基础的要求。

宝贝详情　　累计评论 82197　　专享服务

适用对象:青年	性别:女	折数:其他
内部结构:零钱位	颜色:PU	材质工艺:印花
品牌:other/其他	流行元素:印花	风格:日韩
图案:水果	颜色分类:蓝蕊柠檬 西兰花 绿蕊柠檬	成色:全新
款式:短款钱包	闭合方式:拉链	形状:其他
里料材质:合成革		

◆ 产品效果展示

在产品效果展示区域中，利用平铺或者多个角度展示产品效果，让顾客对产品的整体一目了然。产品展示区域是大部分顾客关心的重点，基本上 60% 以上的顾客会直接浏览这个部分，这部分的图片质量会决定店铺的转化率，但是很大一部分还是取决于产品本身是否符合顾客的追求。

◆ 细节展示

产品细节阐述比较考验设计师的水平，产品之间的相互比较、局部区域的重点展示能够剖析出商品的特点，加深顾客对宝贝的了解，但是不能过度吹嘘。

细节·展示
NEW FASHION

◆ 质保信息

在产品完整展示之后，加入保障元素，能够进一步提升顾客对店铺产品的信心和信赖。

◆ 物流及包装

网店的商品传递是通过物流来实现的，商品的包装也是物流过程中的一个重要影响因素，好的包装和物流，会提升店铺的服务品质。因此，必要的物流及包装展示，会增强店铺运营的专业程度。

7.1.4 详情页制作流程 重点

在清楚了解店招的基础内容后，需要制作出店招效果。下面将详细讲解使用 Photoshop 软件制作店招的具体操作步骤。

练习7-1 制作详情页面

难　　度：★★

素材文件：素材 \ 第 7 章 \ 练习 7-1 鞋 1.png、鞋 2.png 等

效果文件：效果 \ 第 7 章 \7-1 制作详情页面 .psd

视频文件：视频 \ 第 7 章 \7-1 制作详情页面 .mp4

1. 制作详情页主题模块

01 执行【文件】|【新建】命令，弹出【新建】对话框，依次设置【名称】、【宽度】、【高度】和【分辨率】等参数，单击【确定】按钮，

即可新建文档。

02 选择工具箱中的【矩形工具】██，在工具选项栏中设置【工具模式】为【形状】，修改【填充】的RGB参数分别为50、197、237，将指针放在图像上，单击鼠标并拖曳，绘制一个宽为790、高为970的矩形。

03 选择【矩形1】图层，单击【添加图层蒙版】按钮██，即可为选择的图层添加图层蒙版。

04 设置【前景色】为【黑色】，选择工具箱中的【渐变工具】██，在工具选项栏中，选择【前景色到透明渐变】预设渐变，单击【径向渐变】按钮██，将指针放在图像上，单击鼠标并拖曳，绘制渐变色。

05 执行【文件】|【打开】命令，打开本章中的【素材\第7章\练习7-1油漆泼溅.png】图像文件，并将打开的图像文件移动至【详情页】图像窗口中。

06 执行【文件】|【打开】命令，打开本章中的【素材\第7章\练习7-1鞋1.png】图像文件，并

将打开的图像文件移动至【详情页】图像窗口中。

移动图像

07 选择【图层2】图层，按快捷键Ctrl+J，复制图层，并更改复制后图层的混合模式为【叠加】，修改【不透明度】为50%，并查看图像效果。

更改图像

08 选择工具箱中的【横排文字工具】<u>T.</u>，在图像上创建文本，并在工具选项栏中，修改【字体】为【方正粗谭黑简体】、【字号】为【86点】、【字体颜色】为【黑色】。

创建文本

2.制作产品信息模块

01 选择工具箱中的【矩形工具】<u>◻</u>，在工具选项栏设置【工具模式】为【形状】，修改【填

充】的RGB参数分别为50、197、237，将指针放在图像上，单击鼠标并拖曳，绘制一个宽为790、高为1833的矩形。

02 选择【矩形2】图层，单击【添加图层蒙版】按钮<u>◻</u>，即可为选择的图层添加图层蒙版，设置【前景色】为【黑色】，选择工具箱中的【渐变工具】<u>◻</u>，在工具选项栏中，选择【前景色到透明渐变】预设渐变，将指针放在图像上，依次单击鼠标并拖曳，绘制渐变色。

03 执行【文件】|【打开】命令，打开本章中的【素材\第7章\练习7-1鞋2.png】图像文件，并将打开的图像文件移动至【详情页】图像窗口中。

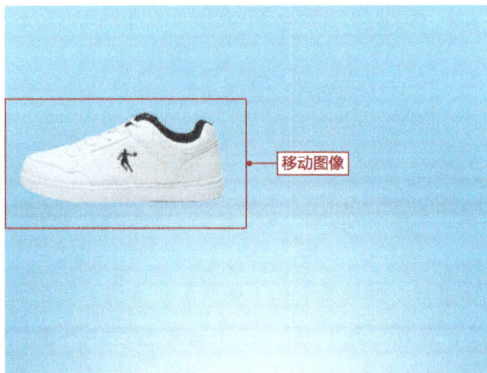

移动图像

04 选择【图层3】图层，按两次快捷键Ctrl+J，复制图层，修改【图层3副本】图层的【混合模式】为【叠加】、【不透明度】为50%，即可更改图像的不透明度和混合模式。

复制并移动图像

05 双击【图层3】图层，弹出【图层样式】对话框，勾选【投影】复选框，在对应列表框中设置参数值，单击【确定】按钮。

1.勾选复选框 2.设置参数 3.单击

06 为图层添加【投影】图层样式，并查看图像效果。

更改图层样式

07 执行【文件】|【打开】命令，打开本章中的【素材\第7章\练习7-1鞋3.png】图像文件，并将打开的图像文件移动至【详情页】图像窗口中。

移动图像

08 选择工具箱中的【横排文字工具】[T]，在图像上创建多个文本，并在工具选项栏中，修改【字体】为【方正兰亭中黑简体】、【字号】为【15点】、【字体颜色】为【黑色】。

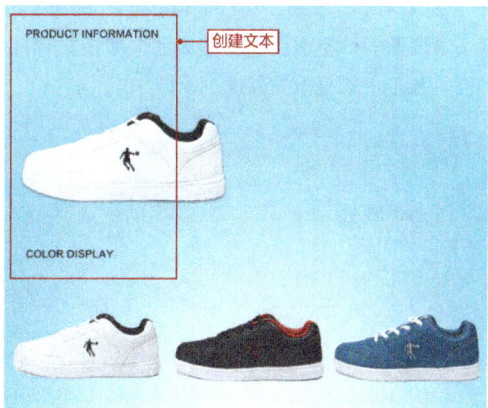

创建文本

09 选择工具箱中的【横排文字工具】[T]，在图像上创建多个文本，并在工具选项栏中，修改【字体】为【方正兰亭大黑简体】、【字号】为【25点】、【字体颜色】为【黑色】。

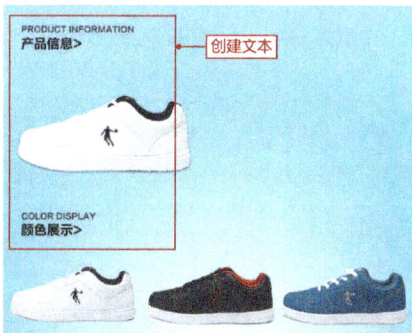

创建文本

10 选择工具箱中的【横排文字工具】[T]，在图像上创建文本，并在工具选项栏中，修改【字体】为【方正兰亭黑体简体】、【字号】为【22点】、【字体颜色】为【黑色】、【行距】为【30点】。

创建文本

11 选择工具箱中的【直线工具】，在工具选项栏设置【工具模式】为【形状】，修改【填充】为【无】、【描边】为【黑色】、【粗细】为【3像素】；将指针放在图像上，单击鼠标并拖曳，绘制一条垂直的直线。

绘制直线

12 选择工具箱中的【矩形工具】，在工具选项栏设置【工具模式】为【形状】，修改【描边】为【无】、【填充】的RGB分别为1、105、163，将指针放在图像上，单击鼠标并拖曳，绘制一个宽为118、高为38的矩形形状。

绘制矩形

【矩形工具】用来绘制矩形和正方形。按住Shift键拖动鼠标则可以创建正方形；按住Alt键拖动鼠标会以单击点为中心向外创建矩形；按住快捷键Shift+Alt拖动鼠标会以单击点为中心向外创建正方形。

13 选择工具箱中的【横排文字工具】，在图像上创建文本，并在工具选项栏中，修改【字体】为【方正兰亭中黑简体】、【字号】为【20点】、【字体颜色】为【白色】。

创建文本

14 选择文本和矩形形状，按两次快捷键Ctrl+J，复制文本和形状，并将复制后的文本和形状移动至合适的位置，更改相应的文本。

复制文本和形状

15 选择相应的标题文本，按捷键Ctrl+J，复制文本，并将复制后的文本移动至合适的位置，更改相应的文本。

复制并更改文本

16 执行【文件】|【打开】命令，打开本章中的【素材\第7章\练习7-1鞋4.png】图像文件，并将打开的图像文件移动至【详情页】图像窗口中。

17 选择工具箱中的【椭圆工具】 ⬭ ，在工具选项栏中，修改【工具模式】为【形状】，修改【填充】的RGB分别为54、46、43、【描边】为【无】，将指针放在图像上单击鼠标并拖曳，绘制一个宽和高均为170的圆形。

绘制椭圆

18 选择新绘制的圆形，按3次快捷键Ctrl+J，复制圆形，并将复制后的圆形移动至合适的位置。

复制形状

19 执行【文件】|【置入】命令，置入本章中的【素材\第7章\练习7-1鞋5~鞋8.png】图像文件，依次调整各图层顺序，并移动置入后图像文件的位置。

移动图像

20 依次选择置入后图像的图层，右键单击，打开快捷菜单，选择【创建剪贴蒙版】命令，为图像添加剪贴蒙版。

添加剪贴蒙版

技巧

按快捷键 Ctrl+Alt+G 也可创建剪贴蒙版。

21 选择工具箱中的【直线工具】 ╱ ，在工具选项栏设置【工具模式】为【形状】，修改【填充】为【无】、【描边】为【黑色】、【描边宽度】为【5.52点】，将指针放在图像上，单击鼠标并拖曳，绘制多条直线。

绘制直线

22 选择工具箱中的【横排文字工具】 T ，在图像上创建多个文本，并在工具选项栏中，修改【字体】为【方正兰亭中黑简体】、【字号】为【25点】、【字体颜色】的RGB分别为169、0、0。

创建文本

23 选择工具箱中的【横排文字工具】[T]，在图像上创建多个文本，并在工具选项栏中，修改【字体】为【方正兰亭中黑简体】、【字号】为【16点】、【字体颜色】为【黑色】。

→ 创建文本

24 执行【文件】|【打开】命令，打开本章中的【素材\第7章\练习7-1图标1.png】图像文件，并将打开的图像文件移动至【详情页】图像窗口中。

→ 移动图像

25 选择工具箱中的【横排文字工具】[T]，在图像上创建多个文本，并在工具选项栏中，修改【字体】为【方正稚艺简体】、【字号】为【20点】、【字体颜色】为【黑色】。

→ 创建文本

3. 制作产品特点模块

01 选择工具箱中的【矩形工具】[▢]，在工具选项栏设置【工具模式】为【形状】，修改【填充】的RGB参数分别为50、197、237，将指针放在图像上，单击鼠标并拖曳，绘制一个宽为

790、高为1086的矩形。

02 选择【矩形4】图层，单击【添加图层蒙版】按钮[▢]，即可为选择的图层添加图层蒙版，设置【前景色】为【黑色】，选择工具箱中的【渐变工具】[▣]，在工具选项栏中，选择【前景色到透明渐变】预设渐变，将指针放在图像上，依次单击鼠标并拖曳，绘制渐变色。

03 选择【矩形4】图层，按9次快捷键Ctrl+J，复制矩形形状，调整复制后矩形形状的位置。

04 选择工具箱中的【矩形工具】[▢]，在工具选项栏中，修改【工具模式】为【形状】，修改【填充】的RGB参数分别为235、234、234，将指针放在图像上，单击鼠标并拖曳，绘制一个

宽为225、高为68的矩形。

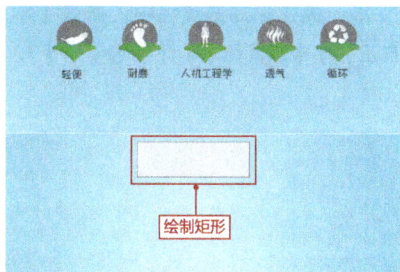
绘制矩形

05 双击【矩形5】图层，弹出【图层样式】对话框，勾选【图案叠加】复选框，在对应列表框中设置各参数值，单击【确定】按钮。

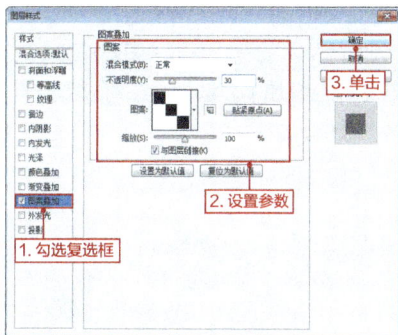
3. 单击
2. 设置参数
1. 勾选复选框

06 为矩形形状添加【图案叠加】图层样式，并查看图像效果。

添加图层样式

07 选择工具箱中的【矩形工具】，在工具选项栏设置【工具模式】为【形状】，修改【填充】的RGB参数分别为1、105、163，将指针放在图像上，单击鼠标并拖曳，绘制一个宽为204、高为54的矩形。

绘制矩形

08 选择工具箱中的【横排文字工具】，在图像上创建文本，并在工具选项栏中，修改【字体】为【方正兰亭大黑简体】、【字号】为【42点】、【字体颜色】为【白色】。

创建文本

09 选择工具箱中的【横排文字工具】，在图像上创建文本，并在工具选项栏中，修改【字体】为【方正兰亭中黑简体】、【字号】为【16点】、【字体颜色】为【黑色】。

创建文本

10 执行【文件】|【打开】命令，依次打开本章中的【素材\第7章\练习7-1鞋9、鞋10.png】图像文件，并将打开的图像文件移动至【详情页】图像窗口中。

添加图像

11 选择工具箱中的【椭圆工具】，在工具选项栏设置【工具模式】为【形状】，修改【填充】的RGB分别为1、105、163，【描边】为【无】，将指针放在图像上，单击鼠标并拖曳，绘制一个宽和高均为150的圆形。

绘制椭圆

12 选择工具箱中的【自定形状工具】 ⬜ ，在工具选项栏设置【工具模式】为【形状】，在【形状】列表框中选择【叶子2】形状，修改【填充】为黑色，【描边】为【无】，将指针放在图像上单击鼠标并拖曳，绘制一个叶子形状。

绘制叶子

13 选择工具箱中的【横排文字工具】 T ，在图像上创建文本，并在工具选项栏中，修改【字体】为【方正兰亭中黑简体】、【字号】为【20点】、【字体颜色】为【白色】。

创建文本

14 选择工具箱中的【横排文字工具】 T ，在图像上创建文本，并在工具选项栏中，修改【字体】为【微软雅黑】、【字号】为【18点】、【字体颜色】为【白色】。

创建文本

15 选择工具箱中的【横排文字工具】 T ，在图像上创建文本，并在工具选项栏中，修改【字体】为【方正兰亭中黑简体】、【字号】为【76点】和【50点】。

创建文本

16 双击新创建的文本图层，弹出【图层样式】对话框，勾选【颜色叠加】复选框，在对应列表框中，设置各参数值。

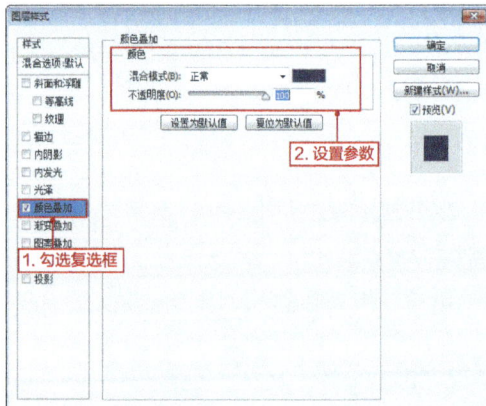

1. 勾选复选框
2. 设置参数

17 勾选【投影】复选框，在对应列表框中设置各参数值，单击【确定】按钮。

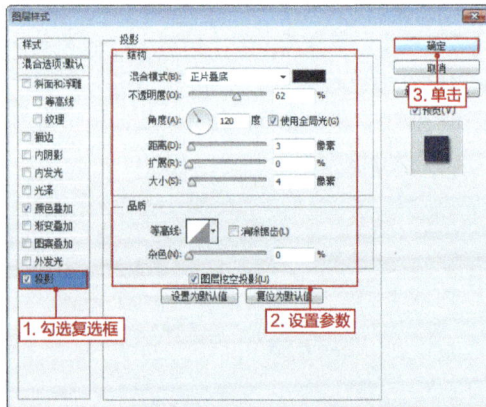

1. 勾选复选框
2. 设置参数
3. 单击

18 为文本应用图层样式，并查看文本效果。

更改图层样式

19 选择工具箱中的【横排文字工具】 T ，在图像上创建文本，并在工具选项栏中，修改【字体】为【微软雅黑】、【字号】为【30点】、【字体颜色】为【黑色】。

创建文本

20 依次选择相应的文本和图形，按快捷键Ctrl+J，复制文本和图像，将复制后的文本和图像移动至合适的位置，并修改复制后的文本内容。

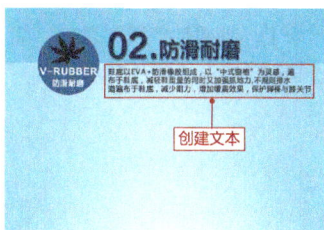

创建文本

21 执行【文件】|【打开】命令，依次打开本章中的【素材\第7章\练习7-1鞋11.png】图像文件，并将打开的图像文件移动至【详情页】图像窗口中。

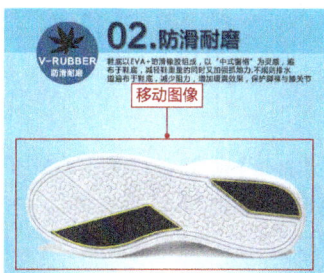

移动图像

22 选择工具箱中的【直线工具】 ，在工具选项栏设置【工具模式】为【形状】，修改【填充】为【无】、【描边】RGB分别为1、105、163、【描边宽度】为【5.52点】，将指针放在图像上，单击鼠标并拖曳，绘制多条直线。

绘制直线

23 选择工具箱中的【圆角矩形工具】 ，在工具选项栏设置【工具模式】为【形状】，修改【填充】为【白色】、【描边】为【无】，将指针放在图像上，单击鼠标并拖曳，绘制两个宽为289、高为153、半径为5的圆角矩形。

绘制圆角矩形

24 执行【文件】|【打开】命令，依次打开本章中的【素材\第7章\练习7-1鞋12、鞋13.png】图像文件，并将打开的图像文件移动至【详情页】图像窗口中。

移动图像

25 选择工具箱中的【横排文字工具】 ![T]，在图像上创建多个文本，并在工具选项栏中，修改【字体】为【微软雅黑】、【字号】为【18点】、【字体颜色】为【黑色】。

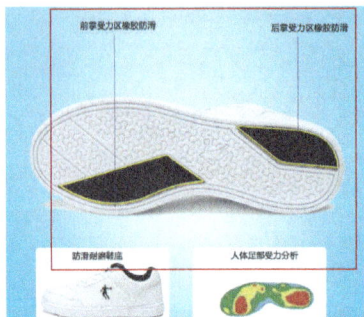

创建文本

26 选择工具箱中的【横排文字工具】 ![T]，在图像上创建多个文本，并在工具选项栏中，修改【字体】为【微软雅黑】、【字号】为【16点】、【字体颜色】为【黑色】。

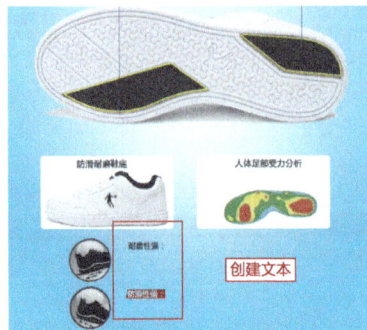

创建文本

27 选择工具箱中的【横排文字工具】 ![T]，在图像上创建多个文本，并在工具选项栏中，修改【字体】为【微软雅黑】、【字号】为【15点】、【字体颜色】为【黑色】。

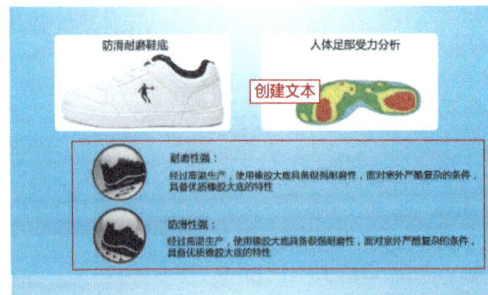

创建文本

28 依次选择相应的文本和图形，按快捷键Ctrl+J，复制文本和图像，将复制后的文本和图像

移动至合适的位置，并修改复制后的文本内容。

创建文本

29 执行【文件】|【打开】命令，依次打开本章中的【素材\第7章\练习7-1鞋14.png】图像文件，并将打开的图像文件移动至【详情页】图像窗口中。

移动图像

30 选择工具箱中的【圆角矩形工具】 ![]，在工具选项栏设置【工具模式】为【形状】，修改【填充】为【无】、【描边】为【白色】、【描边宽度】为【5.53点】，将指针放在图像上，单击鼠标并拖曳，绘制两个宽为214、高为201、半径为5的圆角矩形。

绘制圆角矩形

31 执行【文件】|【打开】命令，依次打开本章中的【素材\第7章\练习7-1装饰.png】图像文件，并将打开的图像文件移动至【详情页】图像窗口中。

移动图像

32 选择工具箱中的【自定形状工具】，在工具选项栏中设置【工具模式】为【形状】，在【形状】列表框中选择【箭头9】形状，将指针放在图像上，单击鼠标并拖曳绘制一个箭头形状。

绘制箭头形状

33 选择箭头形状，执行【编辑】|【变换路径】|【旋转90度（逆时针）】命令，旋转箭头形状，选择旋转后的箭头形状，按两次快捷键Ctrl+J，复制形状，并调整各形状的位置。

复制箭头形状

34 选择工具箱中的【横排文字工具】，在图像上创建多个文本，并在工具选项栏中，修改【字体】为【微软雅黑】、【字号】为【14点】、【字体颜色】为【黑色】。

创建文本

35 选择工具箱中的【横排文字工具】，在图像上创建文本，并在工具选项栏中，修改【字体】为【微软雅黑】、【字号】为【22点】、【字体颜色】为【黑色】。

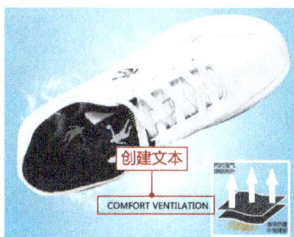

创建文本

COMFORT VENTILATION

36 选择工具箱中的【横排文字工具】，在图像上创建文本，并在工具选项栏中，修改【字体】为【微软雅黑】、【字号】为【42点】、【字体颜色】为【黑色】。

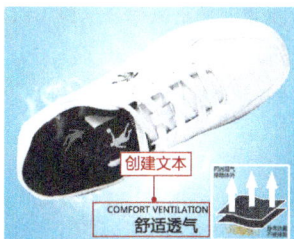

创建文本

COMFORT VENTILATION
舒适透气

37 依次选择相应的文本和图形，按快捷键Ctrl+J，复制文本和图像，将复制后的文本和图像移动至合适的位置，并修改复制后的文本内容。

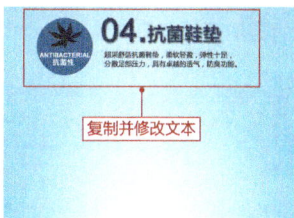

04.抗菌鞋垫

复制并修改文本

38 执行【文件】|【打开】命令，依次打开本章中的【素材\第7章\练习7-1鞋15.png】图像文件，并将打开的图像文件移动至【详情页】图像窗口中。

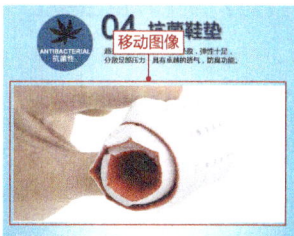

移动图像

39 执行【文件】|【打开】命令，依次打开本章中

的【素材\第7章\练习7-1足部描述.png】图像文件，并将打开的图像文件移动至【详情页】图像窗口中。

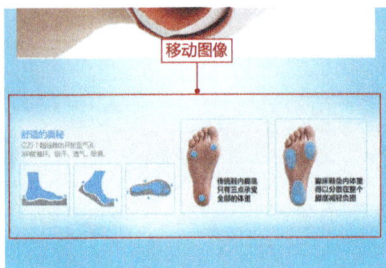

移动图像

4. 制作产品展示模块

01 选择工具箱中的【矩形工具】，在工具选项栏设置【工具模式】为【形状】，修改【填充】的RGB分别为216、28、22、【描边】为【无】，将指针放在图像上单击鼠标并拖曳，绘制宽为202、高为237的矩形。

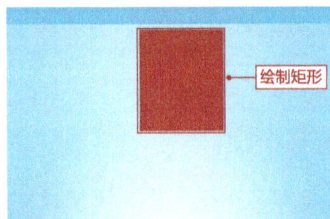

绘制矩形

02 双击【矩形7】图层，弹出【图层样式】对话框，勾选【投影】复选框，修改各参数值，单击【确定】按钮，即可为矩形添加图层样式。

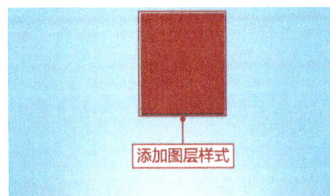

添加图层样式

03 选择工具箱中的【矩形工具】，在工具选项栏设置【工具模式】为【形状】，修改【填充】为【黑色】、【描边】为【无】，将指针放在图像上，单击鼠标并拖曳，绘制高为202、宽为235的矩形。

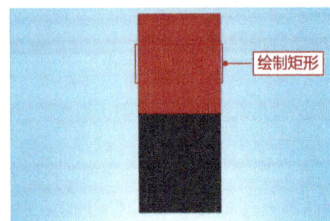

绘制矩形

选择【矩形8】图层，修改【不透明度】为50%，即可更改图层的不透明度。

修改不透明度

04 选择工具箱中的【横排文字工具】，在图像上创建文本，并在工具选项栏中，修改【字体】为【Iskoola Pota】、【字号】为【40点】、【字体颜色】为【白色】，并加粗文本。

创建文本

05 选择工具箱中的【横排文字工具】，在图像上创建文本，并在工具选项栏中，修改【字体】为【Iskoola Pota】、【字号】为【75点】、【字符间距】为【-100】、【字体颜色】为【白色】，并加粗文本。

创建文本

06 选择工具箱中的【横排文字工具】，在图像上创建文本，并在工具选项栏中，修改【字体】为【微软雅黑】、【字号】为【20点】、【字体颜色】为【白色】。

创建文本

07 选择工具箱中的【横排文字工具】，在图像上创建文本，并在工具选项栏中，修改【字体】为【Arial】、【字号】为【9点】、【字体颜色】为【白色】。

创建文本

08 执行【文件】|【置入】命令，依次置入本章中的【素材\第7章\练习7-1产品展示1~产品展示4.png】图像文件，并调整置入后图像的位置和图层顺序。

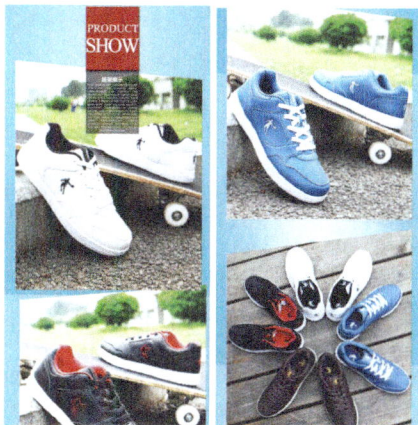

09 执行【文件】|【置入】命令，依次置入本章中的【素材\第7章\练习7-1模特展示1~模特展示6.png】图像文件，并调整置入后图像的位置和图层顺序。

10 选择工具箱中的【矩形工具】，在工具选项

栏设置【工具模式】为【形状】，修改【填充】为【黑色】、【描边】为【无】，将指针放在图像上单击鼠标并拖曳，绘制宽为365、高为380的矩形。

创建矩形

11 选择工具箱中的【自定形状工具】，在工具选项栏设置【工具模式】为【形状】，在【形状】列表框中选择【向下】形状，修改【填充】的RGB均为191、【描边】为【无】，将指针放在图像上单击鼠标并拖曳，绘制宽和高均为61的形状。

创建形状

12 选择工具箱中的【横排文字工具】，在图像上创建文本，并在工具选项栏中，修改【字体】为【Myriad Pro】、【字号】为【90点】、【字符间距】为【80点】、【字体颜色】为【白色】，并加粗文本。

MODELS SHOW

创建文本

13 选择工具箱中的【横排文字工具】 T ，在图像上创建文本，并在工具选项栏中，修改【字体】为【微软雅黑】、【字号】为【30点】、【字体颜色】为【白色】。

14 选择工具箱中的【横排文字工具】 T ，在图像上创建文本，并在工具选项栏中，修改【字体】为【Myriad Pro】、【字号】为【12点】、【字符行距】为【14点】、【字体颜色】为【白色】。

15 选择工具箱中的【横排文字工具】 T ，在图像上创建文本，并在工具选项栏中，修改【字体】为【Myriad Pro】、【字号】为【100点】、【字体颜色】为【白色】，并旋转文本。

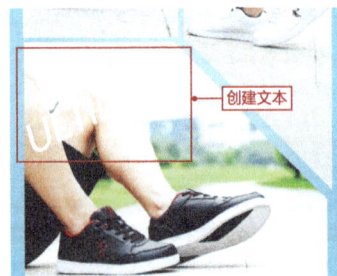

16 双击新创建的文本，弹出【图层样式】对话框，勾选【投影】复选框，在对应列表框中，设

置各参数值，单击【确定】按钮。

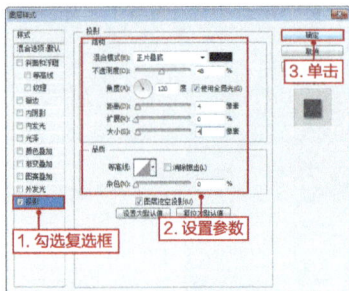

17 为图层添加【投影】图层样式，并查看文本效果。

18 选择工具箱中的【横排文字工具】 T ，在图像上创建文本，并在工具选项栏中，修改【字体】为【微软雅黑】、【字号】为【48点】、【字体颜色】为【白色】，旋转文本，并为文本添加【投影】图层样式，得到最终的图像效果。

7.2 "神笔"详情页装修

淘宝"神笔"是淘宝专为卖家提供宝贝详情描述模板的工具,使用它可以快速、便捷地做出具有设计美感的详情页。本节将详细讲解使用"神笔"装修详情页的具体方法。

7.2.1 使用详情页模板

在使用"神笔"装修详情页之前,首先需要进入"神笔"网页,才能应用模板。下面将详细介绍使用详情页模板的具体操作步骤。

练习7-2 制作详情页模板

难　度:	★★
素材文件:	无
效果文件:	无
视频文件:	视频 \ 第 7 章 \7-2 制作详情页模板 .mp4

01 进入【宝贝发布】页面,点选宝贝描述模板中的【使用神笔模板编辑】按钮,并在下方单击【立即使用】按钮。

02 进入编辑页面,在右侧的【模块管理】中可以选择或删除模块,或者调整模块的位置。

03 选择中间的详情,在图片上单击,再单击左侧的【改换图片】按钮,可以更换图片。

04 单击文字部分,在左侧可以修改文字内容及字体、大小和颜色等。

05 编辑完成后,单击右上角的【预览】按钮,可以预览效果。

7.2.2 自定义模板制作详情页 (难点)

自定义模板也就是空白模板,可以在这个空白的画布上自由设计、排版、编辑,通过图文的自由组合,制作出心目中理想的详情页。"神笔"使用起来可以和 Photoshop 软件一样自如，比 Photoshop 更简单易用，尤其适合美工或有设计能力的卖家使用。下面将详细讲解使用自定义模板制作详情页的具体操作步骤。

练习7-3 自定义模板制作详情页

难　度：	★ ★
素材文件：	无
效果文件：	无
视频文件：	视频 \ 第 7 章 \7-3 自定义模板制作详情页 .mp4

01 进入【宝贝发布】页面，点选宝贝描述模板中的【使用神笔模板编辑】按钮，并单击下方的【立即使用】按钮。

1. 点选单选按钮

淘宝神笔 海量详情页装修模板

2. 单击

简单操作　优秀设计师　大量免费模板

02 进入【淘宝神笔宝贝详情编辑器】页面，单击【更换模板】按钮。

单击

03 弹出模板对话框，在【自定义模板】选项下，单击【使用模板】按钮。

单击

04 返回到自定义模板页面，该页面没有显示模块，单击【添加模块】按钮 ⊕ 。

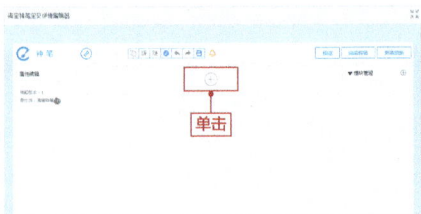

05 进入模块编辑页面，修改模块名称为【详情页描述】，单击【添加图片】按钮 ⊠ 。

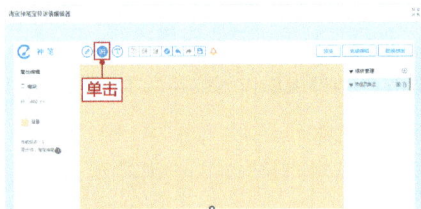

单击

06 弹出【选择图片】对话框，选择需要添加的图片，单击【确认】按钮。

1. 选择图片

2. 单击

07 返回模板编辑页面，将显示新添加的图片。

添加图片

08 使用同样的方法，为模板编辑页面中添加其他的图片。

添加图片

09 在模板编辑页面中，单击【添加文字】按钮，弹出文本编辑器，输入文本，并在属性面板中修改文字属性。

修改文字属性

10 完成编辑后，在页面中单击【完成编辑】按钮，即可完成模板的自定义操作，并显示已经自定义好的模板页面。

7.3 知识拓展

　　本章详细介绍了使用 Photoshop CS6 软件设计宝贝详情页的基础知识和详情页制作过程，足以让读者快速掌握设计宝贝详情页的方法。在本章中掌握宝贝详情页的基础知识的同时，清楚详情页的制作流程也是至关重要的。制作详情页的流程为：1. 确定风格、2. 收集素材、3. 页面布局、4. 确定配色、5. 排版设计、6. 切片存储、7. 上传完成。

7.4 拓展训练

　　本章为读者安排了一个拓展练习，以帮助大家巩固本章内容。

难　　度：★ ★ ★	
素材文件：素材 \ 第 7 章 \ 习题 \ 背景 .jpg、核桃 1.png、核桃 2.png 等	
效果文件：效果 \ 第 7 章 \ 习题 .psd	
视频文件：视频 \ 第 7 章 \ 习题 .mp4	

　　根据本章所学知识制作出下图所示图形中的核桃坚果详情页效果。

第 **8** 章

活动图的设计与制作

在淘宝店铺中，活动图的设计非常重要，它不仅可以引起买家的注意，还能激发买家的购买欲望，从而起到推广店铺的作用。活动图分很多种，如直通车、钻石展位、聚划算、天天划算等，本章将详细讲解几种常见活动图的设计要求及制作过程。

本章重点

促销广告设计 ｜ 直通车图设计

钻展图设计 ｜ 聚划算图设计

扫二维码观看本章
案例操作演示视频

促销广告顾名思义就是促进销售的广告，通过促销广告将产品的质量、性能、特点直观地告诉消费者，激发购买欲。本节将详细介绍促销广告的含义、设计准则及设计流程。

8.1.1 促销广告的尺寸规范

促销广告属于海报的一种，在尺寸上会根据电脑显示器的屏幕大小来设定，一般宽度为800像素、1024像素、1280像素、1440像素、1680像素和1920像素，高度则可根据要求随意进行设置，建议为150~800像素。

1440像素×650像素

1024像素×400像素

8.1.2 促销广告的搭配准则

促销广告在店铺首页占据大面积的位置，设计灵活度比较大，那么在进行广告设计时，应该要清楚地知道广告需要表达的主题、遵循的设计准则。

◆突出促销主题

淘宝店铺的海报从吸引眼球到点击了解，往往就是2s的时间，如果在这个时间段若没发生任何实质性的决定，那么这是一次失败的展示，所以作为阶段性的促销活动就需要在第一时间让消费者了解促销的主体内容、促销方式和方法、活动的起止时间等。

◆明确活动目的

促销活动，不管是节假日促销、淡旺季促销还是新产品促销都是一种销售引导。促销不仅可以增加产品购买量、清理产品库存、吸引人气、推介新产品和提高产品出镜率，还可以传递信息、提高品牌的知名度和信誉。

◆广告形式美观

电商促销海报和平面促销海报一样，在设计上都应遵循人的视觉规律和心理联想，使广告设计符合人的感官规律，提高广告作品的视觉强度。

"双11"促销海报

◆色彩搭配

不同颜色的促销海报会给人带来不一样的视觉感受，无论是倾向于冷色调或暖色调，还是倾向于明朗鲜艳或素雅质朴。一幅成功的促销海报，可以让顾客在接收到广告信息的同时融入广告营造的氛围中，让顾客不由自主地进入页面，增加转换率。

冷色调促销海报

◆ **排版布局**

在制作促销广告时，需要对广告中的图文进行合理排布，形成能够吸引顾客的版式布局。在搭配广告中的版式布局时，没有固定规律，需要灵活运用与搭配。合理安排图文排布，使画面形成视觉导向，才能有利于视觉传达，从而制作出优秀的促销广告作品。

左文右图版式布局的促销海报

◆ **文字编排**

背景、产品、文字为海报的三大元素，可见文字对于展现商品特性的重要性。通过对文字进行合理正确的编排，可以对商品、活动服务等信息进行说明、阐释和引导，这样会让信息传递更加准确，页面更加精美。

节日促销海报

8.1.3 常见促销广告类型 重点

淘宝有多种促销活动类型，包括节庆促销、开业出校、例行促销等类型，本小节主要对常见的促销广告进行讲解与分析。

◆ **新店开张促销活动**

新店开张促销广告是非常重要的一种海报，对顾客今后是否光顾有很大的影响，所以应给予重视，在设计上就要做到独树一帜，从背景、文案到产品本身来抓住顾客的眼球，给顾客留下一个好的印象。

新店开业促销海报

◆ **店庆促销**

店庆促销活动的重要性仅次于开业促销，因为每年只有一次店庆。店庆促销除了增长销量以外，更多的是回馈老顾客、吸引新客户，所以，店庆促销广告应该更加吸引眼球。

店庆促销海报

◆ **节日促销活动**

节日促销活动是比较常见的活动类型，一般都是结合节日、典庆而开展的促销活动。例如，春节、国庆节、妇女节、母亲节、中秋节、情人节、圣诞节等。这时的促销活动一方面增加了节日的气氛，另一方面为顾客提供了购买选择。

国庆节促销海报

◆ **秒杀促销**

秒杀促销即"限时抢购"，秒杀促销与此前流行的买家竞相加价的网络竞拍不同，这种类似现实生活中商品抢购的促销方式，由于成交速度快、得失以秒为间隔，因此被戏称为"秒杀促销"。

秒杀促销广告

练习8-1 制作促销广告

难　　度：★★	
素材文件：素材 \ 第 8 章 \ 练习 8-1 背景 1.png、装饰 .png	
效果文件：效果 \ 第 8 章 \8-1 制作促销广告 .psd	
视频文件：视频 \ 第 8 章 \8-1 制作促销广告 .mp4	

01 执行【文件】|【新建】命令，弹出【新建】对话框，依次设置名称、宽度、高度和分辨率等参数，单击【确定】按钮，即可新建文档。

02 执行【文件】|【打开】命令，打开本章中的【素材\第8章\练习8-1背景1.png】图像文件，将打开图像移动至【促销广告】图像窗口中，并隐藏【背景】图层。

03 按快捷键Ctrl+Shift+N，新建【图层2】图层，设置【前景色】的RGB参数分别为76、20、117，按快捷键Alt+Delete填充前景色。按快捷键Ctrl+D取消选中选区，选择【图层2】图层，更改其【混合模式】为【正片叠底】、【不

透明度】为60%，更改图层图像。

04 选择【图层2】图层，按快捷键Ctrl+J，复制图层，并查看图像效果。

05 选择工具箱中的【钢笔工具】，在工具选项栏设置【工具模式】为【形状】，修改【描边】为【无】、【填充】的RGB分别为97、50、162，将指针放在图像上，依次单击鼠标，添加锚点，绘制钢笔形状。

绘制钢笔形状

06 双击【形状1】图层，弹出【图层样式】对话框，勾选【图案叠加】复选框，并设置各参数值，单击【确定】按钮。

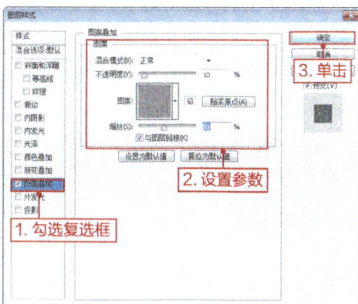

07 为形状添加【图案叠加】图层样式，并查看形状效果。

提示

　　图层样式不能用于【背景】图层。按住 Alt 键双击【背景】图层，将它转换为普通图层，即可为其添加图层样式。

08 选择工具箱中的【钢笔工具】，在工具选项栏设置【工具模式】为【形状】，修改【描边】为【无】、【填充】的RGB分别为241、7、98，将指针放在图像上，依次单击鼠标，添加锚点，绘制钢笔形状。

09 双击【形状2】图层，弹出【图层样式】对话框，勾选【图案叠加】复选框，并设置各参数值，单击【确定】按钮。

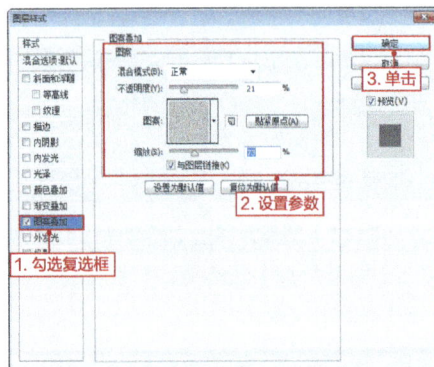

10 为形状添加【图案叠加】图层样式，并查看形状效果。

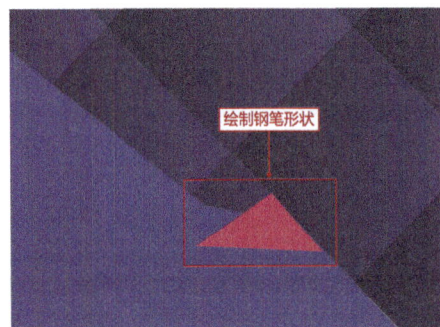

11 选择工具箱中的【钢笔工具】，在工具选项栏设置【工具模式】为【形状】，修改【描边】为【无】、【填充】的RGB分别为53、

26、95，将指针放在图像上，依次单击鼠标，添加锚点，绘制钢笔形状。

12 选择工具箱中的【钢笔工具】，在工具选项栏设置【工具模式】为【形状】，修改【描边】为【无】、【填充】的RGB分别为223、8、168，将指针放在图像上，依次单击鼠标，添加锚点，绘制钢笔形状，并依次调整各锚点的位置。

技巧

如果绘制路径时，锚点偏离了轮廓，可以按住 Ctrl 键切换为【直接选择工具】将锚点拖回到轮廓线上。

13 双击【形状6】图层，弹出【图层样式】对话框，勾选【图案叠加】复选框，并设置各参数值，单击【确定】按钮。

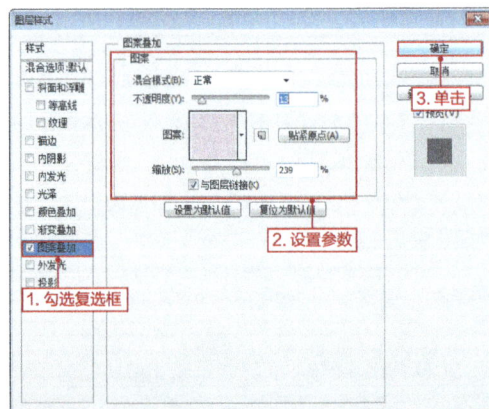

提示

【颜色叠加】、【渐变叠加】和【图案叠加】效果类似于【纯色】、【渐变】和【图案】填充图层，只不过它们是通过【图层样式】进行内容叠加的。

14 为形状添加【图案叠加】图层样式，并查看形状效果。

应用图层样式

15 选择工具箱中的【钢笔工具】 ，在工具选项栏设置【工具模式】为【形状】，修改【描边】为【无】、【填充】的RGB分别为53、26、95，将指针放在图像上，依次单击鼠标，添加锚点，绘制钢笔形状。

绘制钢笔形状

16 执行【文件】|【打开】命令，打开本章中的【素材\第8章\练习8-1装饰.png】图像文件，将打开图像移动至【促销广告】图像窗口中。

17 选择工具箱中的【矩形工具】 ，在工具选项栏设置【工具模式】为【形状】，修改【填充】为【无】、【描边】白色、【描边宽度】为【7.84点】，将指针放在图像上，单击鼠标并拖曳，绘制一个宽为4、高为76的矩形，并旋转矩形。

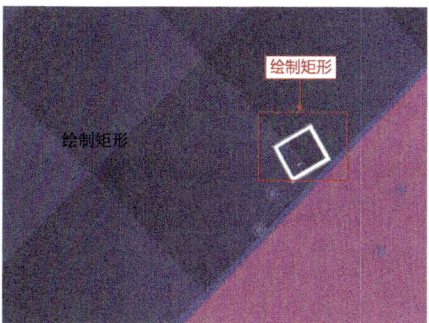
绘制矩形
绘制矩形

18 选择工具箱中的【矩形工具】 ，在工具选项栏设置【工具模式】为【形状】，修改【填充】为【无】、【描边】为【白色】、【描边宽度】为【7.84点】，将指针放在图像上，单击鼠标并拖曳，绘制一个宽为56、高为50的矩形，并旋转矩形形状。

绘制矩形

19 选择工具箱中的【椭圆工具】 ，修改【工具模式】为【形状】，修改【填充】为【无】、【描边】为【白色】、【描边宽度】为【7.84点】，将指针放在图像上，单击鼠标并拖曳，绘制一个宽和高均为60的圆形。

绘制椭圆

20 选择工具箱中的【矩形工具】 ，在工具选项栏设置【工具模式】为【形状】，修改【填充】的RGB分别为248、175、76、【描边】为【无】，将指针放在图像上，单击鼠标并拖曳，绘制一个宽为300、高为105的矩形。

绘制矩形

21 选择工具箱中的【横排文字工具】 ，在图像上创建文本，并在工具选项栏中，修改【字体】为【方正兰亭大黑简体】、【字号】为【58点】、【字体颜色】为【白色】。

大促返场嗨到底
创建文本

22 双击新创建的文本图层，弹出【图层样式】对话框，勾选【投影】复选框，在对应列表框中设置各参数值，单击【确定】按钮。

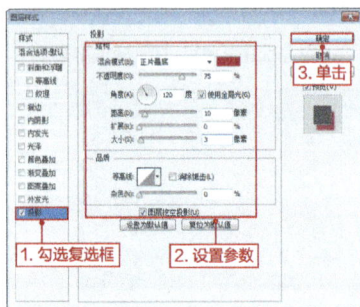

1. 勾选复选框
2. 设置参数
3. 单击

23 为文本添加【投影】图层样式，并查看文本效果。

大促返场嗨到底
应用图层样式

24 选择工具箱中的【横排文字工具】[T]，在图像上创建文本，并在工具选项栏中，修改【字体】为【方正兰亭粗黑简体】、【字号】为【180点】、【字体颜色】为【白色】。

大促返场嗨到底
创建文本
狂欢继续

25 双击新创建的文本图层，弹出【图层样式】对话框，勾选【投影】复选框，在对应列表框中修改参数值，单击【确定】按钮，即可为文本添加【投影】图层样式。

大促返场嗨到底
应用图层样式
狂欢继续

26 选择工具箱中的【横排文字工具】[T]，在图像上创建文本，并在工具选项栏中，修改【字体】为【方正兰亭中黑简体】、【字号】为【30点】、【字体颜色】为【白色】。

大促返场嗨到底
狂欢继续
创建文本　活动时间：06.19-06.21

27 选择工具箱中的【横排文字工具】[T]，在图像上创建文本，并在工具选项栏中，修改【字体】为【方正兰亭大黑简体】、【字号】为【50点】、【字体颜色】为【黑色】。

大促返场嗨到底
狂欢继续
创建文本　活动时间：06.19-06.21　火力全开

28 选择工具箱中的【横排文字工具】[T]，在图像上创建文本，并在工具选项栏中，修改【字体】为【Adobe 黑体 Std】、【字号】为【25点】、【字体颜色】为【黑色】。

大促返场嗨到底
狂欢继续
创建文本　火力全开

8.2 直通车图设计

淘宝直通车是为淘宝卖家量身定做的推广工具，而直通车图是为了推广店铺产品所设计的活动图。本节将详细讲解设计直通车图的具体方法。

8.2.1　直通车存在的意义

淘宝直通车能给店铺中的宝贝及整个店铺带来流量，提高宝贝和店铺的曝光率。直通车存在的意义主要体现在以下几个方面。

- **精准流量：** 宝贝被直通车推广后，只要想来淘宝网买这种宝贝的人就能看到它，这大大提高了宝贝的曝光率，给卖家带来更多的潜在顾客。
- **精准转化：** 只有想买对应推广宝贝的人才能看到，给卖家带来的点击都是有购买意向的点击，带来的顾客都是购买意向明确的买家。
- **有效关联：** 直通车能给卖家整个店铺带来人气，虽然推广的是单个的宝贝，但很多买家进店后会习惯性地浏览其他宝贝，一个点击带来的可能是几个成交，这种整体连锁反应，是直通车推广的优势，久而久之，卖家的店铺人气自然高起来了。
- **高权重：** 直通车属于官方大力支持的付费推广方式，店铺权重会随着店铺账户累积花费的增加而增加，对于提升宝贝关键词排名有极大帮助。
- **精准投放：** 相对于其他推广方式，直通车在展示位上免费展示，买家点击才付费，自由设置日消费限额、投放时间、投放地域，可以根据自己店铺宝贝的购买特点和人群精准投放，有效控制花销，在保证推广效果的同时合理降低卖家成本。

8.2.2　直通车图设计技巧

淘宝直通车推广要吸引浏览者点击，从而引来流量，除了要做好文字的精炼排版之外，必不可少的推广图制作也是很重要的。因此，在制作直通车图时，要清楚掌握直通车图的 8 大设计技巧。

◆要对设计做好定位

通常情况下，淘宝直通车的图片视觉优化比较重要的部分就是商品的首图了，它不但是买家了解该商品的"开始"，也是直通车推广

该商品的唯一"入口"。设计者一般先要根据直通车的投放计划来确定要该商品推广所要投放的位置，这样能够更加方便对该商品的周边商品进行分析，使得在设计上更加突出亮点，吸引买家注意，然后还要确定该商品推广针对的消费人群，通过分析消费人群的喜好、消费能力和生活习惯等因素来确定好设计的风格、颜色及促销的方式等，使设计更容易被买家接受。最后一点也很重要，那就是对商品的包装要好，即使首图只有 310 像素 ×310 像素，但是聪明的卖家同样会利用好，尽量展现商品的主要优势，达到吸引消费者的目的。

◆要将商品的卖点作为重点展现

确定好直通车的推广设计图的定位之后，接着就要想方法设计直通车推广图片了，在设计制作的时候，一定要将商品的卖点重点突出展现出来，同时还要令商品保持清晰度。

◆懂得突出商品与背景的色彩差异

如果一个商品的颜色与背景色相同或者相近的话，是很容易使商品的辨识度降低的，同时也让消费者很难将注意力集中在商品上。

◆要保证好商品的重要位置

在制作直通车推广图的时候，还要结合买家的浏览习惯，一般都是先左后右，先上后下，先图片后文字的。如果调转了，很容易引起消费者浏览不适应。同时，也不要让大量的文字覆盖商品，这样很容易影响到商品展示的完整性。

◆要学会商品展现的准确性

想要买家多留意店铺的产品，那么就要懂得利用产品搭配的方法来吸引买家注意力。在做产品的展示和拍摄的时候，要懂得利用一些产品来进行搭配，但是一定要区分出主次关系，作为主角的产品一定要占到三分之二的图片位置，这样才能让消费者很好地区别商品，避免造成误解。

保持清晰度是作为淘宝直通车推广图片很重要的也是很基本的一点，清晰的图片能够让人感受到这款商品的质感，所以，在做图片的设计时，一定要注意比较暗的图片可用色阶调亮，而模糊的图片也可以适当做下锐化，使其变得更加清晰。

◆要统一整体排版文字

制作直通车推广图的时候，切忌胡乱排版文字，这不仅会显得杂乱不堪，而且很容易引起买家的阅读不适感。直通车图片的设计需要整齐和统一，整齐就是指所有文字都居左或者居右，统一就是指字体、颜色、样式、行距等统一（当然特殊情况也可适当调整），而重点信息可以通过改变字体大小或者颜色来体现主次。

◆要懂得优化文字的信息

直通车图片不但要展示产品的亮点，还要展现其价格，清楚明了地告诉消费者这个商品，同时，也可以适当利用文字放大商品的功能，对消费者产生更大的吸引力。

8.2.3 直通车设计流程 重点

在清楚了直通车图的设计技巧后，可以制作出好的直通车推广图，从而很好地帮助引流，使得花出去的钱更加值得，更加有效果。下面将详细介绍使用直通车设计流程的具体操作步骤。

练习8-2 制作直通车图

难 度：	★★
素材文件：	素材\第8章\练习8-2口红.png、装饰.png等
效果文件：	效果\第8章\8-2制作直通车图.mp4
视频文件：	视频\第8章\8-2制作直通车图.mp4

01 执行【文件】|【新建】命令，弹出【新建】对话框，依次设置【名称】、【宽度】、【高

度】和【分辨率】等参数，单击【确定】按钮，即可新建文档。

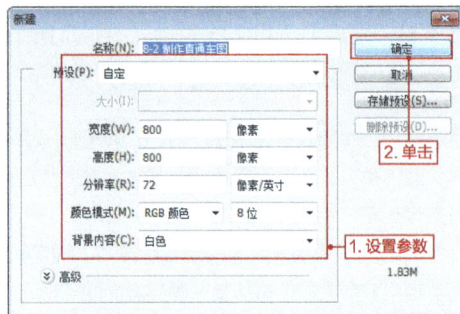

02 按快捷键Ctrl+Shift+N，新建【图层1】图层，选择工具箱中的【矩形选框工具】，将指针放在图像上，单击鼠标并拖曳，绘制一个矩形选区。

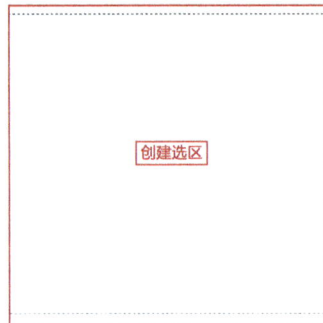

03 设置【前景色】的RGB分别为253、218、226，按快捷键Alt+Delete，为选区内填充前景色。

提示

按快捷键Alt+Delete可填充前景色；按快捷键Ctrl+Delete可填充背景色。

04 执行【文件】|【打开】命令，打开本章中的【素材\第8章\练习8-2装饰.png】图像文件，将打开图像移动至【直通车图】图像窗口中。

添加图像

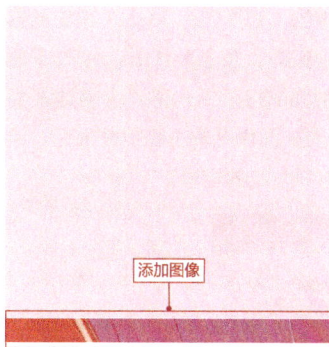

05 执行【文件】|【打开】命令，打开本章中的【素材\第8章\练习8-2人物.png】图像文件，将打开图像移动至【直通车图】图像窗口中。

添加图像

06 选择工具箱中的【钢笔工具】，在工具选项栏设置【工具模式】为【形状】，修改【填充】的RGB分别为249、【描边】为【无】，将指针放在图像上，依次单击鼠标，添加锚点，绘制钢笔形状。

绘制钢笔形状

> **提示**
>
> 使用【钢笔工具】时，按住 Ctrl 键单击路径可以显示锚点，单击锚点则可以选择锚点，按住 Ctrl 键拖动方向点可以调整方向线。

07 执行【文件】|【打开】命令，打开本章中的

【素材\第8章\练习8-2口红.png】图像文件，将打开图像移动至【直通车图】图像窗口中。

移动图像

08 执行【文件】|【打开】命令，打开本章中的【素材\第8章\练习8-2装饰1.png】图像文件，将打开图像移动至【直通车图】图像窗口中。

移动图像

09 选择工具箱中的【矩形工具】，在工具选项栏设置【工具模式】为【形状】，修改【填充】为【黑色】、【描边】为【无】，将指针放在图像上，单击鼠标并拖曳，绘制一个宽为335、高为45的矩形。

绘制矩形

10 选择工具箱中的【横排文字工具】，在图像上创建文本，并在工具选项栏中，修改【字体】为【方正兰亭中黑简体】、【字号】为【32

点】、【字体颜色】为【白色】。

创建文本

11 选择工具箱中的【横排文字工具】T，在图像上创建文本，并在工具选项栏中，修改【字体】为【方正兰亭黑体简体】、【字号】为【40点】、【字体颜色】为【黑色】和RGB分别为243、45、77。

色彩饱满 持久着色
打造丝绸般莹润双唇

创建文本

12 选择工具箱中的【矩形工具】■，在工具选项栏设置【工具模式】为【形状】，修改【填充】的RGB分别为193、7、26、【描边】为【无】，将指针放在图像上单击鼠标并拖曳，绘制一个W为197、H为25的矩形。

色彩饱满 持久着色
打造丝绸般莹润双唇

绘制矩形

13 选择【矩形2】图层，右键单击，打开快捷菜单，选择【创建剪贴蒙版】命令，为图层添加剪贴蒙版，得到最终的图像效果。

色彩饱满 持久着色
打造丝绸般莹润双唇

添加剪贴蒙版

8.3 钻展图设计

钻展图即放置在钻石展位的广告图，其中，钻石展位（简称：钻展）是淘宝网图片类广告位竞价投放平台。通过钻展图可以加大宣传和浏览力度，从而促进购买。本节将详细讲解设计钻展图的具体方法。

8.3.1 钻展图的含义

钻展图的全称是钻石展位图，是淘宝网图片类广告位竞价投放平台，是为淘宝卖家提供的一种营销工具。钻石展位依靠图片创意吸引买家点击，获取巨大流量。钻石展位是按照流量竞价售卖的广告位。计费单位为cpm（每千次浏览单价），按照出价从高到低进行展现。卖家可以根据群体（地域和人群）、访客、兴趣点3个方向设置定向展现。

钻展图具有以下特点。

● **范围广**：覆盖全国80%的网上购物人群，每天超过12亿次展现机会。

- **定向精准：** 目标定向性强，迅速锁定目标人群，广告投其所好，提高订单转化。
- **实时竞价：** 投放计划随时调整，并实时生效参与竞价。

在制作钻展图时，要清楚了解钻展图的推广策略，才能制作出吸引买家的目光，从而增加购买力度。钻展图的推广策略有以下几点。

- **单品推广：** 适合热卖单品，季节性单品；适合想要打造爆款、通过一个爆款单品带动整个店铺的销量的卖家；适合需要长期引流，并不断提高单品页面的转化率的卖家。
- **活动店铺推广：** 适合有一定活动运营能力的成熟店铺；适合需要短时间内大量引流的店铺。
- **品牌推广：** 适合与明确品牌定位和品牌个性的卖家。

8.3.2 钻展图设计要求

在制作钻展图时具有以下要求。

◆ 因地制宜

和直通车不同，钻展的位置众多且尺寸各异。在钻展位置方面，仅投放大类就包括天猫首页、淘宝首页、淘宝旺旺、站外门户、站外社区、无线淘宝等，对应的钻展尺寸更是高达数十种，不同的钻展位置由于针对人群不同，其消费特征和兴趣点也各不同，不同尺寸的钻展位置给了我们不同的设计发挥空间。因此在制作钻展图片时，要根据位置、尺寸等信息调整广告诉求，并采取合适的表达方式，这就是钻展图片的个性化、定制化合差异化特征。

◆ 主题突出

钻展的主图可以是产品图片，也可以是创意方案，还可以是买家诉求的呈现。无论如何，钻展主图的可操作性要比直通车主图更强，这是因为一般钻展的尺寸要相对大一些，且有多种规格可选。在这种情况下，要求主图一定要突出，才能够吸引更多买家的点击。

◆ 目标明确

相对于直通车主图更多针对单品引流，核心实现单品转化的目的而言，钻展投放的目的可能会有很多种，比如，通过钻展引流到聚划算款，通过钻展预热大型活动，通过钻展进行品牌形象宣传，通过钻展上新等。所以，在钻展图片的设计制作中，首先需要卖家明确自己的营销目标，再进行针对性地素材选择和设计，这样点击率才更有保障。

◆ 形式美观

但凡美观的东西总是令人无法抗拒，形式美观的钻展图片，更能获取客户好感进而实现高点击率。在素材相同、创意类似的情况下，钻展图片的美感就成了决胜关键。

8.3.3 钻展图设计流程 重点

在制作钻展图时，需要在排版、配色、字体、标签的使用方面，均符合促销的主题，对于用户有极强的拉动力。

练习8-3 制作钻展图

难 度：★★
素材文件：素材＼第8章＼练习8-3女包.png、花朵.png 等
效果文件：效果＼第8章＼8-3制作钻展图.mp4
视频文件：视频＼第8章＼8-3制作钻展图.mp4

01 执行【文件】|【新建】命令，弹出【新建】对话框，依次设置【名称】、【宽度】、【高度】和【分辨率】等参数，单击【确定】按钮，即可新建文档。

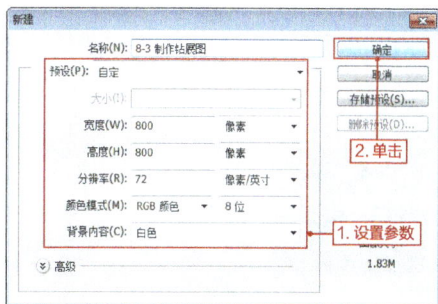

02 在工具箱中单击【前景色】色块，弹出【拾色器（前景色）】对话框，修改RGB参数分别为205、234、249，单击【确定】按钮，设置前景色。按快捷键Alt+Delete填充前景色。

03 执行【文件】|【打开】命令，打开本章中的【素材\第8章\练习8-3女包.png】图像文件，将打开图像移动至【钻展图】图像窗口中。

相关链接

新建文件时，可以设置它的分辨率，相关内容请参阅【3.2.1新建文件】。对于一个现有的文件，则可以使用【图像大小】修改它的分辨率，相关内容请参阅【3.2.4修改图片大小】。

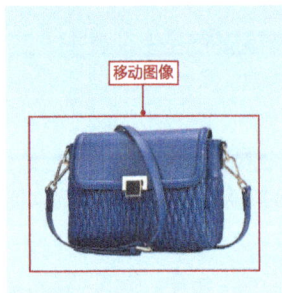

移动图像

04 执行【文件】|【打开】命令，打开本章中的【素材\第8章\练习8-3花朵.png】图像文件，将打开图像移动至【钻展图】图像窗口中。

移动图像

05 选择工具箱中的【矩形工具】，在工具选项栏设置【工具模式】为【形状】，修改【填充】为【无】、【描边】为【白色】、【描边宽度】为【20点】，将指针放在图像上，单击鼠标并拖曳，绘制一个宽和高均为719的矩形。

绘制矩形

06 双击【矩形1】图层，弹出【图层样式】对话框，勾选【投影】复选框，并在对应列表框中，设置各参数值，单击【确定】按钮。

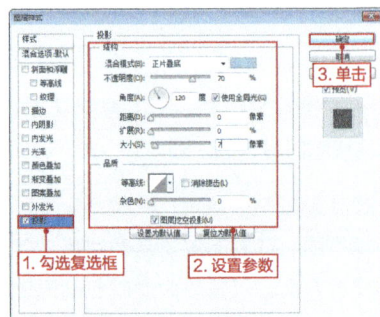

3.单击

1.勾选复选框   2.设置参数

07 为矩形添加【投影】图层样式，并查看形状效果。

08 选择工具箱中的【矩形工具】，在工具选项栏设置【工具模式】为【形状】，修改【填充】为【无】、【描边】为【白色】、【描边宽度】为【6点】，将指针放在图像上，单击鼠标并拖曳，绘制一个宽和高均为652的矩形。

绘制矩形

09 双击【矩形2】图层，弹出【图层样式】对话框，勾选【投影】复选框，并在对应列表框中，设置各参数值，单击【确定】按钮。

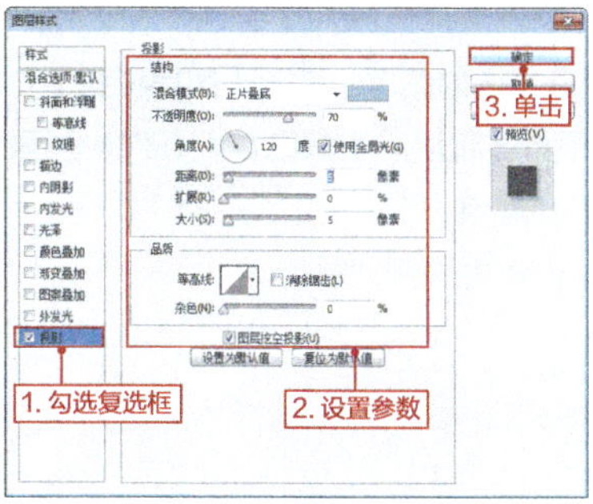

1. 勾选复选框　　2. 设置参数　　3. 单击

10 为矩形添加【投影】图层样式，并查看形状效果。

11 执行【文件】|【打开】命令，打开本章中的【素材\第8章\练习8-3树叶.png】图像文件，将打开图像移动至【钻展图】图像窗口中。

移动图像

12 选择工具箱中的【自定形状工具】，在工具选项栏设置【工具模式】为【形状】、在【形状】列表框中选择【云朵】形状，修改【描边】为【无】、【填充】的RGB分别为235、238、227，将指针放在图像上，单击鼠标并拖曳，绘制云朵形状。

绘制云朵

13 选择云朵形状，按快捷键Ctrl+J，复制形状，将复制后形状移动至合适位置。

复制云朵

14 选择工具箱中的【自定形状工具】，在工具选项栏中设置【工具模式】为【形状】、在【形状】列表框中选择【云朵】形状，修改【描边】为【无】、【填充】的RGB分别为206、223、232，将指针放在图像上，单击鼠标并拖曳，绘制云朵形状。

修改云朵

15 选择新绘制的云朵形状，按快捷键Ctrl+J，复制形状，将复制后的形状移动至合适位置。

复制云朵

16 执行【文件】|【打开】命令，打开本章中的【素材\第8章\练习8-3小鸟.png】图像文件，将打开图像移动至【钻展图】图像窗口中。

添加素材

17 选择工具箱中的【矩形工具】■，在工具选项栏中设置【工具模式】为【形状】，修改【描边】为【无】、【填充】的RGB分别为100、172、253，将指针放在图像上，单击鼠标并拖曳，绘制一个宽为589、高为43的矩形。

绘制矩形

18 选择工具箱中的【横排文字工具】T，在图像上创建文本，并在工具选项栏中，修改【字体】为【Adobe 黑体 Std】、【字号】为【30点】、【字体颜色】为【白色】。

创建文本

COLOR/绚彩生活韩版休闲女士小方包

19 选择工具箱中的【横排文字工具】T，在图像上创建文本，并在工具选项栏中，修改【字体】为【迷你简准圆】、【字号】为【110点】、【字体颜色】的RGB参数分别为100、173、255。

创建文本

焕新一夏

COLOR/绚彩生活韩版休闲女士小方包

20 双击新创建文本的图层，弹出【图层样式】对话框，勾选【斜面和浮雕】复选框，在对应列表框中，设置各参数值。

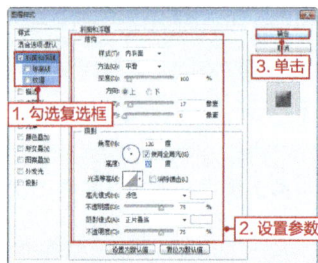

3.单击
1.勾选复选框
2.设置参数

21 勾选【描边】复选框，在对应列表框中，设置各参数值。

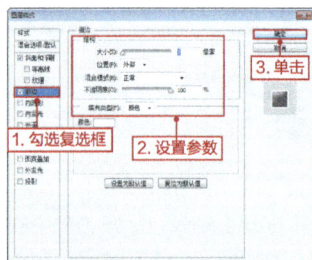

3.单击
1.勾选复选框
2.设置参数

22 勾选【投影】复选框，在对应列表框中，设置各参数值，单击【确定】按钮。

提示

　　使用【自定义形状工具】可以创建Photoshop预设的形状、自定义的形状或者外部提供的形状。选择该工具后，需要单击工具选项栏中的按钮，在打开的形状面板中选择一种形状，单击并拖动鼠标即可绘制形状。如果要保持形状的比例，可以按住Shift键绘制图形。

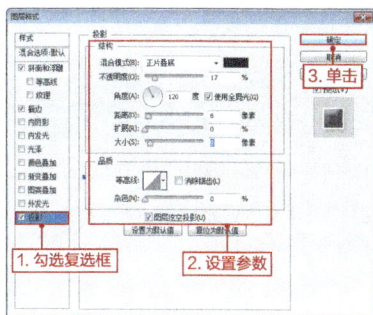

23 为文本添加图层样式，得到最终的图像效果。

添加图层样式

焕新一夏

COLOR/炫彩生活韩丽休闲女士小方包

8.4 聚划算图设计

淘宝聚划算是团购的一种形式，由淘宝网官方开发平台，并由淘宝官方组织的一种线上团购活动形式。在使用聚划算活动时，不仅需要清楚了解聚划算的基础知识，还需要设计出聚划算图，才能吸引顾客的目光。

8.4.1 聚划算的定义

聚划算中的"聚"是指团购，"划算"是指商品物美价廉，让顾客真正体验到聚划算平台上产品的划算。聚划算秉承"精挑细选、极致性价比、真相决定品质"的核心价值主张，正在快速发展，无论是日交易金额、成交单数还是参与人数均有较好的成绩。

聚划算更是凭借淘宝网海量丰富商品，整齐的品牌阵线，每天发起面向 2 亿用户的品质团购，从而成为亚洲最大购物网站，也是淘宝覆盖全站的团购平台。

8.4.2 聚划算活动规则

在参与聚划算活动时，要清楚了解聚划算活动的以下规则。

◆ 活动上线前

活动上线前有以下三大规则。

- 所有确定上线的卖家需在店铺首页挂上聚划算的标志图片，从确定上线开始后悬挂一个月。
- 宝贝详情页面需要让商家提前做好页面装修和

编辑，尤其是确定重要团购信息的准确性，一旦上线，页面将不能做任何修改。

- 保证金需上线前3天内充值到支付宝账户，以便工作人员冻结，延期将不能上线。

◆ 活动上线中

活动上线中有以下三大规则。

- 活动进行中时，参加活动的宝贝链接，不允许自行下线，需要保持咨询旺旺在线。
- 活动上线后不允许修改宝贝描述信息，包括团购库存，不允许更换商品。
- 活动进行中需要杜绝一切对聚划算活动不利将造成负面影响的行为。

◆ 活动下线后

活动下线后有以下三大规则。

- 活动下线后需要按店铺活动及时给予买家发货和相应优质服务。
- 店铺活动参加聚划算活动后一个月内，不得以聚划算团购活动价格或接近该价格进行销售。
- 若由于聚划算活动商品产生投诉的店铺，将视情节对店铺进行违规处理，情节严重的，则将取消开店资格。

8.4.3 聚划算图设计流程

在清楚了聚划算的定义和活动规则后，还需要掌握聚划算图的设计流程。下面将详细介绍使用聚划算图设计流程的具体操作步骤。

练习8-4 制作聚划算图

难　　度：	★★
素材文件：	素材\第8章\练习8-4 椅子.png
效果文件：	效果\第8章\8-4 制作聚划算图.mp4
视频文件：	视频\第8章\8-4 制作聚划算图.mp4

01 执行【文件】|【新建】命令，弹出【新建】对话框，依次设置【名称】、【宽度】、【高度】和【分辨率】等参数，单击【确定】按钮，即可新建文档。

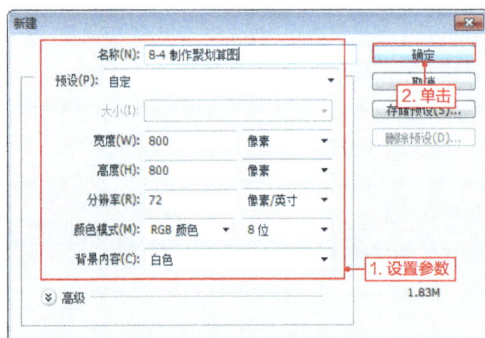

02 在工具箱中单击【前景色】色块，弹出【拾色器（前景色）】对话框，设置RGB参数分别为242、229、27，单击【确定】按钮，即可完成前景色设置。

03 按快捷键Alt+Delete，为【背景】图层填充前景色。

04 选择工具箱中的【钢笔工具】，在工具选项栏中设置【工具模式】为【形状】，修改【描边】为【无】、【填充】的RGB参数分别为122、5、170，将指针放在图像上，依次单击鼠标添加锚点，绘制一个钢笔形状。

绘制钢笔形状

05 选择工具箱中的【钢笔工具】，在工具选项栏中设置【工具模式】为【形状】，修改【描边】为【无】、【填充】的RGB参数分别为140、7、194，将指针放在图像上，依次单击鼠标添加锚点，绘制一个钢笔形状。

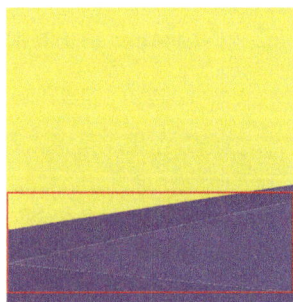

绘制钢笔形状

提示

使用【直接选择工具】时，按住 Ctrl 键可以切换为【转换点工具】，单击并拖动锚点可将其转换为平滑点；按住快捷键 Ctrl+Alt，单击平滑点可将其转换为角点。

06 选择工具箱中的【矩形工具】 ，在工具选项栏中设置【工具模式】为【形状】，修改【描边】为【无】、【填充】的RGB参数分别为204、7、7，将指针放在图像上，依次单击鼠标并拖曳，绘制一个宽为224、高为116的矩形。

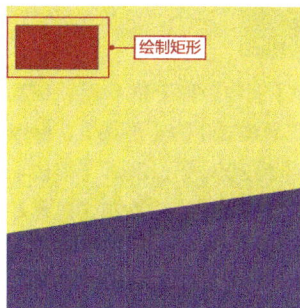

绘制矩形

07 选择工具箱中的【矩形工具】 ，在工具选项栏中设置【工具模式】为【形状】，修改【描边】为【无】、【填充】的RGB参数分别为122、5、170，将指针放在图像上，依次单击鼠标并拖曳，绘制一个宽为200、高为170的矩形。

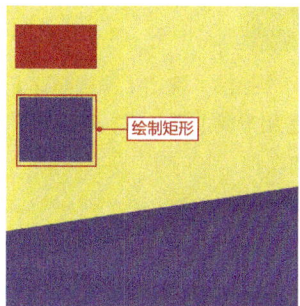

绘制矩形

08 选择工具箱中的【添加锚点工具】 ，在矩形下方的中心点上添加锚点，并将添加的锚点移动至下方合适的位置，选择工具箱中的【转换点工具】 ，将曲线锚点转换为直角点。

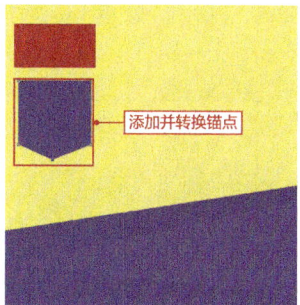

添加并转换锚点

09 双击【矩形2】图层，弹出【图层样式】对话

框，勾选【描边】复选框，在对应列表框中设置各参数值。

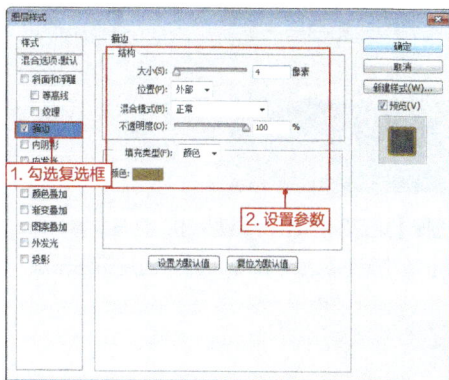

1. 勾选复选框
2. 设置参数

10 勾选【投影】复选框，在对应列表框中修改各参数值，单击【确定】按钮。

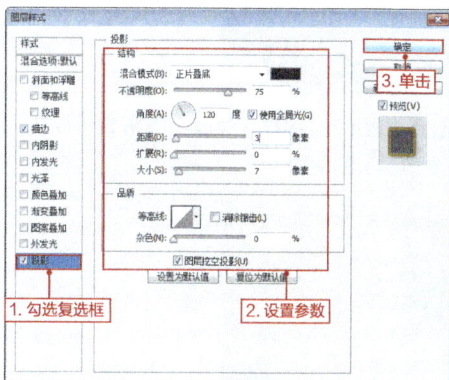

3. 单击
1. 勾选复选框
2. 设置参数

11 为选择的形状添加图层样式，并查看图像效果。

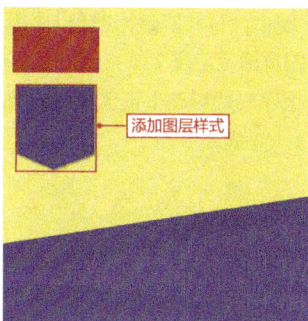

添加图层样式

12 选择工具箱中的【矩形工具】 ，在工具选项栏中设置【工具模式】为【形状】，修改【填充】为【白色】、【描边】为【无】，将指针放在图像上，依次单击鼠标并拖曳，绘制一个宽为121、高为217的矩形。

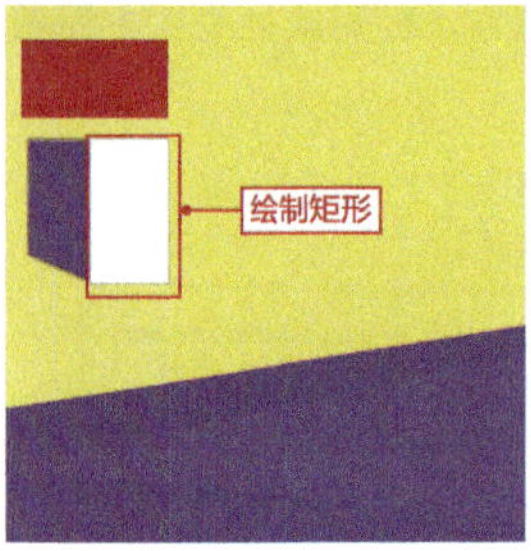

绘制矩形

13 选择【矩形3】图层，右键单击，打开快捷菜单，选择【创建剪贴蒙版】命令，即可创建剪贴蒙版。

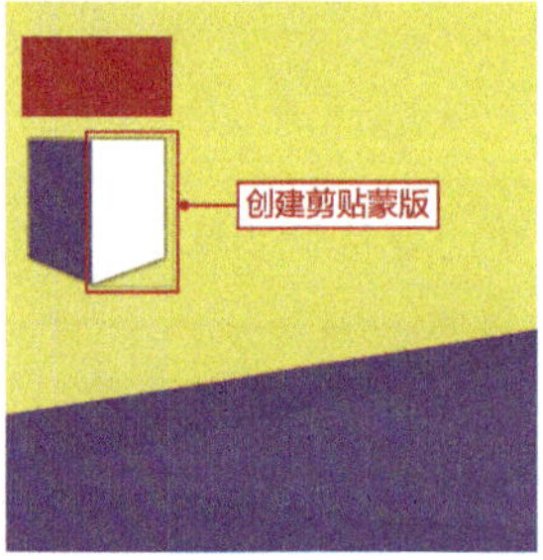

创建剪贴蒙版

14 选择【矩形3】图层，修改【填充】为17%，即可更改图层的填充效果。

更改填充效果

15 按快捷键Ctrl+Shift+N，新建【图层1】图层，选择工具箱中的【画笔工具】，在工具选项栏中，选择【干边深描油彩笔】画笔样式，修改【画笔大小】为【132像素】。

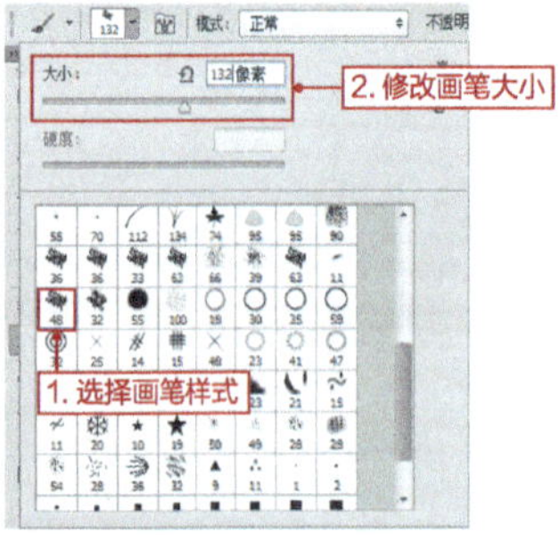

2.修改画笔大小

1.选择画笔样式

16 设置前景色RGB分别为140、7、194，将指针放在图像上，单击鼠标并拖曳，绘制油彩笔图像。

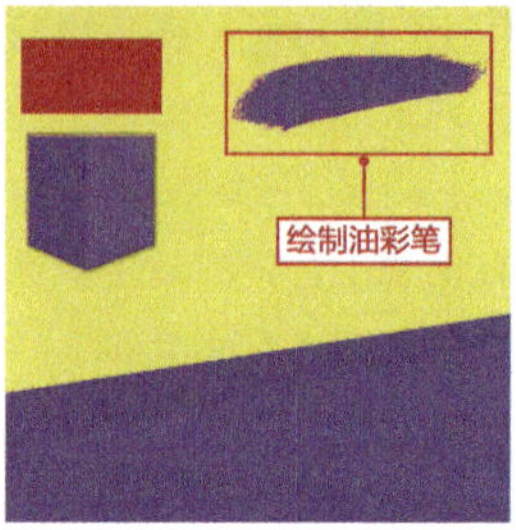

绘制油彩笔

17 选择工具箱中的【圆角矩形工具】，在工具选项栏中设置【工具模式】为【形状】，修改【填充】的RGB分别为209、6、29、【描边】为【无】，将指针放在图像上，依次单击鼠标并拖曳，绘制一个宽为224、高为54、【半径】为20的圆角矩形。

绘制圆角矩形

18 双击【圆角矩形1】图层，弹出【图层样式】对话框，勾选【斜面和浮雕】复选框，在对应列表框中修改各参数值。

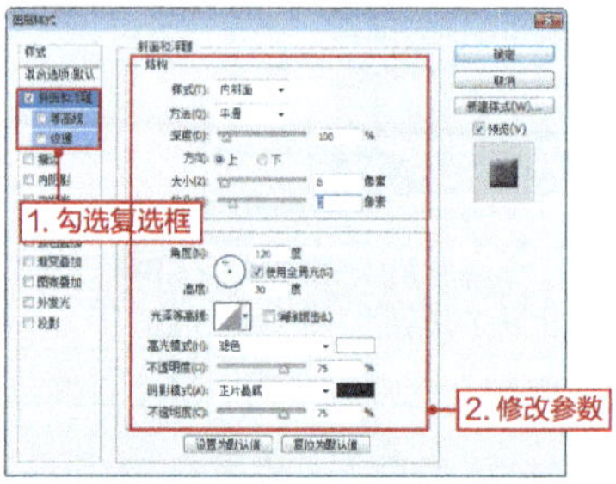

1.勾选复选框

2.修改参数

19 勾选【光泽】复选框，在对应列表框中设置各参数值。

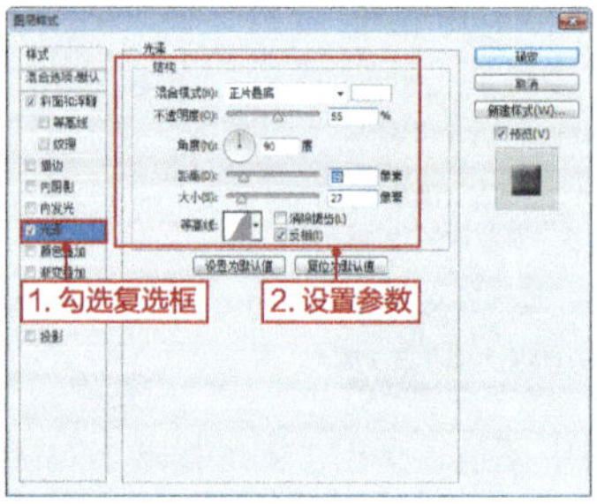

1.勾选复选框

2.设置参数

20 勾选【投影】复选框，在对应列表框中设置各参数值，单击【确定】按钮。

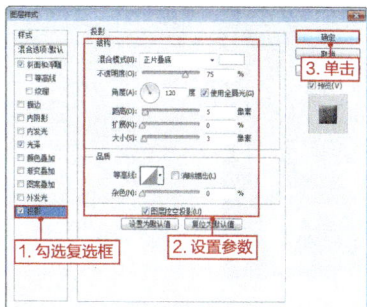

1.勾选复选框　　2.设置参数

21 为圆角矩形添加图层样式，并查看图像效果。

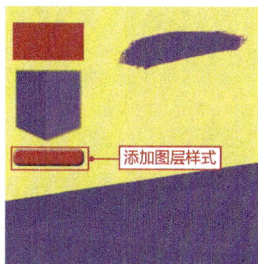

添加图层样式

22 选择圆角矩形，按两次快捷键Ctrl+J，复制圆角矩形，并将复制后的圆角矩形移动至合适的位置，并调整圆角矩形的填充颜色。

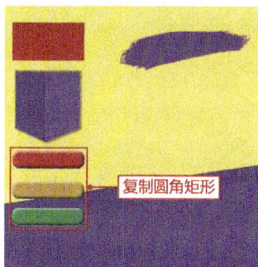

复制圆角矩形

23 执行【文件】|【打开】命令，打开本章中的【素材\第8章\练习8-4椅子.png】图像文件，将打开的图像移动至【聚划算图】图像窗口中。

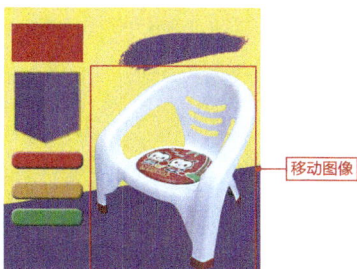

移动图像

24 选择工具箱中的【横排文字工具】，在图像上创建文本，并在工具选项栏中，修改【字体】为【方正正大黑简体】、【字号】为50点、【字体颜色】为【白色】、【字符间距】为【75】。

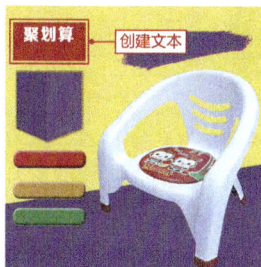

创建文本

25 选择工具箱中的【横排文字工具】，在图像上创建文本，在工具选项栏中修改【字体】为【方正正大黑简体】、【字号】为【15点】、【字体颜色】为【白色】。

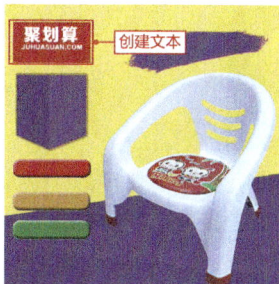

创建文本

26 选择工具箱中的【横排文字工具】，在图像上创建文本，在工具选项栏中修改【字体】为【微软雅黑】、【字号】为【20点】、【字体颜色】为【白色】、【字符间距】为【500】。

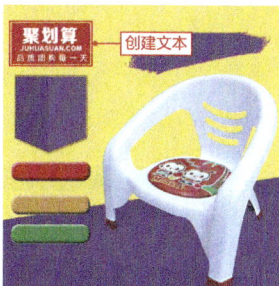

创建文本

27 选择工具箱中的【横排文字工具】，在图像上创建文本，在工具选项栏中修改【字体】为【方正正大黑简体】、【字号】为【40点】、【字体颜色】为【白色】、【字符间距】为【100】。

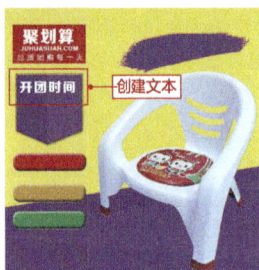

28 选择工具箱中的【横排文字工具】 T ，在图像上创建文本，在工具选项栏中修改【字体】为【方正兰亭粗黑简体】、【字号】为【55点】和【38点】、【字体颜色】为【白色】、【字符间距】为【72】。

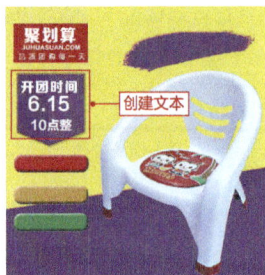

29 选择工具箱中的【横排文字工具】 T ，在图像上创建多个文本，在工具选项栏中修改【字体】为【方正兰亭黑体简体】、【字号】为【42点】、【字体颜色】为【白色】。

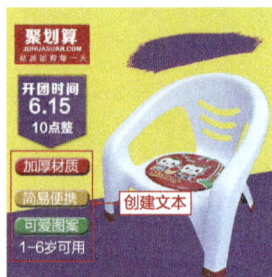

30 选择工具箱中的【横排文字工具】 T ，在图像上创建多个文本，在工具选项栏中修改【字体】为【微软雅黑】、【字号】为【48点】和【72点】、【字体颜色】为【白色】，并旋转文本，得到最终的图像效果。

(8.5) 知识拓展

　　本章详细介绍了使用 Photoshop CS6 软件设计促销广告、直通车图、钻展图及聚划算图的方法，并搭配理论基础知识讲解，让读者快速上手。在本章中制作直通车图、钻展图和聚划算图后，可以在店铺页面装修时，通过添加【自定义区】模块将制作好的活动图上传到店铺页面中。

　　在店铺装修页面中，添加【自定义区】模块，单击模块中的【编辑】按钮，在弹出的【自定义内容区】对话框中上传已制作好的活动图即可。

本章为读者安排了促销广告设计的拓展练习，以帮助大家巩固本章内容。

难　　度：	★ ★ ★
素材文件：	素材 \ 第 8 章 \ 习题 1 彩带 .png
效果文件：	效果 \ 第 8 章 \ 习题 1.psd
视频文件：	视频 \ 第 8 章 \ 习题 1.mp4

根据本章所学知识制作出下图所示的促销广告效果。

本章为读者安排了主图设计的拓展练习，以帮助大家巩固本章内容。

难　　度：	★ ★ ★
素材文件：	素材 \ 第 8 章 \ 习题 2 背景 .jpg、天空 .jpg、绿色植物 .png、养身品 .png
效果文件：	效果 \ 第 8 章 \ 习题 2.psd
视频文件：	视频 \ 第 8 章 \ 习题 2.mp4

根据本章所学知识制作出下图所示的主图效果。

本章为读者安排了直通车设计的拓展练习，以帮助大家巩固本章内容。

难　　度：	★ ★ ★
素材文件：	素材 \ 第 8 章 \ 习题 3 保温杯 .png、丝带 .png
效果文件：	效果 \ 第 8 章 \ 习题 3.psd
视频文件：	视频 \ 第 8 章 \ 习题 3.mp4

根据本章所学知识制作出下图所示的直通车图效果。

第 9 章

手机淘宝视觉设计

手机在日常生活中有着无法取代的地位，随着手机的迅速发展，手机购物越来越普遍。这使卖家也纷纷意识到手机网店的重要性，一个好的手机网店，带来的产品销售量不可小觑。本章将详细讲解手机端网店的特点、首页、详情页和其他页面设计的方法。

本章重点

手机淘宝 | 手机淘宝首页装修

手机淘宝详情页装修 | 手机店铺其他装修

扫二维码观看本章
案例操作演示视频

由于手机屏幕的特征及手机界面的要求，手机淘宝的视觉设计与 PC 端（电脑端）淘宝有着很大的区别，下面将对手机淘宝的基础知识进行详细介绍。

9.1.1 手机端与PC端的区别

手机端与 PC 端有 5 大不同，下面分别进行介绍。

◆ **尺寸的不同**

手机屏幕的大小制约着手机淘宝装修的尺寸，尺寸不合适会造成界面混乱、浏览效果不佳的问题。

◆ **布局的不同**

手机端网店受大众需求的影响更大，要做到快时间预览，快速阅读，操作方便，消费者碎片化消费，这就决定了布局要简洁、明了，摒弃不必要过多的装饰。

◆ **详情的不同**

PC 端会通过较多的文字说明产品的卖点，店铺促销和优惠等信息，但手机端店铺的详情页则要使用简洁的文字和适当的图片信息阐述详情。

◆ **分类的不同**

分类结构要明确，模块划分清晰，体现少而精的特点，最好以图片突出体现为主。

◆ **颜色不同**

很多 PC 端会用深色系体现店铺风格和高大上的品质等，而手机端则由于浏览面积小，视觉受限，因此店铺颜色要鲜亮，才能使消费者有愉悦感。

9.1.2 手机店铺装修要点

促销广告在店铺首页占据大面积的位置，在设计灵活度上比较大，那么在进行广告设计时，应该要清楚地知道广告需要表达的主题、遵循的设计准则。

"人靠衣装，佛靠金装。"淘宝店铺装修可以让我们的店铺更加美观和个性，为买家留下强烈的第一印象。那在手机淘宝店铺装修时，要注意以下几个装修要点。

◆ **结构要符合浏览习惯**

手机淘宝店铺装修时，要注意图片和文字的比例。因为在手机端的分辨率差异，使得用户的浏览习惯与 PC 端有所不同。要保证手机店铺的浏览体验，在淘宝店铺装修中的图片大小要控制在 620 像素～ 960 像素之间，这样在手机端的图片效果呈现就比较良好。此外文字要尽量精简，具有引导性，提高买家访问深度。同时，减少跳失率不能完全靠店铺文案来实现，基本功才是关键，要做好服务和产品，才能吸引买家购买。

◆ **店铺配色不能超过3种**

在进行淘宝店铺装修时，良好的配色方案可以使店铺的视觉效果整洁清晰，反之就会显得杂乱不堪。淘宝店铺装修的配色原则是色彩不超过 3 种，一个主色调，一个辅色加上一个强调色。可以借用淘宝店铺宣传海报设计中的配色原则，即【7：5：2】，3 种颜色的占比按照这个比例设置，基本上可以保证主要内容的突出强调和整体的美观舒适。

手机淘宝店铺装修针对手机店铺页面进行相关的美化，不管是使用模板还是自行设计装修样式，都可以提高店铺视觉效果。同时手机淘宝还要注意结合用户的浏览习惯来进行设计，页面不宜过长，图片也不能太大。

9.2 手机淘宝首页装修

手机淘宝店铺首页与PC端首页装修不同，本节将详细讲解手机淘宝首页装修的具体方法。

9.2.1 首页装修技巧

与PC端从左到右的浏览习惯不一样，手机端的屏幕较小，浏览习惯一般是从上到下。如果都是双列产品，或者用双列图片展示产品，用户的兴趣度和体验趣味性就会大大降低。因此，利用无线装修，可以巧用各种大模块的组合，如焦点图和左文右图及多图等模块，可以使手机网店的首页显得更有趣味性。

9.2.2 店招 重点

手机端网店中的店招规格尺寸是640像素×200像素，下面将介绍其具体的操作步骤。

练习9-1 制作店招

难 度：★★
素材文件：素材＼第9章＼9-1背景.png、大雁.png
效果文件：效果＼第9章＼9-1制作店招.psd
视频文件：视频＼第9章＼9-1制作店招.mp4

01 执行【文件】|【新建】命令，弹出【新建】对话框，依次设置【名称】、【宽度】、【高度】和【分辨率】等参数，单击【确定】按钮，即可新建文档。

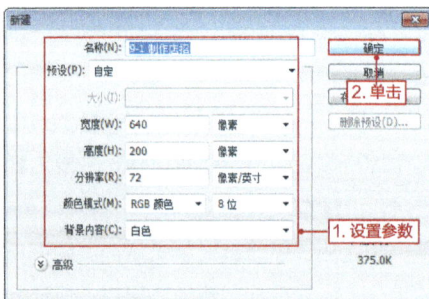

02 执行【文件】|【置入】命令，置入本章中的【素材\第9章\练习9-1背景.png】图像文件，并调整置入后图像的大小。

03 执行【文件】|【置入】命令，置入本章中的【素材\第9章\练习9-1大雁.png】图像文件。

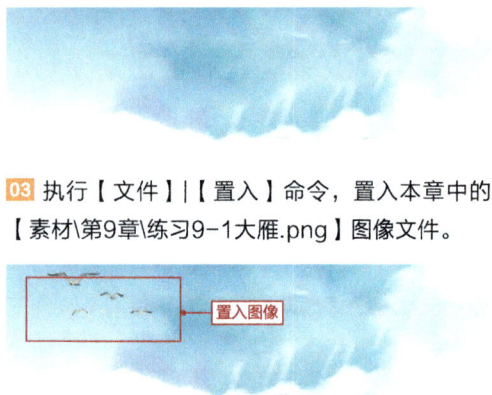

04 单击工具箱中的【前景色】色块，弹出【拾色器（前景色）】对话框，设置RGB参数分别为1、132、175，单击【确定】按钮。

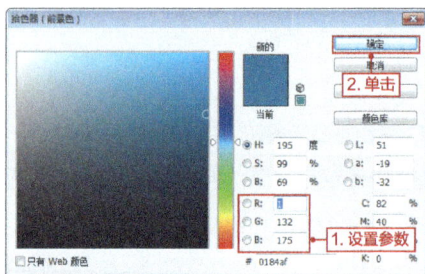

05 按快捷键Ctrl+Shift+N，新建【图层1】图层，选择工具箱中的【画笔工具】，在工具选项栏中选择【大油彩蜡笔】画笔样式，修改【画笔大小】为【96像素】。

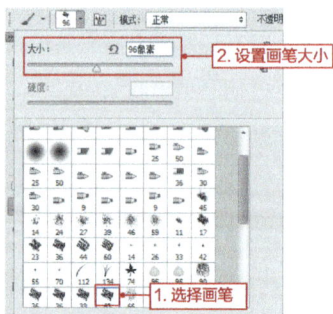

06 将指针放在图像上，依次单击鼠标并拖曳，涂抹图像。

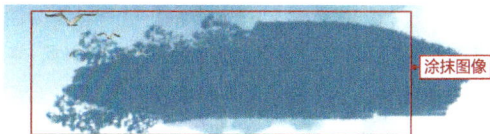

涂抹图像

07 选择工具箱中的【横排文字工具】 T，在图像上创建文本，并在工具选项栏中，修改【字体】为【造字工房尚雅体】、【字号】为【48点】、【72点】和【61点】、【字体颜色】为【白色】和RGB分别为250、247、4。

创建文本

08 选择工具箱中的【横排文字工具】 T，在图像上创建文本，并在工具选项栏中，修改【字体】为【微软雅黑】、【字号】为【18点】、【字体颜色】的RGB分别为1、132、175。

创建文本　特价优惠全场5折起

提示

　　在 Photoshop 中，绘画与绘图是两个截然不同的概念，绘画时绘制和编辑基于像素的位图图像，而绘图则是使用矢量工具创建和编辑矢量图形。

9.2.3　焦点图 （重点）

　　在制作手机端焦点图时，焦点图模块的图片至多可以放置 4 个，至少 1 个，图片类型为 jpg、png 等格式。买家在制作时可以尝试用来展示店铺优惠活动促销内容或主推产品等。

练习9-2　制作焦点图

难　　度：★★

素材文件：素材 \ 第 9 章 \ 练习 9-2 树叶 .png、装饰 .png 等

效果文件：效果 \ 第 9 章 \9-2 制作焦点图 .mp4

视频文件：视频 \ 第 9 章 \9-2 制作焦点图 .mp4

01 执行【文件】|【新建】命令，弹出【新建】对话框，依次设置【名称】、【宽度】、【高度】和【分辨率】等参数，单击【确定】按钮，即可新建文档。

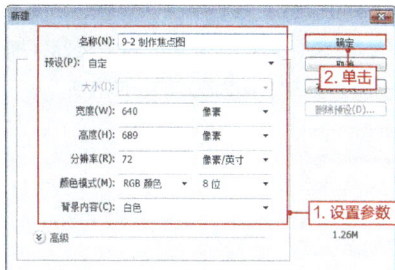

1. 设置参数
2. 单击

02 设置【前景色】的RGB分别为255、161、180，按快捷键Alt+Delete，为【背景】图层填充前景色。

03 选择工具箱中的【矩形工具】 ▢，在工具选项栏中设置【工具模式】为【形状】，修改【填充】为【白色】、【描边】的RGB分别为253、100、131，修改【描边宽度】为10点，将指针放在图像上，单击鼠标并拖曳，绘制一个宽为587、高为667的矩形形状。

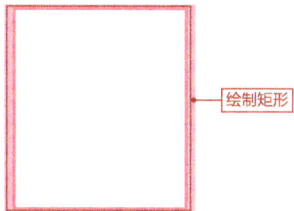

绘制矩形

04 选择【矩形1】图层，修改【不透明度】为43%，即可更改图像的不透明度。

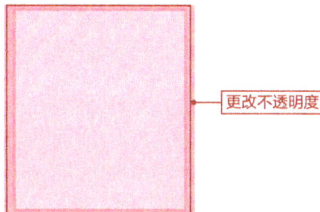

更改不透明度

179

05 选择工具箱中的【自定形状工具】 🔧，在工具选项栏中设置【工具模式】为【形状】，在【形状】下拉列表框中选择【红心形卡】形状，修改【填充】为【无】、【描边】的RGB参数分别为255、154、191，修改【描边宽度】为【4点】、【描边线型】为【虚线】，将指针放在图像上，单击鼠标并拖曳，绘制一个宽为570、高为500的心形形状。

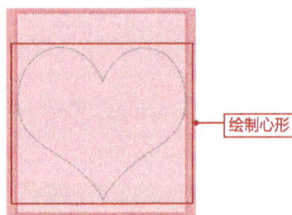

绘制心形

06 选择【形状1】图层，修改【不透明度】为50%，即可更改图像的不透明度。

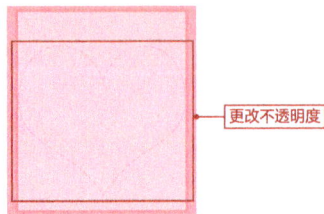

更改不透明度

07 执行【文件】|【打开】命令，打开本章中的【素材\第9章\练习9-2树叶.png】图像文件，将打开图像移动至【焦点图】图像窗口中，并调整图层的顺序。

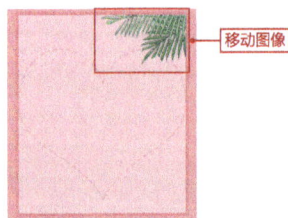

移动图像

08 执行【文件】|【打开】命令，打开本章中的【素材\第9章\练习9-2装饰.png】图像文件，将打开图像移动至【焦点图】图像窗口中。

移动图像

09 执行【文件】|【打开】命令，打开本章中的【素材\第9章\练习9-2童装.png】图像文件，将打开图像移动至【焦点图】图像窗口中。

移动图像

10 双击该图层，在弹出【图层样式】对话框中勾选【投影】复选框，在对应列表框中设置参数值，人物添加投影效果。

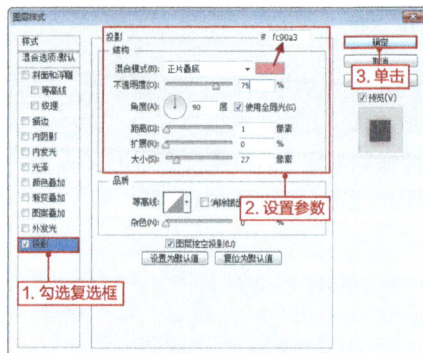

3. 单击
2. 设置参数
1. 勾选复选框

11 单击【确定】按钮可查看添加图层样式后的图像效果。

添加模糊滤镜

12 选择工具箱中的【矩形工具】 🔲，在工具选项栏中设置【工具模式】为【形状】，修改【填充】为【白色】、【描边】为【无】，将指针放在图像上，单击鼠标并拖曳，绘制一个宽为569、高为194的矩形形状。

绘制矩形

13 修改【矩形2】图层的【不透明度】为60%，更改图像的不透明度。

更改不透明度

14 选择工具箱中的【矩形工具】▢，在工具选项栏中设置【工具模式】为【形状】，修改【填充】的RGB分别为253、100、131，【描边】为【无】，将指针放在图像上，单击鼠标并拖曳，绘制一个宽为478、高为2的矩形形状。

绘制矩形

15 选择工具箱中的【矩形工具】▢，在工具选项栏中设置【工具模式】为【形状】，修改【填充】的RGB分别为253、100、131，【描边】为【无】，将指针放在图像上，单击鼠标并拖曳，绘制一个宽为2、高为116的矩形形状。

绘制矩形

16 选择工具箱中的【圆角矩形工具】▢，在工具选项栏中设置【工具模式】为【形状】，修改【填充】的RGB分别为253、100、131，【描边】为【无】，将指针放在图像上单击鼠标并拖曳，绘制一个宽为389、高为55、半径为【20像素】的圆角矩形形状。

绘制圆角矩形

17 选择工具箱中的【横排文字工具】T，在图像上创建文本，并在工具选项栏中，修改【字体】为【方正兰亭黑体简体】、【字号】为【33点】、【字体颜色】为【白色】、【消除锯齿】方式为【犀利】。

创建文本

童装上新活动秒杀

18 选择工具箱中的【横排文字工具】T，在图像上创建文本，并在工具选项栏中，修改【字体】为【方正粗圆简体】、【字号】为【73点】、【字体颜色】的RGB分别为250、91、123，并加粗文本。

技巧

　　使用【直线工具】绘制直线时，按住Shift键锁定水平、垂直或以45°角为增量进项绘制。

创建文本

我是洋气宝宝

童装上新活动秒杀

19 双击新创建的文本图层，弹出【图层样式】对话框，勾选【斜面和浮雕】复选框，在对应列表框中，设置各参数值，单击【确定】按钮。

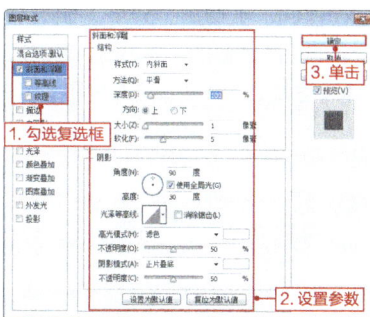

1.勾选复选框

2.设置参数

3.单击

20 为文本添加【斜面和浮雕】图层样式，并查看图像效果。

添加图层样式

我是洋气宝宝

【童装上新活动秒杀】

21 选择工具箱中的【自定形状工具】 ，在工具选项栏中设置【工具模式】为【形状】，在【形状】下拉列表框中选择【云彩1】形状，修改【描边】为【无】、【描边】的RGB参数分别为253、100、131，将指针放在图像上，单击鼠标并拖曳，绘制一个宽为690、高为300的云彩形状。

绘制云彩

22 选择工具箱中的【直接选择工具】 和【移动工具】 ，依次调整云彩形状的位置和锚点位置，完成云彩形状的调整。

我是洋气宝宝
调整形状

23 选择【形状2】图层，按快捷键Ctrl+J，复制图层，并双击【形状2】图层，弹出【图层样式】对话框，勾选【颜色叠加】复选框，在对应列表框中设置各参数值，单击【确定】按钮。

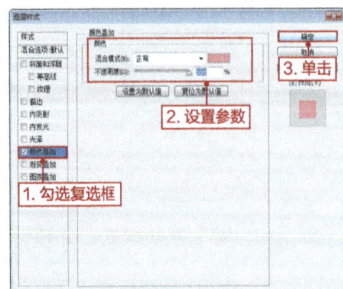
3.单击
2.设置参数
1.勾选复选框

24 为形状添加图层样式，并调整图层的顺序和形状的位置，选择工具箱中的【直接选择工具】 ，依次调整相应的锚点位置，得到最终的图像效果。

我是洋气宝宝
【童装上新活动秒杀】
调整锚点位置

9.2.4 优惠券 重点

优惠券可降低产品的价格，是一种常见的消费者营业推广工具，在手机首页装修中占主导位置。下面将详细讲解制作优惠券的具体操作步骤。

练习9-3 制作优惠券

难　度：	★ ★
素材文件：无	
效果文件：效果 \ 第 9 章 \9-3 制作优惠券 .psd	
视频文件：视频 \ 第 9 章 \9-3 制作优惠券 .mp4	

01 执行【文件】|【新建】命令，弹出【新建】对话框，依次设置【名称】、【宽度】、【高度】和【分辨率】等参数，单击【确定】按钮，即可新建文档。

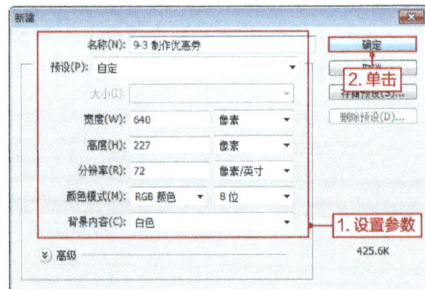
名称(N): 9-3 制作优惠券
预设(P): 自定
大小(I):
宽度(W): 640　像素
高度(H): 227　像素
分辨率(R): 72　像素/英寸
颜色模式(M): RGB 颜色　8 位
背景内容(C): 白色
425.6K
2.单击
1.设置参数

02 设置【前景色】的RGB分别为255、161、180，按快捷键Alt+Delete，为【背景】图层填充前景色。

03 选择工具箱中的【矩形工具】 ⬛，在工具选项栏中设置【工具模式】为【形状】，修改【填充】为【无】、【描边】为【白色】，修改【描边宽度】为【1.5点】，将指针放在图像上，单击鼠标并拖曳，绘制一个宽为198、高为116的矩形形状。

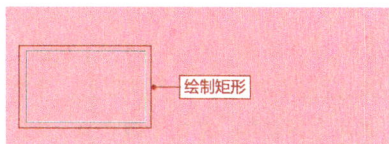

绘制矩形

04 选择【矩形1】图层，按快捷键Ctrl+J，复制图层，按快捷键Ctrl+T旋转矩形形状，调整矩形形状的位置。

调整矩形

05 选择工具箱中的【矩形工具】 ⬛，在工具选项栏中设置【工具模式】为【形状】，修改【填充】为【白色】、【描边】为【无】，将指针放在图像上，单击鼠标并拖曳，绘制一个宽为183、高为103的矩形。

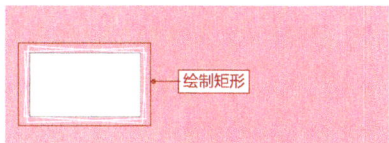

绘制矩形

06 选择工具箱中的【矩形工具】 ⬛，在工具选项栏中设置【工具模式】为【形状】，修改【填充】的RGB分别为255、78、47、【描边】为【无】，将指针放在图像上，单击鼠标并拖曳，绘制一个宽为18、高为77的矩形。

绘制矩形

07 选择工具箱中的【横排文字工具】 T，在图像上创建文本，并在工具选项栏中，修改【字体】为【微软雅黑】、【字号】为【17点】、【字体颜色】的RGB分别为255、78、47。

创建文本

08 选择工具箱中的【横排文字工具】 T，在图像上创建文本，并在工具选项栏中，修改【字体】为【华康圆体（W7）】、【字号】为【65点】、【字体颜色】的RGB分别为255、78、47。

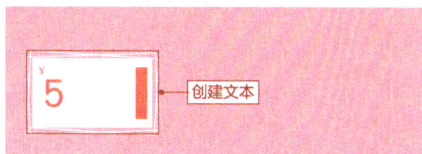

创建文本

09 选择工具箱中的【横排文字工具】 T，在图像上创建文本，并在工具选项栏中，修改【字体】为【微软雅黑】、【字号】为【25点】、【字体颜色】的RGB分别为255、78、47，修改【消除锯齿】为【浑厚】。

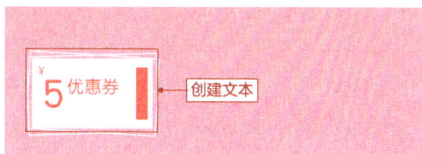

创建文本

10 选择工具箱中的【横排文字工具】 T，在图像上创建文本，并在工具选项栏中，修改【字体】为【华康圆体（W7）】、【字号】为【16点】、【字体颜色】的RGB分别为255、78、47。

创建文本

11 选择工具箱中的【直排文字工具】 T，在图像上创建文本，并在工具选项栏中，修改【字体】为【华康圆体（W7）】、【字号】为【14点】、【字体颜色】为【白色】。

创建文本

12 选择相应的文本和形状图层，按快捷键Ctrl+J2次，复制文本和形状，将复制后的文本和形状移动至合适的位置，并修改复制后的文本内容。

复制文本和形状

13 选择工具箱中的【横排文字工具】 T.，在图像上创建文本，并在工具选项栏中，修改【字体】为【华康圆体（W7）】、【字号】为【33点】、【字体颜色】为【白色】。

下单领券更优惠   创建文本

14 选择工具箱中的【矩形工具】■，在工具选项栏中设置【工具模式】为【形状】，修改【填充】为【白色】、【描边】为【无】，将指针放在图像上，单击鼠标并拖曳，绘制一个宽为59、高为1的矩形。

创建矩形

15 选择【矩形4】图层，按5次快捷键Ctrl+J，复制矩形图层，并将复制后的矩形移动至合适的位置，得到最终的图像效果。

9.2.5 活动区 重点

　　活动区的装修需要一定的设计功底，主要是用来放置做活动的产品，如新品上市、特

卖商品等。在设计手机端活动区时，卖家一定要对活动主题区个数和分布排版进行合理地设计。下面将详细介绍制作活动区的具体操作步骤。

练习9-4 制作活动区

难　　度：	★★
素材文件：	素材\第9章\练习9-4童装1.png、童装2.png等
效果文件：	效果\第9章\9-4制作活动区.mp4
视频文件：	视频\第9章\9-4制作活动区.mp4

01 执行【文件】|【新建】命令，弹出【新建】对话框，依次设置【名称】、【宽度】、【高度】和【分辨率】等参数，单击【确定】按钮，即可新建文档。

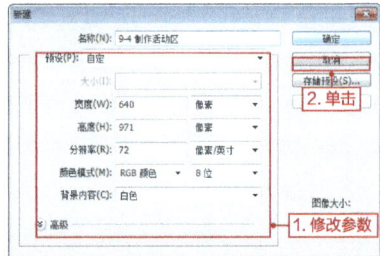

2. 单击
1. 修改参数

02 设置【前景色】的RGB分别为255、161、180，按快捷键Alt+Delete，为【背景】图层填充前景色。选择工具箱中的【矩形工具】■，在工具选项栏中设置【工具模式】为【形状】，修改【填充】的RGB分别为250、96、135、【描边】为【无】，将指针放在图像上，单击鼠标并拖曳，绘制一个宽为577、高为56的矩形形状。

绘制矩形

03 选择工具箱中的【多边形工具】●，设置工具选项栏上的【路径操作】为【减去顶层形状】选项，在画面中单击，弹出【创建多边形】对话框，设置参数。

创建多边形

宽度: 39.5 像素　高度: 39.5

边数: 5

☐ 平滑拐角

☐ 星形

　缩进边依据: 50%

☐ 平滑缩进

　　取消　　　　确定

04 单击创建多边形形状，选择工具箱中的【路径选择工具】，调整形状的位置，并按快捷键Ctrl+T旋转角度，减去矩形的右上角图形。

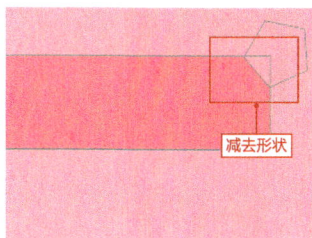

减去形状

　　　路径是矢量对象，修改起来要比光栅图像容易得多，即便绘制好图形之后，也可以对其进行运算。操作方法是用【路径选择工具】选择多个子路径，然后单击工具选项栏的运算按钮即可。

05 选择多边形形状，按快捷键Ctrl+C复制形状，按快捷键Ctrl+V粘贴形状，并使用上一步骤的操作方法，减去左下角的图形。按快捷键Ctrl+J复制创建的形状，修改【填充】为【无】、【描边】为白色、【描边粗细】为【2】点，并移动形状的位置。

更改形状样式

06 在【矩形1副本1】图层上单击鼠标右键，在弹出的快捷菜单中选择【栅格化形状】选项，将形状图层转换为普通图层，按住Ctrl键并单击该图层，载入选区。

07 选择工具箱中的【矩形选择框工具】，单击选项栏上的【从选区减去】按钮，沿着粉红色矩形创建选区，减去选区。

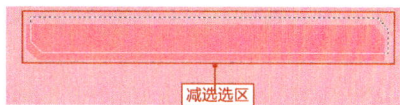

减选选区

08 设置【前景色】为粉红色矩形的颜色，按快捷键Alt+Delete填充，制作上下颜色不一致的线框，增加独特感。

09 选择工具箱中的【矩形工具】，在工具选项栏中设置【工具模式】为【形状】，修改【填充】为【白色】、【描边】为【无】，将指针放在图像上，单击鼠标并拖曳，绘制一个宽和高均为18的矩形形状，并旋转矩形形状。

绘制矩形

10 按快捷键Ctrl+J复制白色矩形图层，按快捷键Ctrl+T显示定界框，调整形状的大小和位置。

绘制矩形

11 使用同样的操作方法，制作其他白色的菱形形状。

绘制矩形

12 选择工具箱中的【横排文字工具】，在图像上创建文本，并在工具选项栏中，修改【字体】为【微软雅黑】、【字号】为【32点】、【字体颜色】为【白色】。

◆热卖商品 店长推荐◆

复制矩形

13 选择工具箱中的【横排文字工具】 T ，在图像上创建文本，并在工具选项栏中，修改【字体】为【微软雅黑】、【字号】为【13点】、【字体颜色】为【白色】、【字符间距】为【440点】。

创建文本

14 选择相应的图层，按快捷键【Ctrl+G】，创建【组1】对象。

创建组

15 执行【文件】|【打开】命令，打开本章中的【素材\第9章\练习9-4童装1.png、童装2.png】图像文件，将打开图像移动至【活动区】图像窗口中。

移动图像

16 选择工具箱中的【圆角矩形工具】 ，在工具选项栏中设置【工具模式】为【形状】，修改【填充】的RGB分别为250、96、135、【描边】为【无】，将指针放在图像上，单击鼠标并拖曳，绘制一个宽为205、高为45、【半径】为【20像素】的圆角矩形形状，并修改新绘制圆角矩形的【不透明度】为80%。

绘制圆角矩形

17 按快捷键Ctrl+J复制圆角矩形，修改【填充】颜色为145、141、240。

复制形状

18 选择工具箱中的【横排文字工具】 T ，在图像上创建多个文本，并在工具选项栏中，修改【字体】为【方正兰亭黑体简体】、【字号】为【26点】、【字体颜色】为【白色】。

创建文本

19 选择【组1】，按快捷键Ctrl+J，将复制后的组对象移动至合适的位置，修改复制后相应形状的填充颜色。

复制组对象

20 选择工具箱中的【矩形工具】 ▣，在工具选项栏中设置【工具模式】为【形状】，修改【填充】的RGB分别为253、106、142、【描边】为【无】，将指针放在图像上，单击鼠标并拖曳，绘制一个宽为200、高为209的矩形。

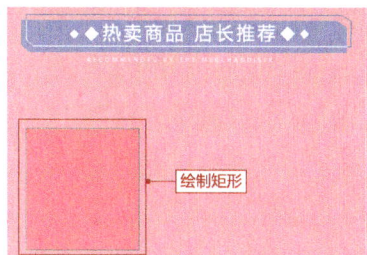
绘制矩形

21 选择工具箱中的【椭圆工具】 ⬤，在工具选项栏中设置【工具模式】为【形状】，修改【填充】为【白色】、【描边】的RGB分别为253、106、142，修改【描边宽度】为【5点】，将指针放在图像上，单击鼠标并拖曳，绘制一个宽和高均为200的圆形。

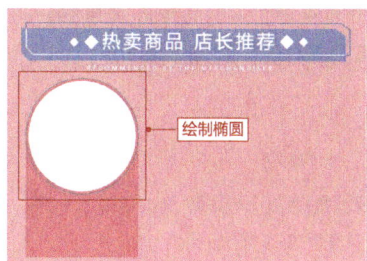
绘制椭圆

22 执行【文件】|【打开】命令，打开本章中的【素材\第9章\练习9-4童装3.png】图像文件，将打开图像移动至【活动区】图像窗口中，右键单击新添加图像文件的图层，打开快捷菜单，选择【创建剪贴蒙版】命令，为图层添加剪贴蒙版。

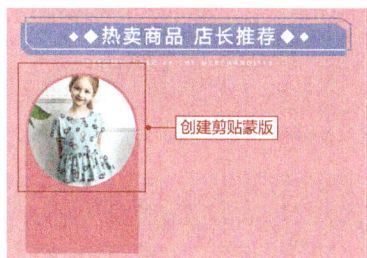
创建剪贴蒙版

23 执行【文件】|【打开】命令，打开本章中的【素材\第9章\练习9-4装饰.png】图像文件，将打开图像移动至【活动区】图像窗口中。

添加图像

24 选择工具箱中的【圆角矩形工具】 ▣，在工具选项栏中设置【工具模式】为【形状】，修改【填充】为【白色】、【描边】为【无】，将指针放在图像上，单击鼠标并拖曳，绘制一个宽为85、高为22、【半径】为【10像素】的圆角矩形形状。

绘制圆角矩形

25 选择工具箱中的【横排文字工具】 T，在图像上创建文本，并在工具选项栏中，修改【字体】为【华康圆体（W7）】、【字号】为【20点】、【字体颜色】为【白色】。

创建文本

26 选择工具箱中的【横排文字工具】 T，在图像上创建文本，并在工具选项栏中，修改【字体】为【微软雅黑】、【字号】为【18点】、【字体颜色】为【白色】。

创建文本

27 选择工具箱中的【矩形工具】 ▣，在工具选项栏中设置【工具模式】为【形状】，修改【填充】为【白色】、【描边】为【无】，将指针放在图像上，单击鼠标并拖曳，绘制一个宽为186、高为1的矩形。

绘制矩形

28 选择工具箱中的【横排文字工具】[T]，在图像上创建文本，并在工具选项栏中，修改【字体】为【微软雅黑】、【字号】为【18点】、【字体颜色】为【白色】。

创建文本

29 选择工具箱中的【横排文字工具】[T]，在图像上创建文本，并在工具选项栏中，修改【字体】为【微软雅黑】、【字号】为【36点】和【30点】、【字体颜色】为【白色】。

创建文本

30 选择工具箱中的【横排文字工具】[T]，在图像上创建文本，并在工具选项栏中，修改【字体】为【微软雅黑】、【字号】为【13点】、【字体颜色】的RGB分别为253、106、142。

创建文本

31 依次选择相应的文本和形状图层，按快捷键Ctrl+G，将其创建为【组2】，按两次快捷键Ctrl+J，复制组对象，并修改组对象中的图像和文本内容，得到最终的图像效果。

9.2.6 分类区

分类区用于显示手机店铺的产品分类，由于手机屏幕的限制，在制作产品分类时，需要简单明了，不需要像 PC 端店铺那样复杂。下面将详细讲解制作分类区的具体操作步骤。

练习9-5 制作分类区

难　　度：★ ★
素材文件：素材 \ 第 9 章 \ 练习 9-5 童装 1.png、童装 2.png 等
效果文件：效果 \ 第 9 章 \9-5 制作分类区 .psd
视频文件：视频 \ 第 9 章 \9-5 制作分类区 .mp4

01 执行【文件】|【新建】命令，弹出【新建】对话框，依次设置【名称】、【宽度】、【高度】和【分辨率】等参数，单击【确定】按钮，即可新建文档。

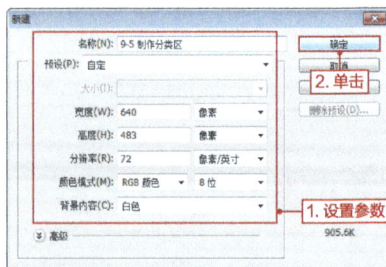
2. 单击
1. 设置参数

02 选择工具箱中的【矩形工具】[▢]，在工具选项栏中设置【工具模式】为【形状】，修改【描边】为【无】、【填充】的RGB参数分别为147、143、250，将指针放在图像上，单击鼠标并拖曳，绘制一个宽为640、高为445的矩形。

03 选择工具箱中的【矩形工具】，在工具选项栏中设置【工具模式】为【形状】，修改【描边】为【无】、【填充】的RGB参数分别为147、143、250，将指针放在图像上，单击鼠标并拖曳，绘制一个宽为640、高为10的矩形。

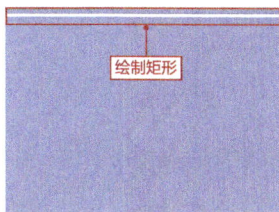

绘制矩形

04 选择【矩形2】图层，按快捷键Ctrl+J，复制矩形形状，并调整各矩形的位置。

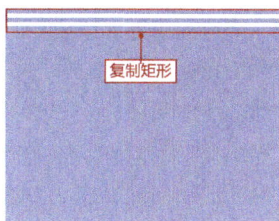

复制矩形

05 选择工具箱中的【矩形工具】，在工具选项栏中设置【工具模式】为【形状】，修改【描边】为【无】、【填充】为【白色】，将指针放在图像上，单击鼠标并拖曳，绘制一个宽为305、高为205的矩形。

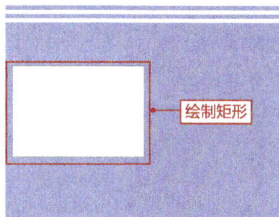

绘制矩形

06 双击【矩形3】图层，弹出【图层样式】对话框，勾选【图案叠加】复选框，在对应列表框中

设置各参数值，单击【确定】按钮。

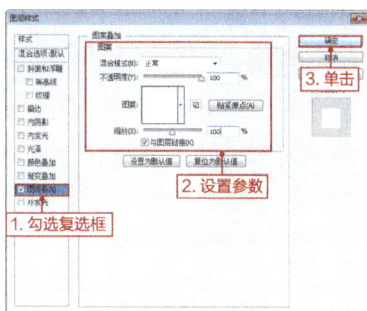

3. 单击
2. 设置参数
1. 勾选复选框

07 为矩形添加图层样式，并将矩形移至合适的位置。

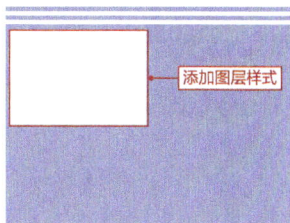

添加图层样式

08 选择工具箱中的【矩形工具】，在工具选项栏中设置【工具模式】为【形状】，修改【填充】为【无】、【描边】的RGB参数分别为180、17、221，将指针放在图像上，单击鼠标并拖曳，绘制一个宽为293、高为193的矩形。

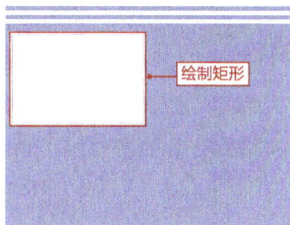

绘制矩形

09 选择工具箱中的【矩形工具】，在工具选项栏中设置【工具模式】为【形状】，修改【描边】为【无】、【填充】的RGB参数分别为180、17、221，将指针放在图像上，单击鼠标并拖曳，绘制一个宽为240、高为1的矩形。

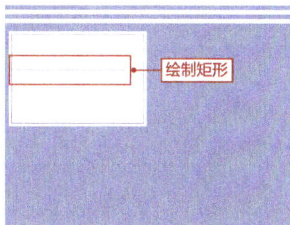

绘制矩形

10 选择【矩形4】图层，按快捷键Ctrl+J，复制矩形，并调整各矩形的位置。

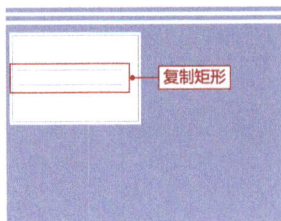
复制矩形

11 选择工具箱中的【椭圆工具】，在工具选项栏中设置【工具模式】为【形状】，修改【描边】为【无】、【填充】的RGB参数分别为180、17、221，将指针放在图像上，单击鼠标并拖曳，绘制一个宽和高均为32的圆形。

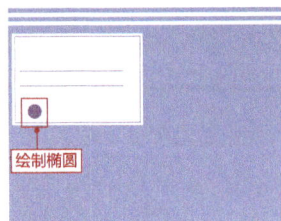
绘制椭圆

12 选择新绘制的形状，按快捷键Ctrl+G，将其创建为组，按3次快捷键Ctrl+J，复制形状，调整复制后形状的位置，并依次修改复制后各个形状的填充颜色。

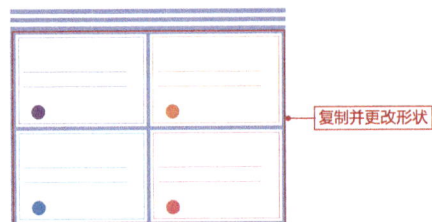
复制并更改形状

13 选择工具箱中的【横排文字工具】，在图像上创建文本，并在工具选项栏中，修改【字体】为【华康圆体（W7）】、【字号】为【11点】、【字体颜色】的RGB分别为180、17、221、【字符间距】为【280】。

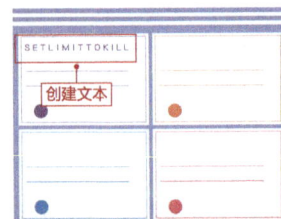
创建文本

14 选择新创建的文本图层，按3次快捷键Ctrl+J，复制文本，将复制后的文本移动至和位置，依次修改各文本字体颜色。

复制并更改文本

15 选择工具箱中的【横排文字工具】，在图像上创建多个文本，并在工具选项栏中，修改【字体】为【方正兰亭中黑简体】、【字号】为【32点】、【字体颜色】的RGB分别为64、65、66。

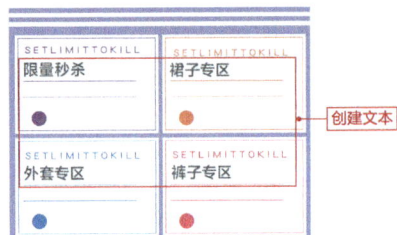
创建文本

16 选择工具箱中的【横排文字工具】，在图像上创建文本，并在工具选项栏中，修改【字体】为【方正兰亭中黑简体】、【字号】为【22点】、【字体颜色】的RGB分别为180、17、22。

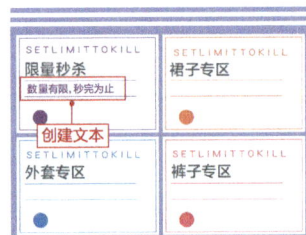
创建文本

17 选择新创建的文本图层，按3次快捷键Ctrl+J，复制文本，将复制后的文本移动至和位置，依次修改各文本字体颜色。

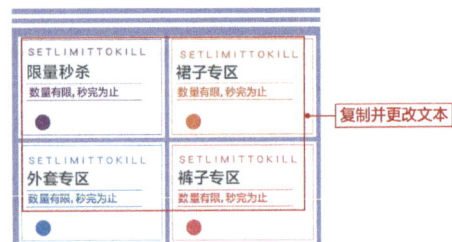
复制并更改文本

18 选择工具箱中的【横排文字工具】T，在图像上创建多个文本，并在工具选项栏中，修改【字体】为【华康圆体（W7）】、【字号】为【30点】、【字体颜色】为【白色】。

创建文本

19 执行【文件】|【打开】命令，打开本章中的【素材\第9章\练习9-5童装1～童装4.png】图像文件，将打开的图像移动至【分类区】图像窗口中。

9.2.7 商品展示区 重点

　　手机端的商品展示区用于展示店铺商品，其设计方法与 PC 端产品陈列展区的设计方法类似。在制作手机端的商品展示区时，由于手机端的屏幕较小，因此，在展示商品时，至多只能单排或双排展示，这样才能方便买家浏览和选购。

练习9-6 制作商品展示区

难　　度：★★

素材文件：素材 \ 第 9 章 \9-6 童装 1.png、童装 2.png 等

效果文件：效果 \ 第 9 章 \9-6 制作商品展示区 .psd

视频文件：视频 \ 第 9 章 \9-6 制作商品展示区 .mp4

01 执行【文件】|【新建】命令，弹出【新建】对话框，依次设置【名称】、【宽度】、【高度】和【分辨率】等参数，单击【确定】按钮，即可新建文档。

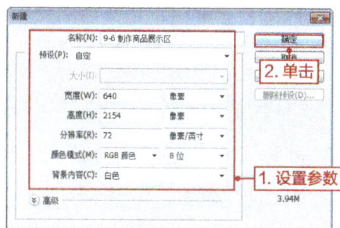
2. 单击
1. 设置参数

02 选择工具箱中的【矩形工具】，在工具选项栏中设置【工具模式】为【形状】，修改【描边】为【白色】、【描边宽度】为1点、【填充】为【无】，将指针放在图像上单击鼠标并拖曳，绘制一个宽为631、高为155的矩形形状。

绘制矩形

03 选择工具箱中的【矩形工具】，在工具选项栏中，修改【工具模式】为【形状】，修改【描边】为【无】、【填充】为【黑色】，将指针放在图像上单击鼠标并拖曳，绘制一个宽为618、高为141的矩形。

绘制矩形

04 执行【文件】|【打开】命令，打开本章中的【素材\第9章\练习9-6童装1.png】图像文件，将打开图像移动至【商品展示区】图像窗口中。

移动图像

05 双击【图层1】在弹出【图层样式】对话框中勾选【投影】复选框，在对应列表框中设置参数。

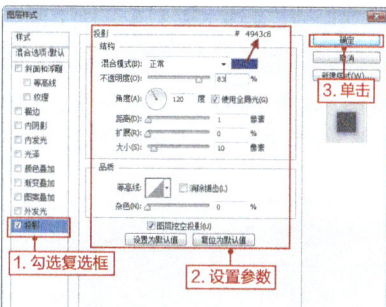
1. 勾选复选框
2. 设置参数
3. 单击

06 单击【确定】按钮即可查看添加投影后的图像效果。

07 选择工具箱中的【横排文字工具】，在图像上创建文本，并在工具选项栏中，修改【字体】为【方正兰亭中黑简体】、【字号】为【42点】、【字体颜色】为【白色】。

创建文本

08 选择工具箱中的【矩形工具】，在工具选项栏中设置【工具模式】为【形状】，修改【描边】为【无】、【填充】的RGB均为248，将指针放在图像上，单击鼠标并拖曳，绘制一个宽为270、高为2的矩形。

绘制矩形

09 选择工具箱中的【横排文字工具】，在图像上创建文本，并在工具选项栏中，修改【字体】为【微软雅黑】、【字号】为【25点】、【字体颜色】为【白色】。

创建文本

10 选择工具箱中的【椭圆工具】，在工具选项栏中设置【工具模式】为【形状】，修改【描边】为【无】、【填充】为【白色】，将指针放在图像上，单击鼠标并拖曳，绘制一个宽和高均为20的椭圆。

绘制椭圆

11 选择工具箱中的【横排文字工具】，在图像上创建文本，并在工具选项栏中，修改【字体】为【华康圆体（W7）】、【字号】为【23点】、【字体颜色】的RGB分别为141、136、250。

创建文本

12 将新创建的文本和形状创建为【组1】，选择工具箱中的【矩形工具】，在工具选项栏中设置【工具模式】为【形状】，修改【描边】为【无】、【填充】的RGB分别为179、175、255，将指针放在图像上，单击鼠标并拖曳，绘制一个宽为640、高为913的矩形。

13 选择工具箱中的【矩形工具】，在工具选项栏中，修改【工具模式】为【形状】，修改【描边】为【无】、【填充】为【白色】，将指针放在图像上，单击鼠标并拖曳，绘制一个宽为306、高为438的矩形。

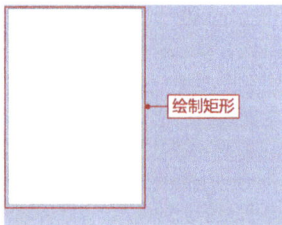

绘制矩形

14 执行【文件】|【打开】命令，打开本章中的【素材\第9章\练习9-6童装2.png】图像文件，将打开图像移动至【商品展示区】图像窗口中。

技巧

在制作图像时，按快捷键 Ctrl++ 或 Ctrl+- 可放大或缩小窗口，按住空格键可移动画面，以便更加清楚地观察图像细节。

移动图像

15 选择工具箱中的【横排文字工具】 T ，在图像上创建文本，并在工具选项栏中，修改【字体】为【微软雅黑】、【字号】为【23点】、【字体颜色】为【黑色】。

水果印花背心儿童连衣裙

创建文本

16 选择工具箱中的【矩形工具】 ▣ ，在工具选项栏中设置【工具模式】为【形状】，修改【描边】为【无】、【填充】的RGB分别为254、73、111，将指针放在图像上，单击鼠标并拖曳，绘制一个宽为178、高为34的矩形。

水果印花背心儿童连衣裙

绘制矩形

17 选择工具箱中的【横排文字工具】 T ，在图像上创建文本，并在工具选项栏中，修改【字体】为【华康圆体（W7）】、【字号】为【18点】、【字体颜色】为【白色】。

水果印花背心儿童连衣裙

提前加入购物车>

创建文本

18 选择新创建的文本、矩形和图像图层，按快捷键Ctrl+G，将其创建为【组2】，选择新创建的组对象，按3次快捷键【Ctrl+J】，复制组对象，并调整复制后组对象的位置。

19 选择【组1】中相应的文本和形状，按快捷键Ctrl+J，复制文本和形状，调整复制后文本和形状的位置，并依次修改文本内容和形状颜色。

新品两件8折
点击查看更多 ➡

20 执行【文件】|【打开】命令，打开本章中的【素材\第9章\练习9-6童装3.png】图像文件，将打开的图像移动至【商品展示区】图像窗口中。

新品两件8折
点击查看更多 ➡

移动图像

21 选择工具箱中的【矩形工具】 ▣ ，在工具选项栏中设置【工具模式】为【形状】，修改【描边】为【无】、【填充】的RGB分别为251、168、189，将指针放在图像上，单击鼠标并拖曳，绘制一个宽为640、高为895的矩形。

22 选择【组2】中相应的文本和形状，按快捷键 Ctrl+J，复制文本和形状，调整复制后文本和形状的位置，并依次修改文本内容和形状颜色。

复制文本和形状

粉色柔肤外套
提前加入购物车›

23 执行【文件】|【打开】命令，打开本章中的【素材\第9章\练习9-6童装4.png】图像文件，将打开的图像移动至【商品展示区】图像窗口中。

移动图像

粉色柔肤外套
提前加入购物车›

24 选择【组2副本4】图层，按3次快捷键 Ctrl+J，复制文本和形状，并调整复制后文本和形状的位置。

粉色柔肤外套 　粉色柔肤外套
提前加入购物车› 　提前加入购物车›
粉色柔肤外套 　粉色柔肤外套
提前加入购物车› 　提前加入购物车›

9.3 手机淘宝详情页装修

由于手机与计算机图片的尺寸要求不同，导致以前 PC 端的详情页在手机上显示时会出现图片不显示或排版错乱的情况。因此，为了让手机用户更好地体验手机购物，重新装修手机端页面很有必要。本节将详细讲解装修手机淘宝详情页的具体操作步骤。

9.3.1 导入电脑详情页 重点

当已经装修了电脑详情页的宝贝，可以直接将其生成手机详情页，在生成手机详情页之前，首先需要导入电脑详情页，下面将介绍其具体的操作步骤。

练习9-7 导入电脑详情页

难　　度：	★★
素材文件：	无
效果文件：	无
视频文件：	视频 \ 第 9 章 \9-7 导入电脑详情页 .mp4

01 在发布宝贝填写宝贝描述时，单击页面下方的【导入电脑端描述】按钮。

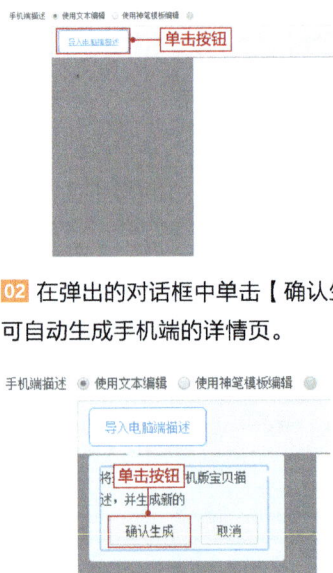

单击按钮

02 在弹出的对话框中单击【确认生成】按钮，即可自动生成手机端的详情页。

手机端描述　◉ 使用文本编辑　◯ 使用神笔模板编辑

导入电脑端描述

将 **单击按钮** 机版宝贝描述，并生成新的

确认生成　　取消

9.3.2 模板生成详情

手机店铺的详情页也可以使用【淘宝神笔】的模板直接生成。下面将介绍其具体的操作步骤。

练习9-8 模板生成详情页

难　度：★★
素材文件：无
效果文件：无
视频文件：视频 \ 第 9 章 \9-8 模板生成详情页 .mp4

01 在【发布宝贝】页面中的【手机端描述】区域中，点选【使用神笔模板编辑】单选按钮，展开列表框，单击【立即编辑】按钮。

02 进入【模板编辑】页面，单击【导入详情】按钮，展开列表框，选择【导入模板】命令。

03 进入【选择模板】页面，选择已有的模板，单击【确定】按钮。

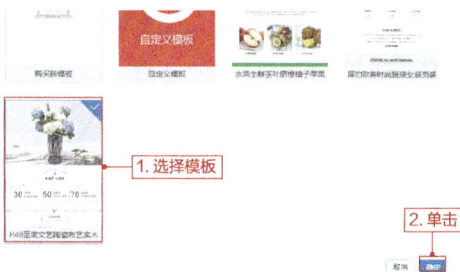

04 应用模板，并返回到编辑页面，用户可以根据需要对模板依次进行编辑，编辑完成后，单击【保存】按钮。

05 保存模板，单击【完成编辑】按钮，退出模板编辑，并在发布宝贝描述中显示已应用模板后的页面效果。

9.4 手机店铺其他装修

在装修手机端电商店铺时，不仅可以装修手机端网店的首页和详情页，还可以进行自定义手机端的菜单、装修手机海报及自定义店铺页面等装修操作，下面分别进行介绍。

9.4.1 自定义菜单 重点

手机端网店的菜单一般位于手机界面的最下方，卖家可以自己设定菜单的内容，下面将介绍其具体的操作步骤。

练习9-9 制作自定义菜单

难　　度：★★
素材文件：无
效果文件：无
视频文件：视频 \ 第 9 章 \9-9 自定义菜单 .mp4

01 在【无线运营中心】页面中，选择【自定义菜单】选项。

02 进入【菜单管理】页面，单击【创建模板】按钮。

03 展开【模板名称】文本框，输入名称【模板1】，单击【下一步】按钮。

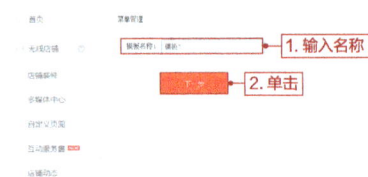

04 再次展开页面，勾选【宝贝分类】复选框，单击【添加子菜单】按钮。

05 弹出【编辑菜单】对话框，修改【子菜单名称】为【新品上市】，在【宝贝分类】列表框中选择【上新】选项，单击【确定】按钮。

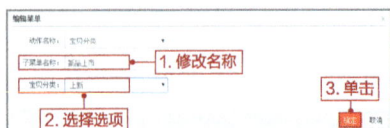

06 返回到【菜单管理】页面中，可以在【宝贝分类】列表框下方查看到新添加的子菜单类别。

07 使用同样的方法，依次添加【产品特卖】和【店铺推荐】子菜单，勾选【店铺简介】复选框，单击【确定发布】按钮。

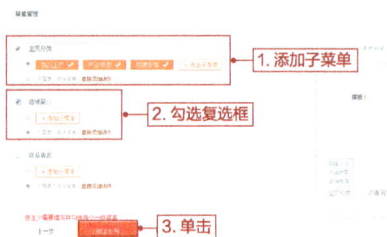

08 即可完成菜单的发布操作，其效果。

9.4.2　自定义装修页面

自定义装修页面可以缩短买家的购物路径，下面将介绍其具体的操作步骤。

练习9-10 自定义装修页面

难　　度：★★
素材文件：无
效果文件：无
视频文件：视频 \ 第 9 章 \9-10 自定义页面装修 .mp4

01 在【无线运营中心】页面中的左侧列表框中，选择【自定义页面】选项。

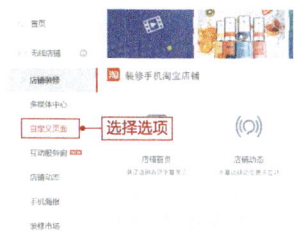

02 进入【页面管理】页面，单击【新建页面】按钮。

03 弹出【请输入页面名称】对话框，在文本框输入"聚划算"，单击【确定】按钮。

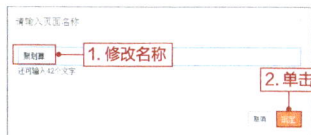

04 返回到【页面管理】页面，完成新页面创建，单击【编辑】按钮。

05 进入【店铺装修】页面，用户可以根据对应的模块进行装修，其装修方法与PC端首页装修方法相同，装修完成后，单击【发布】按钮即可。

9.5 知识拓展

　　本章详细介绍了设计手机淘宝的首页、详情页及自定义菜单等其他页面的装修方法，并搭配理论基础知识讲解，让读者快速上手。本章中的手机淘宝装修是重中之重，因此，在装修手机淘宝时，一定要清楚手机淘宝的设计规范，才能设计出专业的店铺页面。

　　手机端网店详情页的设计规范有以下5点。

- **支持的格式：** 手机端详情页产品描述支持音频、图片和纯文本输入。每个手机版图文详情至少要包含以上3种信息的其中一种才能发布成功，其中图片仅支持JPG、GIF和PNG格式。
- **详情页的大小：** 手机端详情页的总图片大小（图片+文字+音频）不得超过1.5MB。
- **单张图片尺寸：** 单张图片的尺寸标准为：宽度介于480像素到620像素之间，高度小于960像素。
- **音频：** 每个手机端详情页只能添加一个音频，时长建议不超过30秒，大小不超过200K，格式支持mp3。音频的内容可以围绕产品卖点、品牌故事、产品特色、产品优惠等展开。
- **文字：** 手机端详情页中的中文字体不小于30号字，英文和阿拉伯数字不小于20号字。当需要添加的文字太多时，建议使用纯文本的方式编辑。

9.6 拓展训练

本章为读者安排了一个拓展练习，以帮助大家巩固本章内容。

难　度：★ ★ ★

素材文件：素材 \ 第 9 章 \ 习题 \ 年货 1.png、年货 2.png 等

效果文件：效果 \ 第 9 章 \ 习题 .psd

视频文件：视频 \ 第 9 章 \ 习题 .mp4

根据本章所学知识制作出下图所示图形中的手机端店铺的首页装修效果。

第4篇

视频制作篇

第**10**章

淘宝视频制作

在店铺中添加视频，可以让卖家在最短时间内展示商品的信息及使用方法，从而增加店铺的人流量。本章详细讲解制作淘宝视频的方法，卖家通过本章学习能够快速掌握电商视频的制作，从而快速制作出好的视频应用到淘宝店铺装修中。

扫二维码观看本章
案例操作演示视频

本章重点

认识 Premiere 视频软件 ｜ 淘宝视频制作

淘宝视频上传与应用

10.1 认识Premiere视频软件

Premiere Pro CS6 是由 Adobe 公司开发的一款非线性视频编辑软件，其强大、专业的功能和简便的操作方法，受到了广大专业视频编辑人员的欢迎，是目前影视编辑领域内应用广泛的视频编辑处理软件。在使用 Premiere Pro CS6 软件制作视频之前，首先需要认识 Premiere Pro CS6 软件。

10.1.1 Premiere工作界面

启动 Premiere 软件之后，会有几个面板自动出现在工作界面中，Premiere 的工作界面主要由标题栏、菜单栏、工具面板、项目面板、源监视器面板、节目监视器面板、时间轴面板、特效控制台面板、效果面板、项目面板、信息面板等部分组成。

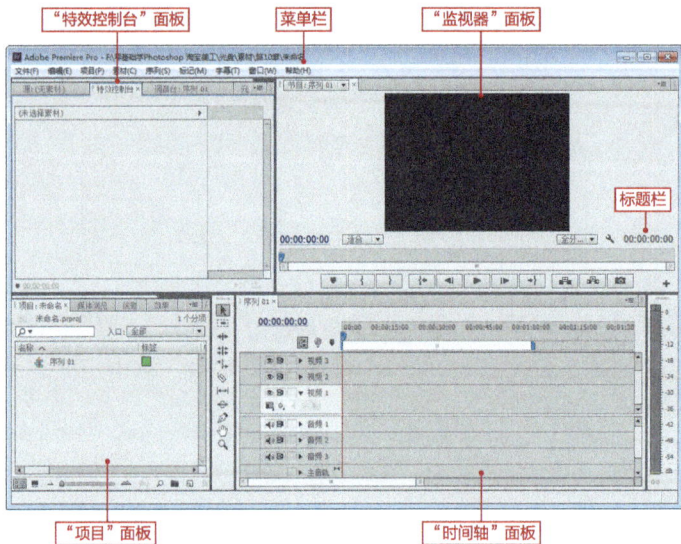

"特效控制台"面板　　菜单栏　　"监视器"面板

标题栏

"项目"面板　　"时间轴"面板

在工作界面中，各选项的含义如下。

1. 标题栏

标题栏位于 Premiere 工作界面的上端，它显示了系统正在运行的应用程序和用户正打开的项目文件的信息。当启动 Premiere 软件后，如果创建项目文件时，没有进行项目命名，则默认名称为【未命名】。

2. 菜单栏

菜单栏提供了 8 组菜单选项，位于标题栏的下方。Premiere 工作界面中的菜单栏由【文件】、【编辑】、【剪辑】、【序列】、【标记】、【字幕】、【窗口】和【帮助】菜单组成。下面将对各菜单的含义进行介绍。

- 【文件】菜单：主要用于对项目文件进行操作。在【文件】菜单中包含【新建】、【打开项目】、【关闭项目】、【保存】、【另存为】、【返回】、【采集】、【批采集】、【导入】、【导出】及【退出】等命令。
- 【编辑】菜单：主要用于一些常规编辑操作。在【编辑】菜单中包含【还原】、【重做】、【剪切】、【复制】、【粘贴】、【清除】、【全选】、【查找】、【键盘快捷方式】及【首选项】等命令。

【文件】菜单　　　　　　【编辑】菜单

- **【剪辑】菜单**：用于实现对素材的具体操作。Premiere软件中剪辑影片的大多数命令都位于该菜单中，如【重命名】、【修改】、【视频选项】、【采集设置】、【覆盖】及【替换素材】等命令。

- **【素材】菜单**：Premiere中剪辑影片的大多数命令都位于该菜单中，如【重命名】、【修改】、【视频选项】、【采集设置】、【覆盖】及【替换素材】等命令。

- **【序列】菜单**：主要用于对项目中当前活动的序列进行编辑和处理。在【序列】菜单中包含【序列设置】、【渲染音频】、【提升】、【提取】、【放大】、【缩小】、【吸附】、【添加轨道】及【删除轨道】等命令。

【剪辑】菜单　　　【素材】菜单　　【序列】菜单

- **【标记】菜单**：用于对素材和场景序列的标记进行编辑处理。在【标记】菜单中包含【标记入点】、【标记出点】、【跳转入点】、【跳转出点】、【添加标记】及【清除当前标记】等命令。

- **【字幕】菜单**：主要用于进行字幕制作过程中的各项编辑和调整操作。在【字幕】菜单中包含【新建字幕】、【字体】、【大小】、【文

字对齐】、【方向】、【标记】、【选择】及【排列】等命令。

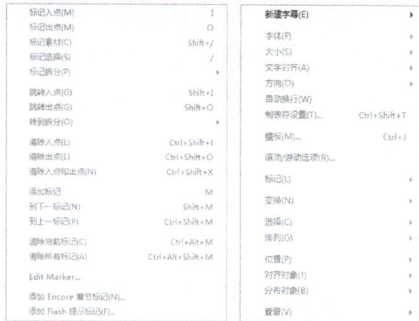

【标记】菜单　　　　　　【字幕】菜单

- **【窗口】菜单**：主要用于实现对各种编辑窗口和控制面板的管理操作。在【窗口】菜单中包含【工作区】、【扩展】、【事件】、【信息】、【字幕属性】及【特效控制台】等命令。

- **【帮助】菜单**：可以为用户提供在线帮助。在【帮助】菜单中包含【帮助】、【在线支持】、【注册】、【激活】及【更新】等命令。

➤【窗口】菜单　　　【帮助】菜单

3. 【特效控制台】面板

使用【特效控制台】面板可以设置视频特效参数。例如，在【效果】面板中选定一种特效，然后将它拖动到时间轴中的素材上或直接拖到【效果控件】面板中，就可以对素材添加这种特效。

4. 【监视器】面板

【监视器】面板主要用于在创建作品时对其进行预览。在预览作品时，在素材源监视器

或节目监视器中单击【播放 – 停止切换】按钮，可以播放作品。

Premiere Pro 提供了 5 种不同的监视器面板：素材源监视器、节目监视器、修整监视器、参考监视器和多机位监视器。通过节目监视器的面板菜单可以访问修整、参考和多机位监视器。

5.【项目】面板

如果所工作的项目中包含许多视频、音频素材和其他作品元素，那么应该重视 Premiere Pro 的【项目】面板，它可以对作品元素进行总览。

【项目】面板由 3 个部分构成，位于上面的一部分为素材预览区；在预览区下方的为查找区；位于中间的是素材目录栏；下面是工具栏，也就是菜单命令的快捷按钮，单击这些按钮可以方便地实现一些常用操作。

在【项目】面板中包含了多个选项和按钮，下面将介绍其含义。

- 【素材预览区】选项：该选项区主要用于显示所选素材的相关信息。默认情况下，【项目】面板是不会显示素材预览区的，只有单击面板右上方的下三角按钮，在弹出的列表框中选择【预览区域】选项，才可显示素材预览区。
- 【查找区】选项：该选项区主要用于查找需要的素材。
- 【素材目录栏】选项：该选项区的主要作用是将导入的素材按目录的方式编排起来。
- 【列表视图】按钮：单击该按钮，可以将素材以列表的形式显示。
- 【图标视图】按钮：单击该按钮，可以将素材以图标的形式显示。
- 【缩小】按钮：单击该按钮，可以将素材缩小显示。
- 【放大】按钮：单击该按钮，可以将素材放大显示。
- 【自动匹配序列】按钮：单击该按钮，可以将【项目】面板中所选的素材自动排列到

【时间轴】面板的时间轴页面中。单击【自动匹配序列】按钮，将弹出【自动匹配到序列】对话框。

- 【查找】按钮：单击该按钮，可以根据名称、标签或出入点在【项目】面板中定位素材。单击【查找】按钮，将弹出【查找】对话框。在该对话框的【查找目标】下方的文本框中输入需要查找的内容，单击【查找】按钮即可。
- 【新建素材箱】按钮：单击该按钮，可以在【项目】面板中新建一个文件夹，用于分类存放导入的素材。
- 【新建项】按钮：单击该按钮，可以快速创建字幕或其他作品元素，如调整图层、色条和色调、颜色遮罩和倒计时向导等。
- 【排序图标】按钮：单击该按钮，在打开的下拉菜单中，选择排序的方式。

6.【时间轴】面板。

【时间轴】面板是制作视频作品的基础，它提供了组成项目的视频序列、特效、字幕和切换效果的临时图形总览。时间轴并非仅用于查看，它也是可以交互的。把视频和音频素材、图形及字幕从【项目】面板中拖到时间轴中便可以构建自己的作品。

10.1.2 视频制作流程

Premiere 软件中视频的制作流程如下。

1. 素材采集

将模拟视频、音频信号转换成数字信号存储到计算机中，或者将外部的数字视频存储到计算机中，使其成为可以处理的素材。输入的素材主要是其他软件处理过的图像、声音等。

2. 基本编辑

- 素材剪辑：对采集来的素材在相应的视频编辑软件中进行剪切、复制、粘贴等操作，从而获取有用的镜头片段。
- 素材排列：对镜头进行重新组合、排列，改变镜头之间的组接顺序。

3. 特效编辑

- **场景过渡：** 利用镜头之间的自然过渡来衔接两个场景，为了体现不同的视觉效果，满足不同的叙事要求，需要使用特技转场来连接两个场面。
- **特效处理：** 对素材进行添加滤镜、控制时间的快慢等特效处理，使视频呈现出精彩炫酷的效果。
- **合成：** 合成是影视制作的工作流程中必不可少的一个环节。它是指将多个层上的画面混合，通过修改透明度、遮片等操作叠加成单一复合画面的处理过程。同时还包括了音视频的合成、字幕的合成等。

4. 节目输出

- **节目的生成：** 经过剪辑、添加特效、转场、音视频合成、字幕合成等步骤之后，编辑的最终效果就体现在视频编辑软件的【时间线】窗口中，然后生成为最终视频。
- **节目的输出：** 将生成的视频输出到相应的设备中，不同的设备所需的视频格式不同。

　　在清楚了视频制作流程后，接下来要了解制作视频的具体步骤。

练习10-1 制作视频

难　　度：	★★
素材文件：	素材 \ 第 10 章 \ 练习 10-1 手链 1.jpg 等
效果文件：	效果 \ 第 10 章 \10-1 制作视频 .prproj
视频文件：	视频 \ 第 10 章 \10-1 制作视频 .mp4

01 启动Premiere软件，在弹出的【欢迎使用 Adobe Premiere Pro】对话框中，单击【新建项目】按钮。

02 弹出【新建项目】对话框，设置好保存路径和文件名称，单击【确定】按钮。

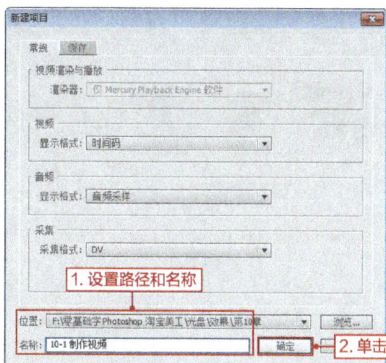

03 弹出【新建序列】对话框，保持默认参数设置，单击【确定】按钮，新建项目文件。

> **提示**
>
> 　　在【项目窗口】中右键单击并执行【新建项目】|【序列】命令，也可以打开【新建序列】对话框。

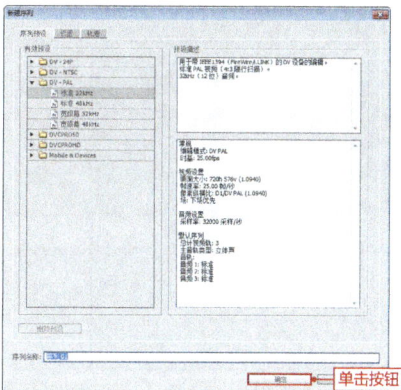

04 在【项目】面板中右键单击，打开快捷菜单，选择【导入】命令。

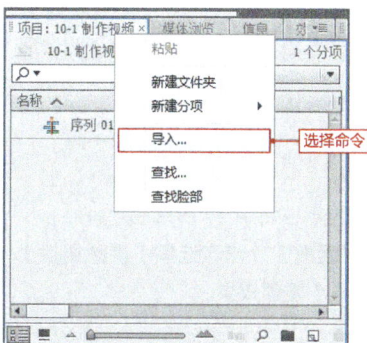

05 弹出【导入】对话框，选择相应的图片，单击【打开】按钮。

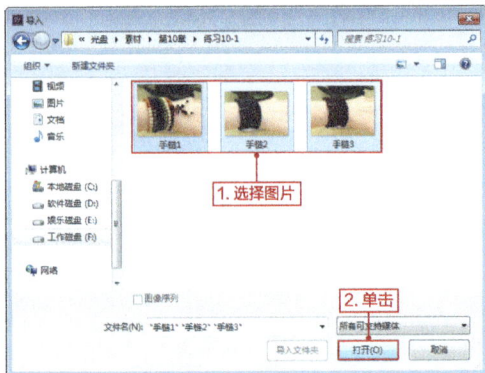

1. 选择图片

2. 单击

提示

在【项目窗口】文件列表区的空白位置双击鼠标左键，可以快速打开【导入】对话框，进行文件的导入操作。

06 将选择的图像文件导入至【项目】面板中。

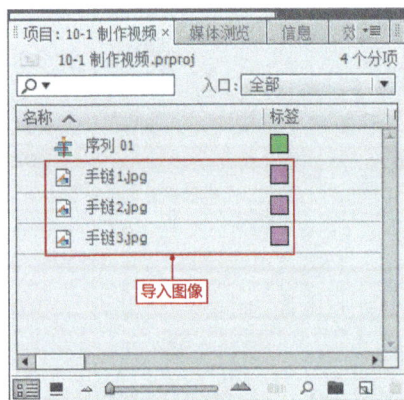

导入图像

07 选择已添加的图像文件，单击鼠标并拖曳，添加至【时间轴】面板中。

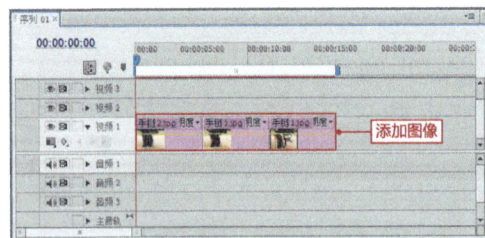

添加图像

08 在【效果】面板中，依次选择【视频切换】|【卷页】|【卷走】视频效果。

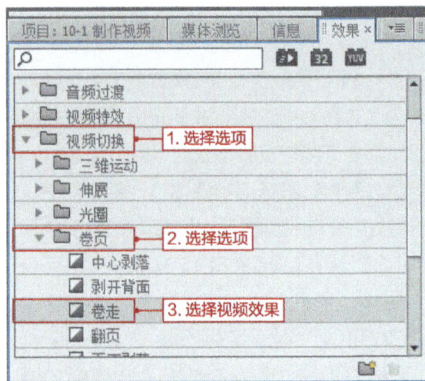

1. 选择选项
2. 选择选项
3. 选择视频效果

09 在选择的视频效果上进行单击并拖曳，至【时间轴】面板中的两个素材图像之间，释放鼠标，即可添加视频效果。

提示

素材在【时间轴】窗口中的持续时间是指在轨道中的入点（即开始位置）到出点（即结束位置）之间的长度。

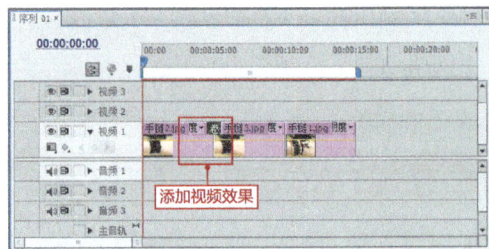

添加视频效果

10 在【效果】面板中，依次选择【视频切换】|【光圈】|【圆划像】视频效果。

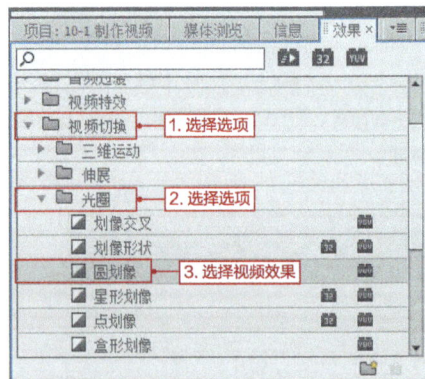

1. 选择选项
2. 选择选项
3. 选择视频效果

11 单击鼠标并拖曳，将选择的视频效果添加至【时间轴】面板中的素材图像之间，选择视频轨道上的素材，在【监视器】面板中双击图像，显示调整变换框，拖曳调整边框，依次调整各素材图像的显示大小，完成视频的制作。

12 在【监视器】面板中，单击【播放－停止切换】按钮 ▶️ ，预览制作好的视频效果。

10.2 淘宝视频制作

淘宝视频主要用于主图、首页与详情描述中，不同区域的视频，视频制作效果也各不相同。本节将详细讲解制作详情页视频、为视频添加音乐和文字等内容。

10.2.1 详情页视频制作 [重点]

详情页的视频主要展示商品的特点、细节和其他特色信息。通过详情页视频，卖家可以快速了解商品，下面将介绍其具体的操作步骤。

练习10-2 制作详情页视频

难　　度：★ ★

素材文件：素材 \ 第 10 章 \ 练习 10-2 女鞋 1.jpg 等

效果文件：效果 \ 第 10 章 \10-2 制作详情页视频 .prproj

视频文件：视频 \ 第 10 章 \10-2 制作详情页视频 .mp4

01 执行【文件】|【新建】|【项目】命令，弹出

【新建项目】对话框，修改项目名称，单击【确定】按钮，新建项目文件和序列。

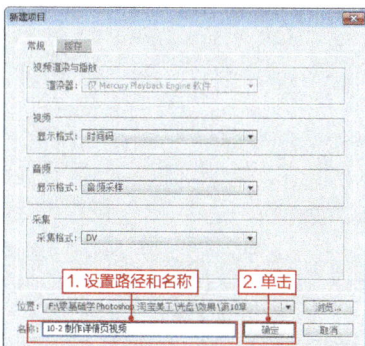

02 弹出【新建序列】对话框，在【有效预设】列表框中选择合适的预设选项，单击【确定】按钮。

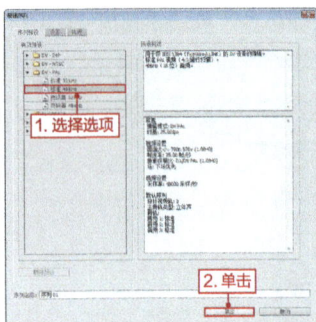

1. 选择选项

2. 单击

03 执行【文件】|【导入】命令，弹出【导入】对话框，在对应素材文件夹中，选择【花朵】视频，单击【打开】按钮。

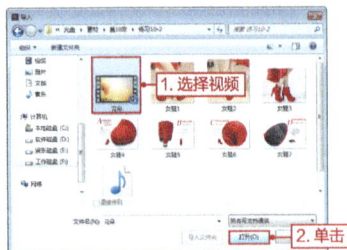

1. 选择视频

2. 单击

04 将选择的视频文件导入【项目】面板中，选择添加的视频，单击鼠标并拖曳，将其添加至视频轨道上，释放鼠标左键，弹出提示对话框，单击【保存已经存在的设置】按钮。

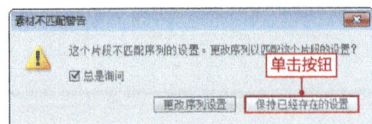

单击按钮

05 将选择的视频文件添加至视频轨道上，选择视频轨道上的视频，右键单击，打开快捷菜单，选择【解除视音频链接】命令。

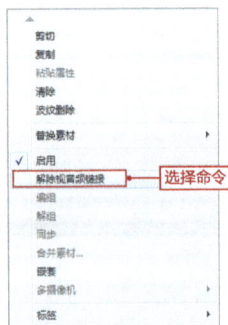

选择命令

06 分离音频和视频，并删除音频轨上的音频文件。

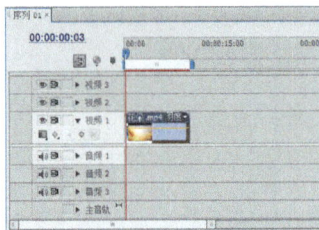

07 选择视频轨道上的视频文件，在【监视器】面板中，双击视频文件，弹出调整变换框，在调整变换框中单击鼠标并拖曳，调整图像的显示大小。

08 执行【文件】|【导入】命令，弹出【导入】对话框，在对应素材文件夹中，选择【女鞋1～女鞋7】图像文件，单击【打开】按钮。

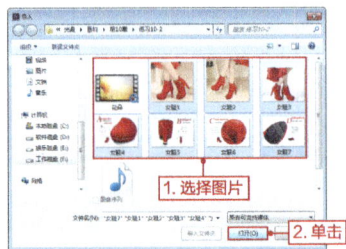

1. 选择图片

2. 单击

09 将选择的图像文件添加至【项目】面板中，选择已导入的图像文件，单击鼠标并拖曳，将其添加至视频轨道上。

添加图片

10 在【监视器】面板中依次双击已添加的图像文件，调整图像的显示大小。

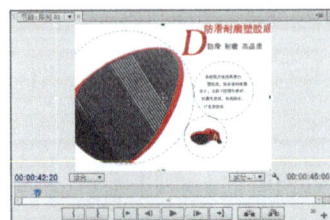

11 在【效果】面板中，依次选择【视频切换】|【光圈】|【星形划像】选项。

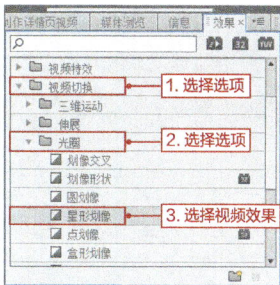

1. 选择选项
2. 选择选项
3. 选择视频效果

12 单击鼠标并拖曳，将其添加至视频轨道上的女鞋1和女鞋2素材图像之间。

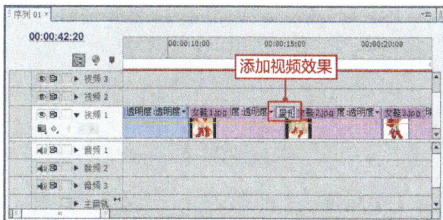

添加视频效果

13 使用同样的方法，依次将【圆划像】、【径向划变】、【棋盘】、【百叶窗】、【带状滑动】和【渐隐为黑】视频效果添加至视频轨道的素材图像之间和末尾处。

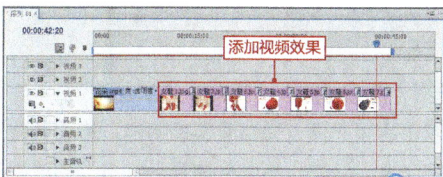

添加视频效果

14 选择视频轨道上的【女鞋1】图像素材，在【特效控制台】面板中，展开【视频效果】选项区，单击【位置】选项前的【切换动画】按钮，设置【位置】参数为356和350，添加一组关键帧。

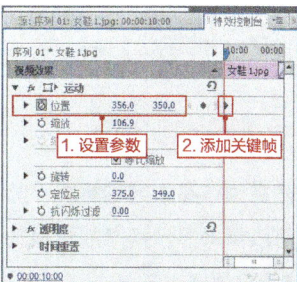

1. 设置参数
2. 添加关键帧

15 将时间线移至00:00:11:12位置处，修改【位置】参数为356和300，添加一组关键帧；将时间线移至00:00:13:04位置处，修改【位置】参数为356和220，添加一组关键帧。

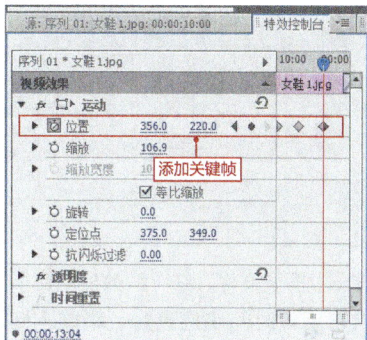

添加关键帧

16 选择【女鞋2】图像文件，在【特效控制台】面板中，依次在相应时间线位置处，修改【位置】参数值，添加两组关键帧。

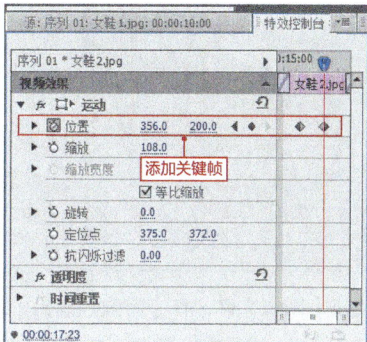

添加关键帧

17 选择【女鞋3】图像文件，在【特效控制台】面板中，依次在相应时间线位置处，修改【位置】参数值，添加两组关键帧。

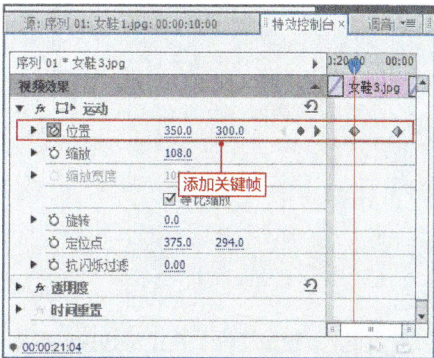

添加关键帧

18 选择【女鞋4】图像文件，在【特效控制台】面板中，依次在相应时间线位置处，修改【缩放】参数值，添加两组关键帧。

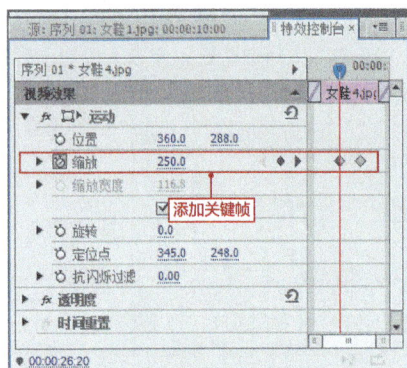

19 选择【女鞋5】图像文件，在【特效控制台】面板中，依次在相应时间线位置处，修改【缩放】参数值，添加两组关键帧。

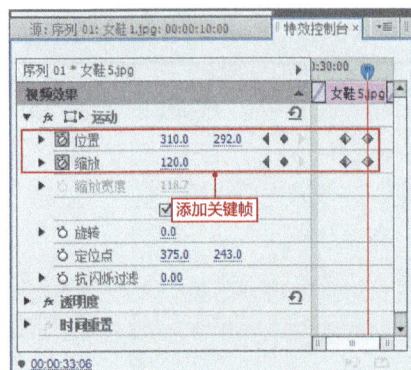

20 选择【女鞋6】图像文件，在【特效控制台】面板中，依次在相应时间线位置处，修改【缩放】参数值，添加两组关键帧。

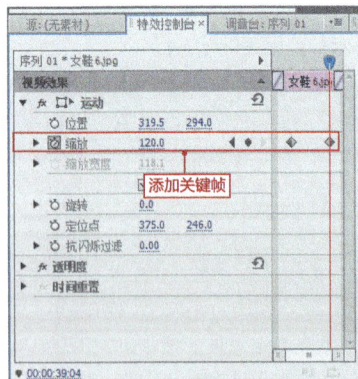

21 选择【女鞋7】图像文件，在【特效控制台】面板中，依次在相应时间线位置处，修改【缩放】参数值，添加两组关键帧。

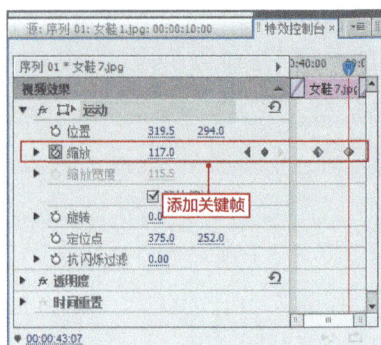

22 执行【文件】|【导入】命令，导入本章中的【素材\第10章\练习10-2\页尾视频.wav】视频文件，并将导入的视频文件添加至视频轨道上。

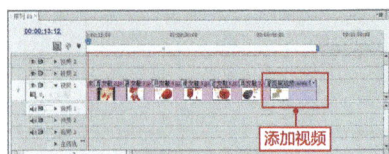

23 选择【页尾视频】视频文件，当鼠标指针呈红色的箭头形状时，单击鼠标并向左拖曳至合适的位置，释放鼠标，即可调整视频的长度。

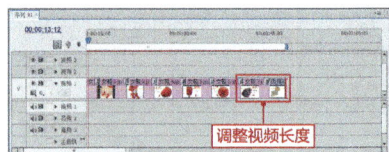

24 选择【页尾视频】视频文件，在【监视器】面板中双击视频文件，弹出变换控制框，拖动调整变换控制框，调整视频文件的显示大小，完成详情页视频的制作。

10.2.2 视频添加文字 重点

文字效果可以在视频作品中起到解释、说明的作用，当然也可以用来显示视频的标题。下面将介绍添加文字的具体操作步骤。

练习10-3 添加文字

难　度：★★	
素材文件：无	
效果文件：效果\第 10 章\10-3 添加文字 .prproj	
视频文件：视频\第 10 章\10-3 添加文字 .mp4	

01 直接打开本章中的【效果\第10章\练习10-2 制作详情页视频.prproj】项目文件，在【项目】面板中，单击右键，打开快捷菜单，选择【新建分项】|【字幕】命令。

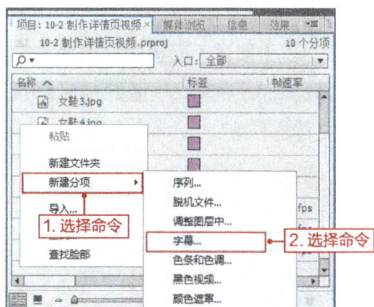

02 弹出【新建字幕】对话框，修改字幕名称，单击【确定】按钮。

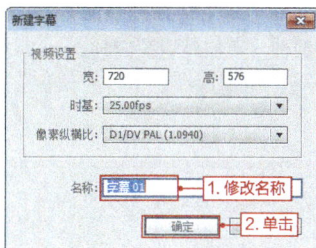

03 弹出字幕窗口，在窗口的工具箱中选择工具箱中的【输入工具】T，单击鼠标，输入文本。

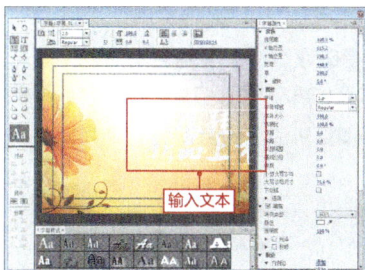

04 在窗口右侧的【字幕属性】面板中，单击【字体样式】右侧的下拉按钮，展开列表框，选择合适的字体样式，即可更改字体样式。

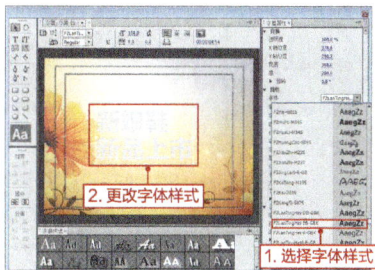

2. 更改字体样式
1. 选择字体样式

05 在【填充】选项区中，单击【颜色】右侧的颜色块，弹出【颜色拾取】对话框，设置RGB参数分别为255、3、21，单击【确定】按钮，即可更改文字的颜色。

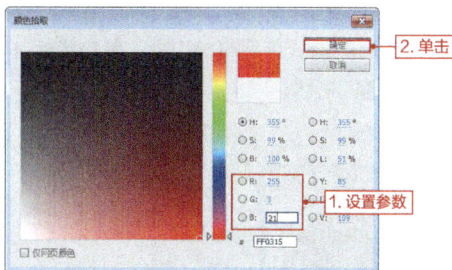

2. 单击
1. 设置参数

06 勾选【阴影】复选框，在对应选项区中设置各参数值，并调整文本的位置。

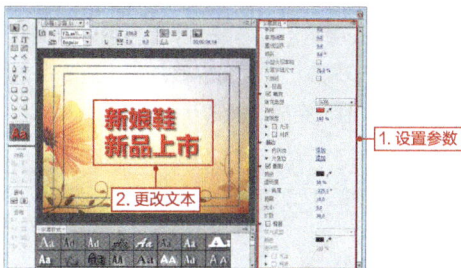

1. 设置参数
2. 更改文本

07 选择新添加的字幕，将其添加至视频2轨道上合适的位置，并调整字幕的长度。

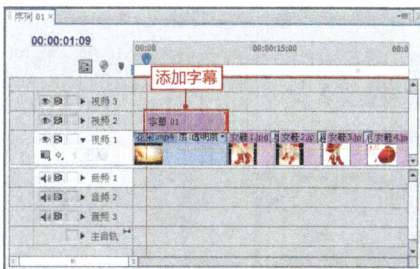

添加字幕

08 选择新添加的字幕，在【特效控制台】面板中，依次在相应的时间位置处，修改各个参数，添加多组关键帧。

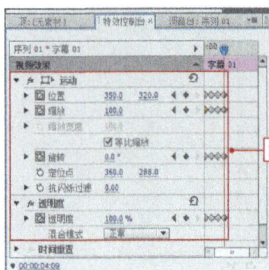

09 选择视频轨道上的【女鞋1】图像文件，在【项目】面板中，单击右键，打开快捷菜单，选择【新建分项】|【字幕】命令，弹出【新建字幕】对话框，修改字幕名称，单击【确定】按钮，弹出字幕窗口，在窗口中的工具箱中选择【椭圆形工具】，在字幕窗口中，单击鼠标并拖曳，绘制椭圆形状。

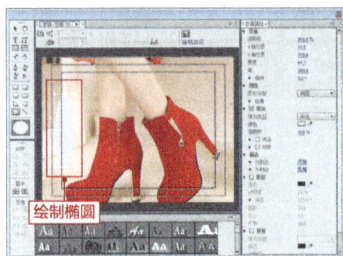

10 在字幕窗口中的【字幕属性】面板中，依次修改【变换】选项区、【填充】颜色和【阴影】选项区中的参数值，完成椭圆形状的更改。

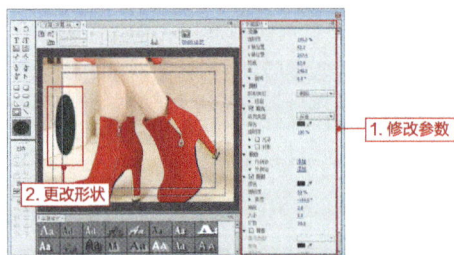

11 选择工具箱中的【垂直文字工具】，在图像上创建垂直文本。

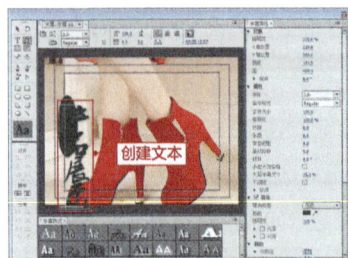

12 选择输入的垂直文本，修改文本的字体样式、字体大小、填充颜色、字距和行距等参数，完成文本样式的更改，并将更改后的文本移动至合适的位置。

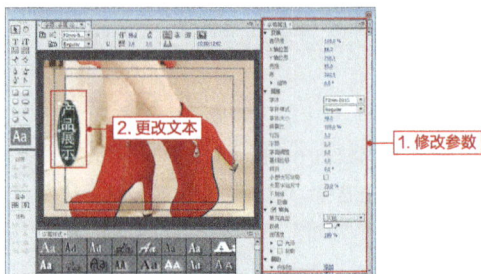

13 关闭字幕窗口，在【项目】面板中，选择【字幕02】文件，将其添加至视频2轨道的相应位置上，并调整字幕文件的长度。

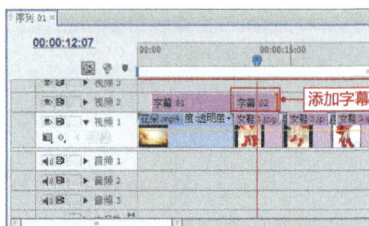

14 选择新添加的字幕，在【特效控制台】面板中，依次修改各参数值，添加两组关键帧。

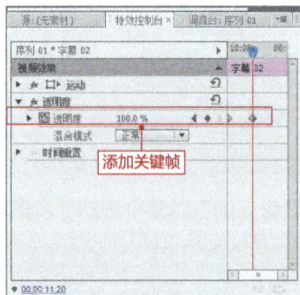

15 复制【字幕02】文件，并将复制后的字幕文件修改为【字幕03】，选择复制后的字幕，单击将其添加至视频2轨道上的合适位置，并调整字幕的长度。

16 双击视频2轨道上的【字幕03】文件，弹出字幕窗口，依次修改相应的字幕内容和形状，并将修改后的字幕和形状移动至合适的位置。

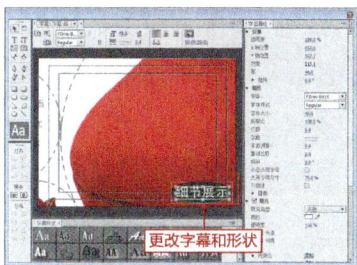
更改字幕和形状

17 选择新添加的字幕，在【特效控制台】面板中，依次修改各参数值，添加两组关键帧。

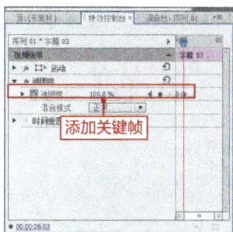
添加关键帧

18 选择视频轨道上末尾的视频文件，执行【新建】|【字幕】命令，弹出【新建字幕】对话框，单击【确定】按钮，弹出字幕窗口，在窗口的工具箱中选择工具箱中的【输入工具】【T】，将指针放在图像上单击鼠标，输入文本，并依次修改文本的字体样式和位置。

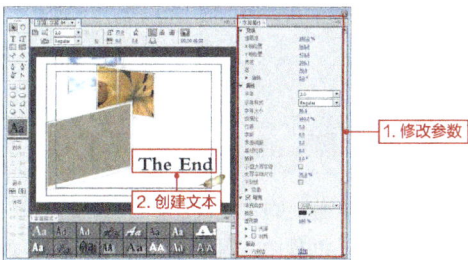
1. 修改参数
2. 创建文本
The End

19 关闭字幕窗口，在【项目】面板中，选择【字幕04】文件，将其添加至视频2轨道的相应位置上，并调整字幕文件长度，完成视频中所有字幕的添加操作。

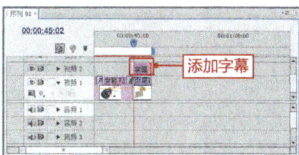
添加字幕

10.2.3 视频添加音乐

为视频添加音乐效果，可以为视频营造一种氛围，从而帮助浏览者快速理解影片。下面将介绍其具体的操作步骤。

练习10-4 添加音乐

难　度：	★ ★
素材文件：素材 \ 第 10 章 \ 练习 10-4 音乐 .mp3	
效果文件：效果 \ 第 10 章 \10-4 添加音乐 .prproj	
视频文件：视频 \ 第 10 章 \10-4 添加音乐 .mp4	

01 直接打开本章中的【效果\第10章\练习10-4 添加音乐.prproj】项目文件，执行【文件】|【导入】命令，弹出【导入】对话框，选择需要导入的音乐文件，单击【打开】按钮。

1. 选择音乐
2. 单击

02 导入音乐文件，并在【项目】面板中显示。

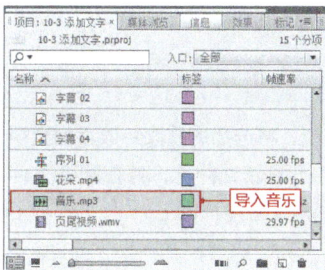
导入音乐

03 选择新添加的音乐文件，单击鼠标并拖曳，将其添加至【时间轴】面板的音频轨道上，完成音乐的添加。

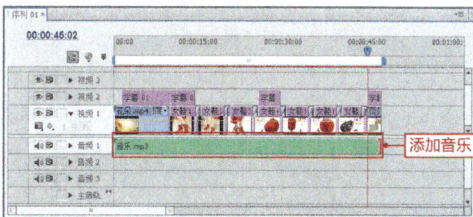
添加音乐

在【音频剪辑混合器】面板或【音频轨道混合器】面板中调整音量调节器的位置后，双击音量调节器，可以将其快速恢复到默认的音量位置（即0.0dB）

10.2.4 视频添加特效 （难点）

为视频添加镜头光晕等特效，可以为视频增色，使得视频能够完美呈现。下面将介绍其具体的操作步骤。

练习10-5 添加特效

难 度：★★
素材文件：无
效果文件：效果\第10章\10-5添加特效.prproj
视频文件：视频\第10章\10-5添加特效.mp4

01 直接打开本章中的【效果\第10章\练习10-5添加特效.prproj】项目文件，在【效果】面板中，依次选择【视频特效】|【生成】|【镜头光晕】选项。

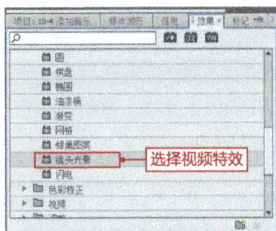

02 单击鼠标并拖曳，将选择的视频特效添加至视频轨道的【女鞋1】图像文件上，并在图像文件上显示一条绿色的水平直线。

提示

将【项目窗口】中的素材直接拖入时间轴窗口中当前最上层视频轨道上面的空白处（或最下层音频轨道下的空白处），即可在释放鼠标后，自动添加一个视频（音频）轨道并放置该素材剪辑。

03 并在对应的【特效控制台】面板中，展开【镜头光晕】选项区，修改相应的参数值，添加两组关键帧。

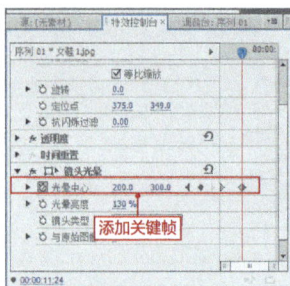

04 使用同样的方法，依次为视频轨道上的【女鞋2】和【女鞋3】图像文件添加【镜头光晕】视频特效。

05 选择视频轨道上的【女鞋2】图像文件，在【特效控制台】面板中，展开【镜头光晕】选项区，修改相应的参数值，添加两组关键帧。

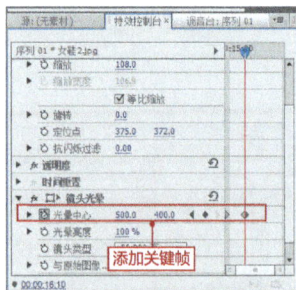

06 选择视频轨道上的【女鞋3】图像文件，在【特效控制台】面板中，展开【镜头光晕】选项区，修改相应的参数值，添加两组关键帧。

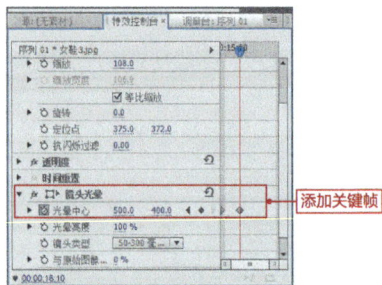

07 完成视频的全部制作后，在【监视器】面板中，单击【播放-停止切换】按钮 ▶，预览制作好的视频效果。

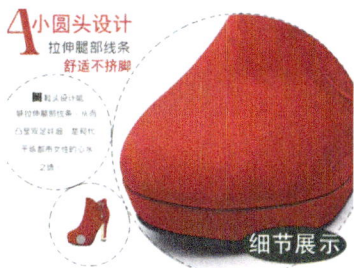

10.3 淘宝视频上传与应用

在将制作好的视频文件进行输出操作后，可以将已输出的视频文件应用到淘宝店铺中。

10.3.1 上传视频到淘宝 重点

在淘宝中用视频展示商品，有助于提高店铺的转化率。而在应用视频前首先要将视频上传到视频中心，才能让视频被大众看到。本小节主要讲解视频的上传方法。

练习10-6 上传视频到淘宝

难　　度：★★
素材文件：素材 \ 第 10 章 \10-6 视频 .mp4
效果文件：无
视频文件：视频 \ 第 10 章 \10-6 上传视频到淘宝 .mp4

01 打开【淘宝旺铺】页面，进入【淘宝-素材中心】页面，单击【上传】按钮。

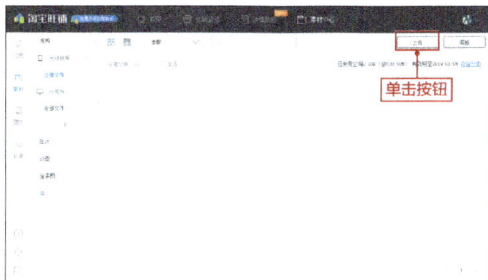

单击按钮

02 打开【上传视频】面板，在【上传到】下拉列表中选择【PC电脑端视频库】选项，再单击【上传】按钮。

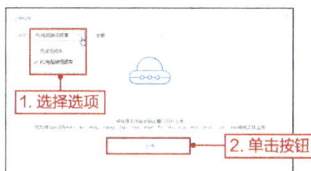

1. 选择选项

2. 单击按钮

03 弹出【打开】对话框，选择需要上传的视频文件，单击【打开】按钮。

1. 选择视频

2. 单击

04 开始上传视频文件，并显示上传的进度。

显示上传进度

05 稍后将完成视频的上传操作，在【标题】文本框中输入相关内容，勾选【同意《上传服务协议》】复选框，单击【确认】按钮。

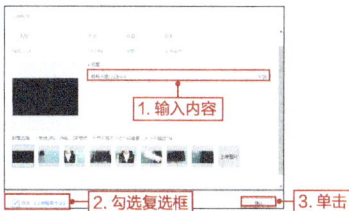

1. 输入内容

2. 勾选复选框

3. 单击

06 上传视频后，在【淘宝旺铺】页面中单击左侧列表上的【PC视频】，可查看已上传或正在审核的视频。

选择选项

07 将指针放在视频上，当视频左上角出现复选框时，勾选该复选框可对视频进行【分组】、【删除】、【编辑】、【复制链接】、【同步至无线库】等操作。

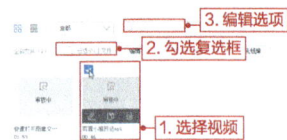
3.编辑选项
2.勾选复选框
1.选择视频

08 当需要上传其中的某一个视频时，可以通过编辑选项中的【复制链接】命令实现。系统提供了HTML代码、Flash代码和MP4代码3种模式。

复制链接

10.3.2 主图视频的应用 重点

　　主图视频除了在使用【淘宝神笔】时可以应用外，还可以在【编辑宝贝】中进行上传并选择合适的视频类型，但值得注意的是，主图视频需在店铺缴纳保证金后方可发布，否则系统会弹出相关的提示信息。

练习10-7 主图视频的应用

难　　度：★★
素材文件：素材\第10章\练习10-7主图视频.mp4
效果文件：无
视频文件：视频\第10章\10-7主图视频的应用.mp4

01 从淘宝首页登录【卖家中心】，在【出售中的宝贝】中单击【编辑宝贝】，进入宝贝编辑页

面。

1.选择选项
2.单击按钮

02 在【编辑宝贝】页面中，单击【主图视频】中间的【+】，打开【视频中心】页面。

单击

03 在【视频中心】页面中，单击右上角的【上传视频】按钮，将制作好的主图视频进行上传。

上传视频

04 此时上传的视频需进行审核，审核完毕后单击【确认】按钮，弹出视频选项。

05 选择合适的视频，单击【完成】按钮，将主图视频进行上传。单击【发布】按钮即可在页面中查看视频效果。

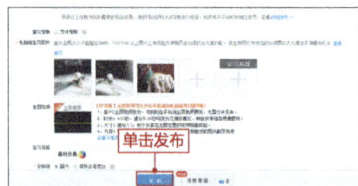
单击发布

10.4 知识拓展

　　本章详细介绍了 Premiere Pro CS6 的界面组成及一些基本的操作方法，如视频制作、添加文字、添加音乐和添加特效等，足以让读者一窥淘宝视频制作的门径。在完成淘宝的视频制作后，还需要将视频上传到店铺页面中进行装修。在 Premiere Pro CS6 软件中制作视频之前，还需要拍摄好商品图片，清楚商品视频的拍摄流程，才能进行后期制作。拍摄商品有以下四大流程。

- **了解商品特点：** 拍摄淘宝视频前需要对商品有一定的认识与了解，包括商品的特点及商品的使用方法等，只有了解了商品后才能选择合适的模特、环境和时间，以及根据商品的大小和材质来确定拍摄的器材和拍摄布光等。

- **了解商品拍摄总体要求：** 商品拍摄的总体要求是将商品的形、质、色充分表现出来，但不能夸张。

- **准备摄影器材、道具、模特和场景：** 拍摄商品视频时，摄影器材、道具、模特与场景的准备必不可少。

- **视频拍摄和后期制作：** 在一切准备就绪后，就可以进行视频拍摄了。在完成视频的拍摄后，需要将多余的部分删减，然后将多场景组合，进行添加字幕、音频、转场和特效等制作。在制作视频时，常常需要借助视频编辑软件。

10.5 拓展训练

　　本章为读者安排了一个拓展练习，以帮助大家巩固本章内容。

难　　度：★ ★ ★	
素材文件：素材 \ 第 10 章 \ 习题 钱包 1.jpg、钱包 2.jpg、钱包 3.jpg	
效果文件：效果 \ 第 10 章 \ 习题 .mp4	
视频文件：视频 \ 第 10 章 \ 习题 .mp4	

　　根据本章所学知识制作出下图所示图形中的主图视频效果。

第5篇

图片优化篇

第**11**章

图片的切片与优化

在装修淘宝店铺时，为了保证首页和详情页风格的统一，常常需要在同一个页面中完成整个页面的制作。然而制作好的页面通常很大，不能直接上传并装修到店铺中，此时需要对图片进行切片和美化操作，再通过自定义模块进行添加。本章将详细讲解图片的切片与优化的相关知识和操作技巧。

本章重点

图片的切片 | 图片的优化与保存

网店装修工具之 Dreamweaver

扫二维码观看本章
案例操作演示视频

对图片进行切片，是网店装修中非常重要的操作。在进行图片切片时，需要使用Photoshop软件。下面将进行具体的介绍。

11.1.1 切片的作用与技巧

对于一个淘宝美工来说，在装修店铺过程中，切片的使用必不可少。在切片之前，需要掌握切片的作用与技巧，才能很好地将大图片切开，使其分解为几张小图片。

1. 切片的作用

浏览网店时，图片大小对页面打开速度的影响很大。将一张大图切成多张小图，可以加快页面图片打开的速度，提高买家的体验满意度。

使用切片工具可以方便在装修店铺时替换单一的商品，而不影响其他的产品。在切片图片后，首页或详情页中的关联商品可以进行——链接。

2. 切片技巧

切片工具有以下3点技巧。

- **依靠参考线：** 基于参考线的切片比直接手动绘制切片区域更精准。
- **必须切片的区域：** 虚线、转角与渐变形状在Dreamweaver中不能实现，只能使用Photoshop切片。
- **特殊文字效果必须切片：** 除黑体和宋体外，其他字体必须切片。在浏览器中有效的字体只有黑体和宋体，其他字体浏览器可能不兼容。

11.1.2 详情页的切割 （难点）

在清楚了解了切片的作用与技巧后，接下来要了解切割详情页的具体步骤。

练习11-1 切割详情页

难　　度：	★★
素材文件：	素材 \ 第 11 章 \ 练习 11-1 陈列展区 .jpg 等
效果文件：	效果 \ 第 11 章 \11-1 切割详情页 .psd
视频文件：	视频 \ 第 11 章 \11-1 切割详情页 .mp4

01 执行【文件】|【打开】命令，打开本章中的【素材\第11章\练习11-1陈列展区.jpg】图像文件。

02 按快捷键Ctrl+R，在工作界面中显示标尺。

03 执行【视图】|【新建参考线】命令，弹出【新建参考线】对话框，保持默认参数设置，单击【确定】按钮。

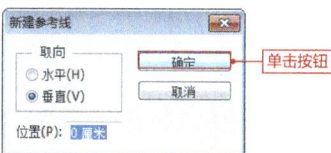

04 在图片的最左侧新建一条垂直参考线，并查看图像效果。

05 执行【视图】|【新建参考线】命令，弹出

【新建参考线】对话框，修改【位置】为【18】，单击【确定】按钮。

06 在图片的中间新建一条垂直参考线，并查看图像效果。

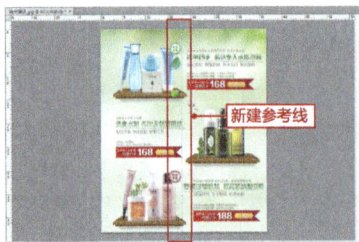

新建参考线

07 使用同样的方法，绘制一条位置为【36.6】的垂直参考线。

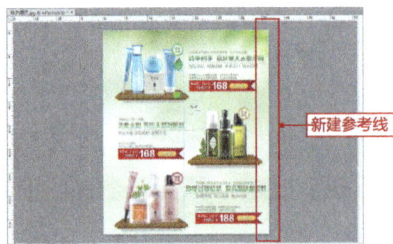

新建参考线

08 执行【视图】|【新建参考线】命令，弹出【新建参考线】对话框，点选【水平】单选按钮，单击【确定】按钮。

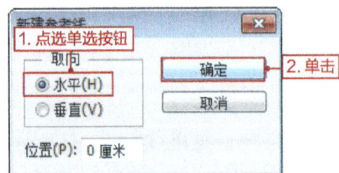

09 在图片的最上方新建一条水平参考线，并查看图像效果。

10 使用同样的方法，依次绘制多条位置为16、29和43.2的水平参考线。

11 选择工具箱中的【切片工具】。

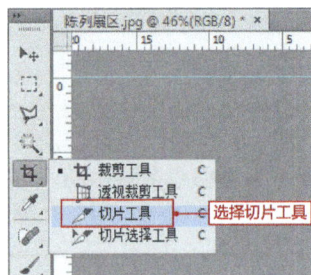

裁剪工具　　C
透视裁剪工具　C
切片工具　　C　　选择切片工具
切片选择工具　C

12 在工具选项栏中，单击【基于参考线的切片】按钮。

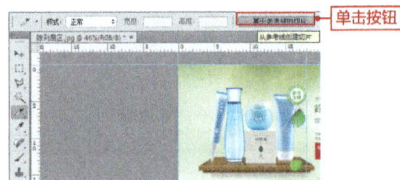

单击按钮

13 图像被切割成多个小块，并在切片后的图块上显示多个蓝色的框，每个框的左上角都标记了数字和图标，这表示每个框所在的区域为一个切片。

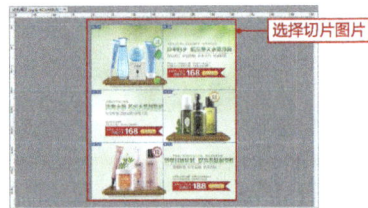

选择切片图片

14 选择工具箱中的【切片选择工具】，选择一个切片图片。

15 双击切片图片，弹出【切片选项】对话框，在【URL】文本框中输入链接地址，单击【确定】按钮。

16 为切片图块添加链接，使用同样的方法，依次为其他的切片图片添加相应的链接。

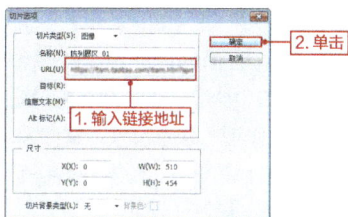

11.2 图片的优化与保存

图片切片创建好之后，接下来就需要进行优化处理和存储操作，本节将详细地进行讲解。

11.2.1 图片的优化

创建切片后，需要对图像进行优化，以减小文件的大小，在 Web 上发布图像时，较小的文件可以使 Web 服务器更加高效地存储和传输图像，用户则能够快速地在网店中浏览图像。

执行【文件】|【存储为 Web 所用格式】命令，将打开【存储为 Web 所用格式】对话框，在打开的对话框中可以对图像进行优化和输出操作。

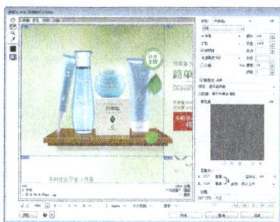

在对话框中各选项的含义如下。

* **【显示选项】**：单击"原稿"选项卡，可以在窗口中显示没有优化的图像；单击"优化"选项卡，可以在窗口中显示应用了当前优化设置的图像；单击"双联"选项卡，可以并排显示图像的两个版本，即优化前和优化后的图像；单击"四联"选项卡，可以并排显示图像的四个版本。

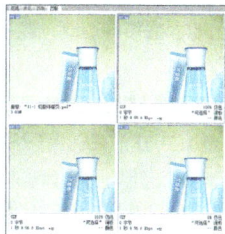

* **工具箱：** 工具箱中包含有缩放工具、抓手工具、切片选择工具、吸管工具、吸管颜色和切换切片可视性工具。其中，使用缩放工具单击可以放大图像的显示比例，或按住Alt键单击则缩小显示比例；使用抓手巩固可以移动查看图像；使用切片选择工具，可以选择窗口中的切片，以便对其进行优化；使用吸管工具和吸管颜色，则可以在图像中进行单击，拾取单击点的颜色，并显示在吸管颜色图标中；使用切换切片可视性工具，可以显示或隐藏切片的定界框。

* **【优化菜单】**：单击该按钮，将展开列表框，该列表框中包含有【存储设置】【链接切片】、【编辑输出】和【编辑输出设置】等命令。

* **【颜色表弹出菜单】**：该菜单中包含与颜色表有关的命令，可以以新建颜色、删除颜色，以及对颜色进行排序等。

* **【颜色表】**：将图像优化为GIF、PNG-8和WBMP格式时，可以在【颜色表】中对图像颜色进行优化设置。

* **【图像大小】**：将图像大小调整为指定的像素尺寸或原稿大小的百分比。

* **【状态栏】**：显示指针所在位置的图像的颜色值等信息。

- **【在浏览器中预览菜单】**：单击对话框中的按钮 ，可以在系统上默认的Web浏览器中预览优化后的图像。预览窗口中会显示图像的题注，其中列出了图像的文件类型、像素尺寸、文件大小、压缩规格和其他HTML信息。如果要使用其他浏览器，则可以选择"其他"选项。
- **【优化的文件格式】**：选择需要优化的切片以后，可以在列表框中选择一种文件格式，并设置优化选项，对所选切片进行优化。

11.2.2 图片的保存

优化完 Web 图形后，可以在【存储为Web 所用格式】对话框的【优化】菜单中，选择【编辑输出设置】命令，将打开【输出设置】对话框，在对话框中可以控制如何设置 HTML

文件的格式，如何命名文件和切片，以及在存储优化图像时如何处理背景图像。

如果要使用预设的输出选项，可以在【设置】选项的下拉列表中选择一个选项；如果要自定义输出选项，则可以单击【HTML】下拉按钮，展开列表框，依次选择【HTML】、【切片】、【背景】或【存储文件】选项，对话框中就会显示详细的设置内容并进行设置。

11.3 网店装修工具之Dreamweaver

Dreamweaver 是店铺装修中实现页面链接及动态效果必用的软件之一。Dreamweaver 软件可以领略内建代码提示的强大功能，令 HTML、JavaScript、Spry 和 jQuery 等 Ajax 框架、原型和几种服务器语言中的编码更快、更清晰。

11.3.1 软件界面与功能介绍

Dreamweaver 的操作界面使用户可以查看文档和对象属性。界面还将许多常用操作放置于工具栏中，使用户可以更改文档。

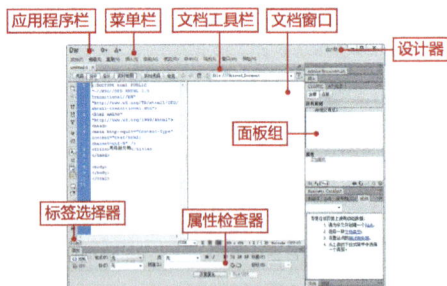

下面将对工作界面中各选项进行详细介绍。

- **【应用程序栏】**：排列了一些按钮，这些按钮是跟网页设计息息相关的一些功能。通过单击快捷选项栏上的图标按钮，可以帮助用户快速启动相关功能。

- **【菜单栏】**：包含了软件操作所需要的命令。这些命令按照操作类别分为【文件】、【编辑】、【查看】、【插入】、【修改】、【格式】、【命令】、【站点】、【窗口】和【帮助】等10个菜单。
- **【文档工具栏】**：提供了各种【文档】窗口视图（如【设计】视图和【代码】视图）的选项、各种查看选项和一些常用操作（如使用【实时视图】按钮，将设计视图切换到实时视图）。
- **【文档窗口】**：用来显示用户当前创建和编辑的文档。
- **【设计器】**：单击该按钮，可以在弹出的菜单中选择适合自己的面板布局方式，以更好地适应不同的工作类型。
- **【面板组】**：帮助用户监控和修改工作。
- **【标签选择器】**：位于文档窗口底部的状态栏中，显示环绕当前选定内容的标签的层次结构。

- 【属性检查器】：用于查看和更改所选对象或文本的各种属性。

在使用 Dreamweaver 的时候，多数情况下，会使用拆分中的【代码】视图和【设计】视图对内容进行操作编辑处理。在编辑代码时，可及时查看效果。

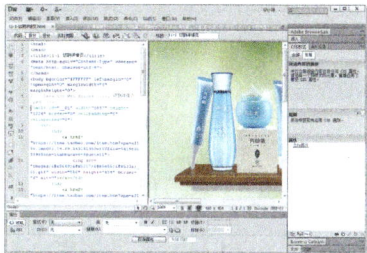

> **提示**
> 如果要在网页中查看预览效果，按 F12 键即可查看。

11.3.2 生成代码 （难点）

在 Photoshop 中完成切片后还需要上传图片到图片空间中，并生成使用代码，才能在店铺中显示，下面将介绍其具体的操作步骤。

练习11-2 生成代码

难　　度：	★★
素材文件：	素材\第 11 章\练习 11-2 11-1- 切割详情页 .html 等
效果文件：	效果\第 11 章\11-2 生成代码 .html
视频文件：	视频\第 11 章\11-2 生成代码 .mp4

01 进入【卖家中心】页面，在左侧的列表框中，单击【图片空间】超链接。

02 进入【图片空间】页面，单击【新建文件夹】

按钮。

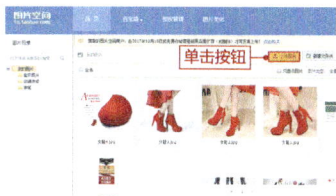

03 弹出【新建文件夹】对话框，修改文件夹名称为【装修图片】，单击【确定】按钮。

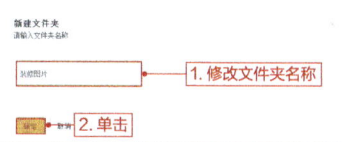

04 创建文件夹，并选择已创建的【装修图片】文件夹。

05 双击选择的文件夹，进入文件夹界面，单击【上传图片】按钮。

06 弹出【上传图片】对话框，单击【点击上传】按钮。

07 弹出【打开】对话框，选择需要上传的图片，单击【打开】按钮。

1. 选择图片

2. 单击

08 弹出【上传文件中】对话框，即可开始上传图片，并显示上传进度。

09 稍后将完成图片的上传的操作，并在新创建的文件夹中，显示上传后的图片。

10 选择本章中的【素材\第11章\练习11-2】文件夹中的HTML文件，右键单击，打开快捷菜单，选择【打开方式】|【Adobe Dreamweaver CS6】命令。

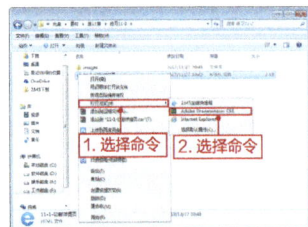

1. 选择命令　　2. 选择命令

11 启动Adobe Dreamweaver CS6软件，并打开选择的文件。

12 选择文件中的任意一张图片，在【属性】面板中可以查看到图片的地址。

查看图片地址

13 打开图片空间，找到对应的图片，并单击【复制链接】按钮。

单击按钮

14 弹出【请手动复制内容】对话框，选择图片链接，按快捷键Ctrl+C，复制图片链接。

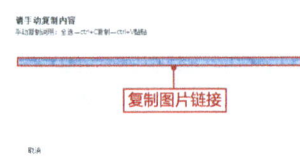

复制图片链接

15 切换至Dreamweaver软件，在【源文件】文本框中粘贴复制的链接，即可更改图片的网络链接。

粘贴链接　　2. 单击

16 使用同样的方法，依次为其他的图片添加网络地址链接，全部替换完成后，切换至【代码】面板，显示已生成的代码，并单击【刷新】按钮，完成替换操作。

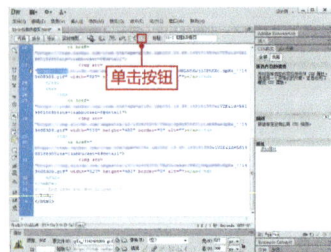

单击按钮

11.3.3 制作热点代码 【重点】

当切片区域太小或者切片的区域为不规则图形时，可以使用热点功能制作热点代码。

练习11-3 制作热点代码

难　　度：★★	
素材文件：无	
效果文件：无	
视频文件：视频\第11章\11-3 制作热点代码.mp4	

01 执行【文件】|【新建】命令，弹出【新建文档】对话框，保持默认选项，单击【创建】按钮。

单击按钮

02 创建HTML文档，执行【插入】|【图像】命令。

1. 执行命令
2. 执行命令

03 弹出【选择图像源文件】对话框，选择合适的图片，单击【确定】按钮。

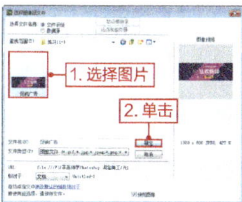

1. 选择图片
2. 单击

04 弹出【图像标签辅助功能属性】对话框，保持默认参数，单击【确定】按钮。

单击按钮

05 插入图像，并在【属性】面板中修改图片的地址，并单击【矩形热点工具】按钮口。

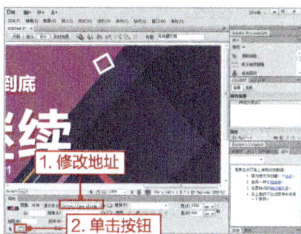

1. 修改地址
2. 单击按钮

06 将指针放在图像上单击鼠标并拖曳，绘制一个矩形热点。

绘制矩形热点

07 在【属性】面板中再次粘贴【链接】地址。

粘贴地址

08 切换至【代码】面板，选择相应的代码，按快捷键Ctrl+C，复制代码。

复制代码

09 在店铺装修页面中，为页面添加【自定义区编辑】模块，并单击【编辑】按钮。

单击按钮

10 弹出【自定义内容区】对话框，点选【不显示】单选按钮，在文本框中粘贴代码，勾选【编辑源代码】复选框，单击【确定】按钮。

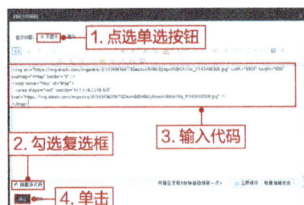

11 通过代码装修店铺，并查看装修效果。

11.4 知识拓展

　　本章详细介绍了切片与优化店铺图片的操作内容，如切割详情页、优化图片、保存图片、生成代码等，并对优化后的图片进行代码制作，以便在店铺装修使用。店铺代码制作至关重要，在装修店铺时，可以制作热点代码，也可以生成代码，还可以使用源代码装修。

　　在店铺装修中编辑【自定义内容区】模块时，一般情况下添加图片后在对话框中显示的图片的效果，此时选中对话框下方的【编辑源代码】复选框，就可以看到进入【源代码模式】后，淘宝为添加的图片边写的代码，读者只要将代码进行复制并应用即可。

11.5 拓展训练

　　本章为读者安排了一个拓展练习，以帮助大家巩固本章内容。

难　　度：★ ★ ★

素材文件：素材\第 11 章\习题\习题 .psd

效果文件：效果\第 11 章\习题 .psd

视频文件：视频\第 11 章\习题 .mp4

　　根据本章所学知识切片出下图所示图形中的图像效果，并为切片后的图像生成代码。

附录A Photoshop CS6 的快捷键索引

为了方便用户查阅和使用 Photoshop 快捷键进行图像操作，现将常用的工具、面板和命令快捷键列表如下。

工具快捷键

快 捷 键	工 具	快 捷 键	工 具
A	直接选择工具	N	3D 环绕工具
B	画笔工具	O	减淡 / 加深 / 海绵工具
C	裁切工具	P	钢笔工具
D	转换前 / 背景色为默认颜色	Q	进入快速蒙版状态
E	橡皮擦工具	R	旋转视图工具
F	满屏显示切换	S	图章工具
G	渐变 / 油漆桶工具	T	文字工具
H	抓手工具	U	形状工具
I	吸管工具	V	移动工具
J	修复工具	W	魔棒工具
K	3D 旋转工具	X	交换前 / 背景色
L	套索工具	Y	历史记录画笔工具
M	选框工具	Z	缩放工具

面板显示常用快捷键

快 捷 键	工 具
F1	打开帮助
F2	剪切
F3	复制
F4	粘贴
F5	隐藏 / 显示画笔面板
F6	隐藏 / 显示颜色面板
F7	隐藏 / 显示图层面板
F8	隐藏 / 显示信息面板
F9	隐藏 / 显示动作面板
Tab	显示 / 隐藏所有面板
Shift + Tab	显示 / 隐藏工具箱外的面板

选择和移动时所使用的快捷键

快 捷 键	功 能
任一选择工具 + 空格键 + 拖动	选择时移动选择区域的位置
任一选择工具 + Shift + 拖动	在当前选区添加选区
任一选择工具 + Alt + 拖动	从当前选区减去选区
任一选择工具 + Shift + Alt + 拖动	交叉当前选区

快 捷 键	功 能
Shift + 拖动	限制选择为方形或圆形
Alt + 拖动	以某一点为中心开始绘制选区
Ctrl	临时切换至移动工具 ⊕.
Alt + 单击	从 ⌒. 工具临时切换至 ⋎. 工具
Alt + 拖动	从 ⋎. 工具临时切换至 ⌒. 工具
Alt + 拖动	从 ⋟. 工具临时切换至 ⌒. 工具
Alt + 单击	从 ⋟. 工具临时切换至 ⋎. 工具
⊕. + Alt + 拖动选区	移动复制选区图像
任一选择工具 + ←、→、↑、↓	每次移动选区 1 个像素
Ctrl + ←、→、↑、↓	每次移动图层 1 个像素
Shift + 拖动参考线	将参考线紧贴至标尺刻度
Alt + 拖动参考线	将参考线更改为水平或垂直

编辑路径时所使用的快捷键

快 捷 键	功 能
▷ + Shift + 单击	选择多个锚点
▷ + Alt + 单击	选择整个路径
⌥ + Alt + Ctrl + 拖动	复制路径
Ctrl + Alt + Shift + T	重复变换复制路径
Ctrl	从任一钢笔工具切换至 ▷.
Alt	从 ▷. 切换至 ▶.
Alt + Ctrl	指针在锚点或方向点上时从 ▷. 切换至 ⌐.
任一钢笔工具 + Ctrl + Enter 键	将路径转换为选区

菜单命令快捷键

菜单	快 捷 键	功 能
文件菜单	Ctrl + N	打开"新建"对话框，新建一个图像文件
	Ctrl + O	打开"打开"对话框，打开一个或多个图像文件
	Ctrl + Alt +Shift + O	打开"打开为"对话框，以指定格式打开图像
	Ctrl+Alt+O	打开 Bridge
	Ctrl + W 或 Alt + F4	关闭当前图像文件
	Ctrl + Alt+W	关闭全部
	Ctrl + Shift +W	关闭并转移到 Bridge
	Ctrl + S	保存当前图像文件
	Ctrl + Shift + O	打开 Bridge 浏览图像

菜单	快 捷 键	功 能
文件菜单	Ctrl + Shift + S	打开"另存为"对话框保存图像
	Ctrl + Alt + Shift + S	将图像保存为网页
	Ctrl + Shift + P	打开"页面设置"对话框
	Ctrl + P	打开"打印"对话框，预览和设置打印参数
	Ctrl +Alt+Shift+ P	打印拷贝
	F12	恢复图像到最近保存的状态
	Alt + F4 或 Ctrl + Q	退出 Photoshop 程序
编辑菜单	Ctrl + K	打开"首选项"对话框，设置 Photoshop 的操作环境
	Ctrl + Z	还原和重做上一次的编辑操作
	Ctrl + Shift + Z	还原前一次操作
	Ctrl + Alt + Z	重做后一次操作
	Ctrl + Shift + F	渐隐
	Ctrl + X	剪切图像
	Ctrl + C	复制图像
	Ctrl + Shift + C	合并拷贝所有图层中的图像内容
	Ctrl + V 或 F4	粘贴图像
	Ctrl + Shift + V	粘贴图像到选择区域
	Delete	清除选取范围内的图像
	Shift + F5	打开"填充"对话框
	Alt + Delete	用前景色填充图像或选取范围
	Ctrl + Delete	用背景色填充图像或选取范围
	Ctrl + T	自由变换图像
	Ctrl + Shift + T	再次变换
图像	Ctrl + L	打开"色阶"对话框调整图像色调
	Ctrl + Shift + L	执行"自动色调"命令
	Ctrl + Alt + Shift + L	执行"自动对比度"命令
	Ctrl + Shift + B	执行"自动颜色"命令
菜单	Ctrl + M	打开"曲线"对话框，调整图像的色彩和色调
	Ctrl + B	打开"色彩平衡"对话框，调整图像的色彩平衡
	Ctrl + U	打开"色相 / 饱和度"对话框，调整图像的色相、饱和度和亮度
	Ctrl + Shift + U	执行"去色"命令，去除图像的色彩
	Ctrl+Alt+Shift+B	打开"黑白"调整对话框
	Ctrl + I	执行"反相"命令，将图像颜色反相
	Ctrl+Alt+I	打开"图像大小"对话框
	Ctrl+Alt+C	打开"画布大小"对话框

菜单	快捷键	功　能
图层菜单	Ctrl + Shift + N	打开"新建图层"对话框，建立新的图层
	Ctrl + J	将当前图层选取范围内的内容复制到新建的图层，若当前无选区，则复制当前图层
	Ctrl + Shift + J	将当前图层选取范围内的内容剪切到新建的图层
	Ctrl + G	新建图层组
	Ctrl + Shift +G	取消图层编组
	Ctrl+Alt+G	创建 / 释放剪切蒙版
	Ctrl + Shift +]	将当前图层移动到最顶层
	Ctrl +]	将当前图层上移一层
	Ctrl + [	将当前图层下移一层
	Ctrl + Shift + [	将当前图层移动到最底层
	Ctrl + E	将当前图层与下一图层合并（或合并链接图层）
	Ctrl + Shift + E	合并所有可见图层
选择菜单	Ctrl + A	全选整个图像
	Ctrl + Alt + A	全选所有图层
	Ctrl + D	取消选择
	Ctrl + Alt + R	打开"调整边缘"对话框
	Ctrl + Shift + D	重复上一次范围选取
	Ctrl + Shift + I 或 Shift+F7	反转当前选取范围
	Shift+F6	打开"羽化"对话框，羽化选取范围
视图菜单	Ctrl + Y	校样图像颜色
	Ctrl + Shift + Y	色域警告，在图像窗口中以灰色显示不能印刷的颜色
	Ctrl + +	放大图像显示
	Ctrl +-	缩小图像显示
	Ctrl + 0	满画布显示图像
	Ctrl + Alt + 0 或 Ctrl +1	以实际像素显示图像
	Ctrl + H	显示 / 隐藏选区蚂蚁线、参考线、路径、网格和切片
	Ctrl + Shift + H	显示 / 隐藏路径
	Ctrl + R	显示 / 隐藏标尺
	Ctrl +;	显示 / 隐藏参考线
	Ctrl + '	显示 / 隐藏网格
	Ctrl + Alt + ;	锁定参考线

菜单	快 捷 键	功 能
滤镜菜单	Ctrl+Alt+F	执行上一次滤镜
	Alt+Shift+Ctrl+A	自适应广角
	Shift+Ctrl+A	Camera Raw 滤镜
	Shift+Ctrl+R	镜头校正
	Shift+Ctrl+X	液化
	Alt+Ctrl+V	消失点

图像窗口查看快捷键

快 捷 键	作 用
双击工具箱 🖑 工具或按下 Ctrl + 0 键	满画布显示图像
Ctrl + +	放大视图显示
Ctrl + –	缩小视图显示
Ctrl + Alt + 0	实际像素显示
任意工具 + Space 键	切换至抓手工具（🖑），拖曳鼠标可移动图像窗口中的图像
Ctrl + Tab	切换至下一幅图像
Ctrl + Shift + Tab	切换至上一幅图像
Page Down	图像窗口向下滚动一屏
Page Up	图像窗口向上滚动一屏
Shift + Page Down	图像窗口向下滚动 10 像素
Shift + Page Up	图像窗口向上滚动 10 像素
Home	移动图像窗口至左下角
End	移动图像窗口至右下角

图层面板常用快捷键

快 捷 键	作 用
Ctrl + Shift +N	新建图层
Alt + Ctrl + G	创建 / 释放剪贴蒙版
Ctrl + E	合并图层
Shift + Ctrl + E	合并可见图层
Alt + [或]	选择下一个或上一个图层
Shift + Alt +]	激活底部或顶部图层
设置图层的不透明度	快速输入数字键，如 5=50%，16=16%

画笔面板常用快捷键

快 捷 键	作 用
Alt + 单击画笔	删除画笔
[ ]	加大或减少画笔尺寸
Shift + [ ]	加大或减少画笔硬度
< >	循环选择画笔

文字编辑快捷键

快 捷 键	作 用
T. + Ctrl + Shift + L	将段落左对齐
T. + Ctrl + Shift + C	将段落居中
T. + Ctrl + Shift + R	将段落右对齐
Ctrl + A	选择所有字符
Shift + 单击	选择插入光标至鼠标单击处之间的所有字符
Ctrl + Shift + < >	将所选文字字号减少 / 增加 2 点
Ctrl + Alt + Shift + < >	将所选文字字号减少 / 增加 10 点
Alt + ← →	减少 / 增加当前插入光标位置的字符间距

绘图快捷键

快 捷 键	作 用
任一绘图工具 + Alt	临时切换至吸管工具 ⬚
Shift + ⬚	切换至取样工具 ⬚
⬚ + Alt + 单击	删除取样点
⬚ + Alt + 单击	选择颜色至背景色
Alt + Backspace（Del）键	填充前景色
Ctrl + Backspace（Del）键	填充背景色
/	打开 / 关闭"保留透明区域"选项，相当于图层面板按钮 ⬚
绘画工具 + Shift + 单击	连接点与直线
⬚ + Alt + 拖移指针	抹到历史记录

附录B 本书实战速查表

软件功能学习类实战

抠图类实战

　　色彩可以为网店营造出一种特定的意境和氛围，当我们确定网店的主色调后，可以辅助搭配一些颜色，让整理效果更加出色。接下来我们就对常用的、不同类型的配色进行归纳和总结，以便读者在具体的网店装修设计中能够参考这些配色进行创作，具体如下。

#020806　#d92f18　#da4819　#fb6f1a　#d7fa18

色彩解读：如果希望店铺视觉力超强，该色彩搭配是不错的搭配，但是用这种配色时要注意颜色的分配，不然会带来危险、恐怖的感觉。

#fffefc　#e7e2cf　#aecbad　#59392a　#f7e5cd

色彩解读：该配色色彩繁多却不花哨，由于低纯度使色彩之间的矛盾关系减弱，呈现出一种和谐自然的感觉，常用于服装店铺的装修。

#90cdec　#208cd4　#cca80a　#b6cbdc　#73b1e0

色彩解读：以海蓝色为主的搭配，加入了褐黄色，形成大海与沙滩般的奇妙搭配，整体冷暖对比并不强烈，给人清凉、舒适的感觉，常用于表现科技类的商品，如数码产品、电器等。

#ecd8e3　#ab74ad　#3f4140　#7b687c　#423d41

色彩解读：紫色为主的店铺视觉搭配能让人产生丰富的联想，也给人神秘、高贵的视觉感，常用于化妆品、女士服装、饰品等店铺。

#51484d　#3d2d2e　#552d2e　#a56446　#d0c09f

色彩解读：性感风格配色的画面容易让人联想到诱惑、欲望、激情，色相以肤色、红色、紫色为主，纯度较高，力求营造出妩媚和诱惑的感觉，常用于化妆品、内衣、食品等店铺。

#ffebec　#eecad4　#ced8e4　#f7faff　#c4c4c4

色彩解读：蓝灰色是一种常见的表达男性特征的色彩，而粉色则是用来表示少女情怀的色彩，这两种色彩的搭配给人带来了不少遐想，同样纯度较低，给整体带来了明亮、典雅的感觉。

| #f7e2c3 | #f7ebd5 | #fcf5e5 | #fcf7f1 | #ffffff |

色彩解读: 米黄色的单色搭配,明度较高,给人一种典雅、干净的视觉感,常用于女性服饰或家具设计中。

| #e0a2d1 | #f64af8 | #faf6ed | #fbeccf | #fbe8c0 |

色彩解读: 如果要求店铺设计出典雅却不失轻松的感觉,那米黄色肯定是一种不可或缺的色彩,加上少量的紫红色点缀,可以轻松营造出古典与时尚交合的气氛。

| #5da4fe | #4b81cb | #3d6fac | #d1ff57 | #f6ff82 |

色彩解读: 蓝色和黄色是一组对比强烈的色彩组合,除了色相上解决互补色之外,明度上的对比也非常大,这样的色彩搭配给人奔放的感觉,特别是在蓝色作为主色的情况下,画面更多的是给人冷色调的感觉,特别符合夏天服饰的要求。

| #f4316b | #110b0d | #ffffff | #f9c8de | #f4316b |

色彩解读: 洋红色是时尚界的标志色之一。洋红色和黑色是比较经典的颜色搭配,和无色系的黑色搭配,可以使洋红显得更加靓丽和明亮。

| #478530 | #adce43 | #eee8dc | #218f8e | #2d3d70 |

色彩解读: 以绿色与青色等冷色为主的颜色搭配,由于纯度较低,给人一种稳重内敛的感觉,常见服饰设计中。

| #ff7094 | #ebede2 | #549726 | #ff2939 | #ff5017 |

色彩解读: 红色和绿色的搭配,让红色作为主色,绿色强调色,这样的搭配显得时尚而富有趣味,是一种令人心情愉快的色彩搭配。

| #f8ff01 | #fe57a7 | #aeff58 | #989e92 | #6fddff |

色彩解读: 充满了时尚感和节日气氛的配色,常常在一些节日促销版面见到类似的色彩。丰富、明亮的特点决定了这样的配色在市场经济中有不俗的表现。

| #f7c088 | #f79799 | #d9250e | #eecb00 | #3c8c1d |

色彩解读: 几种常见的食物用的色彩搭配在一起而形成的组合,常常用在食品行业店铺中。

#930f99　　#912698　　#8b3799　　#784499　　#6843ad

色彩解读：红色与蓝色相遇就会形成蓝紫色，这种颜色多用来形容如梦的爱情，给人梦幻、浪漫的印象，多用于女性店铺。

#ffd5d7　　#fff6f7　　#fff6db　　#deffec　　#f3ffbf

色彩解读：该配色如同春天，给人单纯无邪的感觉，整体明度十分高，使用的色彩多为暖色系，也给人温暖的实际感觉，多用于儿童店铺。

#273538　　#d09644　　#781a1a　　#a71d1d　　#d5c1a8

色彩解读：该配色以褐色为主色，红色与黄色为辅助色，由于整体纯度较低，给人典雅与稳重的感觉。在使用的过程要注意各颜色的比例，否则给人一种压抑的感觉。

#d0f7a6　　#88c546　　#649136　　#48b327　　#218a45

色彩解读：绿色的单色搭配，将几种绿色进行了一定的挑选，形成明度上的渐变，这种色彩搭配比较普遍，但在圣诞节到来的时候更多的成为一种欢快的色彩。

#f699ae　　#feeaf6　　#f20f61　　#f7fdfb　　#fbdaef

色彩解读：粉色或者红色是一种能促进食欲的色彩，这个情况和蓝色相反，该配色使用大量的粉红色和红色进行搭配，形成一种温馨、甜蜜的搭配，该配色多使用在食品店铺中。

#334b8b　　#dd1931　　#e597bf　　#dedcdd　　#ffffff

色彩解读：该配色时尚且大胆，依靠大量的高明度灰色来为红、蓝这两种特立独行的色彩牵线搭桥，很好地起到了平滑画面的作用。

#e7d8bb　　#d8be83　　#bc8340　　#50211b　　#25120c

色彩解读：该配色通过同色系之间的渐变，形成一种高贵、时尚的视觉感，多用与服饰和一些特定的设计中。

#f4f5e5　　#ffd9c2　　#fecd2a　　#98bc36　　#0183bd

色彩解读：该配色轻快、活泼、单纯，常用于儿童、母婴类店铺的装修设计中。

#bce1b6	#cab9bf	#f0d69b	#4975a4	#48466e

色彩解读：该色彩搭配具有较强的现代感，整体偏向冷色调，同时加入少量的暖色，形成自然而奇妙的对比。

#e54046	#aa6e8a	#fe8335	#ffd437	#ffee9c

色彩解读：橙色和黄色这两种高明度的色彩搭配在一起，让观者感到明朗、宽敞的感觉，再加入一定的紫色让该色彩搭配更加丰富。

#eeebe2	#dad093	#eddf74	#d9d7c0	#443d09

色彩解读：充满了古典韵味的色彩搭配，常常使用在带有古色古香的设计和绘画中。整体的纯度不高，使用大量的灰色和黑色，再加入一定的黄色，形成典雅的暖色调，常用于生活与家具的店铺中。

#662c78	#ecd5f2	#510c67	#4a6a79	#185f1d

色彩解读：以紫色和青灰色等低明度色彩为主的搭配为人一种质朴、含蓄的视觉感。整体色系偏暗，但给人一种气质高雅的感觉，紫色的大量使用能给画面带来一定的神秘和高贵的特性。

#f1f0de	#f4e00d	#cdcdcd	#a9a9a7	#4b4a48

色彩解读：灰色与明亮黄色的搭配，配合的好会有很强的时尚感。

#f7ff0e	#93df41	#2414d9	#542da4	#d913a4

色彩解读：该配色颜色绚丽丰富，在许多场合使用都受限制，但是在特定的设计中，如面向儿童的设计或者打印机、涂料等和色彩相关的产品中经常使用。

#f3de37	#cadaf1	#f00aab	#edb8e6	#9334da

色彩解读：该配色使用大量的紫色为主色，用红紫色和蓝紫色经典组合作为辅助色，再搭配上明度较高的黄色，给人华丽夺目的视觉感，让整个版面显得华丽而耀眼。

#f018a9	#f19cc6	#f0f0f0	#c0a860

色彩解读：靓丽迷人的粉色给人少女般的感觉，由于粉色本身比较柔弱，在画面中容易被其他的色彩影响，所以使用时常常会用个性不太强烈的色彩作为辅助色。